PLANEJAMENTO DA LICITAÇÃO DE OBRAS PÚBLICAS DE EDIFICAÇÃO E SANEAMENTO

GUSTAVO FERREIRA OLKOWSKI
MARCELO RIBEIRO
ROMMEL DIAS MARQUES RIBAS BRANDÃO
VICTOR HUGO MOREIRA RIBEIRO

Prefácio
Benjamin Zymler

PLANEJAMENTO DA LICITAÇÃO DE OBRAS PÚBLICAS DE EDIFICAÇÃO E SANEAMENTO

2ª edição revista, ampliada e atualizada
1ª reimpressão

Belo Horizonte

2025

© 2019 Editora Fórum Ltda.
2024 2ª edição
2025 1ª reimpressão

É proibida a reprodução total ou parcial desta obra, por qualquer meio eletrônico, inclusive por processos xerográficos, sem autorização expressa do Editor.

Conselho Editorial

Adilson Abreu Dallari
Alécia Paolucci Nogueira Bicalho
Alexandre Coutinho Pagliarini
André Ramos Tavares
Carlos Ayres Britto
Carlos Mário da Silva Velloso
Cármen Lúcia Antunes Rocha
Cesar Augusto Guimarães Pereira
Clovis Beznos
Cristiana Fortini
Dinorá Adelaide Musetti Grotti
Diogo de Figueiredo Moreira Neto (*in memoriam*)
Egon Bockmann Moreira
Emerson Gabardo
Fabrício Motta
Fernando Rossi
Flávio Henrique Unes Pereira
Floriano de Azevedo Marques Neto
Gustavo Justino de Oliveira
Inês Virgínia Prado Soares
Jorge Ulisses Jacoby Fernandes
Juarez Freitas
Luciano Ferraz
Lúcio Delfino
Marcia Carla Pereira Ribeiro
Márcio Cammarosano
Marcos Ehrhardt Jr.
Maria Sylvia Zanella Di Pietro
Ney José de Freitas
Oswaldo Othon de Pontes Saraiva Filho
Paulo Modesto
Romeu Felipe Bacellar Filho
Sérgio Guerra
Walber de Moura Agra

FÓRUM
CONHECIMENTO JURÍDICO

Luís Cláudio Rodrigues Ferreira
Presidente e Editor

Coordenação editorial: Leonardo Eustáquio Siqueira Araújo
Thaynara Faleiro Malta

Rua Paulo Ribeiro Bastos, 211 – Jardim Atlântico – CEP 31710-430
Belo Horizonte – Minas Gerais – Tel.: (31) 99412.0131
www.editoraforum.com.br – editoraforum@editoraforum.com.br

Técnica. Empenho. Zelo. Esses foram alguns dos cuidados aplicados na edição desta obra. No entanto, podem ocorrer erros de impressão, digitação ou mesmo restar alguma dúvida conceitual. Caso se constate algo assim, solicitamos a gentileza de nos comunicar através do *e-mail* editorial@editoraforum.com.br para que possamos esclarecer, no que couber. A sua contribuição é muito importante para mantermos a excelência editorial. A Editora Fórum agradece a sua contribuição.

Dados Internacionais de Catalogação na Publicação (CIP) de acordo com ISBD

P712	Planejamento da licitação de obras públicas de edificação e saneamento. 2. ed. / Gustavo Ferreira Olkowski, Marcelo Ribeiro, Rommel Dias Marques Ribas Brandão, Victor Hugo Moreira Ribeiro. – 2. ed. 1. reimpressão.– Belo Horizonte: Fórum, 2024. 348p.; 14,5 cm x 21,5 cm ISBN: 978-65-5518-556-0 1. Direito administrativo. 2. Licitação. 3. Obras públicas. 4. Nova lei de licitações. 5. Lei das estatais. 6. Estudos técnicos preliminares. 7. Projeto básico. I. Olkowski, Gustavo Ferreira. II. Ribeiro, Marcelo. III. Brandão, Rommel Dias Marques Ribas. IV. Ribeiro, Victor Hugo Moreira. V. Título. CDD: 342 CDU: 342

Ficha catalográfica elaborada por Lissandra Ruas Lima – CRB/6 – 2851

Informação bibliográfica deste livro, conforme a NBR 6023:2002 da Associação Brasileira de Normas Técnicas (ABNT):

OLKOWSKI, Gustavo Ferreira; RIBEIRO, Marcelo; BRANDÃO, Rommel Dias Marques Ribas; RIBEIRO, Victor Hugo Moreira. *Planejamento da licitação de obras públicas de edificação e saneamento.* 2. ed. 1. reimpr. Belo Horizonte: Fórum, 2024. 348p. ISBN 978-65-5518-556-0.

AGRADECIMENTOS

Agradecemos, primeiramente, a Deus e aos nossos familiares, pelo apoio incondicional.

Agradecemos também aos colegas do Tribunal de Contas da União, que diariamente compartilham suas experiências conosco e nos fazem crescer profissionalmente, em especial aos amigos Bruno Martinello Lima, Eduardo Nery Machado Filho, José Ulisses Rodrigues Vasconcelos, Marcelo Almeida de Carvalho e Rafael Carneiro Di Bello, que contribuíram para a 1ª edição desta obra.

SUMÁRIO

PREFÁCIO
Benajmin Zymler 13

INTRODUÇÃO 15

CAPÍTULO 1
OBTENÇÃO DE RECURSOS 17
1.1 Características dos principais instrumentos de repasse de recursos federais 17
1.2 Convênios e contratos de repasse 19
1.3 Fases do convênio e do contrato de repasse 20
1.3.1 Cadastramento e proposição (proposta) 21
1.3.2 Celebração e formalização 23
1.3.3 Execução 25
1.3.4 Prestação de contas 32
1.4 Transferências especiais 34
1.5 Repasses fundo a fundo 35
1.6 Termos de compromisso 35
1.7 Plataforma TransfereGov 36
1.8 Legislação sobre o tema 37
1.9 Principais falhas apuradas pelo Tribunal de Contas da União ... 38
1.9.1 Nas fases de proposição, celebração e formalização 38
1.9.2 Na fase de execução financeira 38
1.9.3 Na fase de prestação de contas 39
1.10 Decisões e jurisprudência do TCU mais importantes sobre instrumentos de repasse 39
1.10.1 Alteração unilateral do objeto de convênio 39
1.10.2 Saque em espécie e não comprovação de nexo causal ... 40
1.10.3 Inexecução total ou parcial de objeto de convênio 40
1.10.4 Desvio de finalidade ou de objeto de convênio 41

1.10.5	Ausência de aplicação dos recursos no mercado financeiro e falta de devolução de saldo ao concedente	42
1.10.6	Despesas fora da vigência do convênio	42
1.10.7	Pagamento de servidor ou empregado público	42
1.10.8	Caracterização de fraude	43
1.10.9	Omissão no dever de prestar contas	43
1.10.10	Execução de convênio em mais de uma gestão	44
1.11	Teste o seu conhecimento	44

CAPÍTULO 2
ESTUDOS TÉCNICOS PRELIMINARES ... 49

2.1	Estudo da necessidade da contratação	54
2.2	Avaliação das possíveis alternativas	57
2.3	Desenvolvimento da melhor solução	61
2.4	Parecer conclusivo	65
2.5	Situações em que o ETP não é obrigatório	67
2.6	Da teoria para a prática	68
2.7	Teste o seu conhecimento	70

CAPÍTULO 3
PROJETOS ... 77

3.1	Elaboração direta pelo órgão gestor	78
3.2	Uso de projetos padrão	78
3.3	Contratação de empresa para elaboração de projetos	79
3.4	Procedimento de Manifestação de Interesse	81
3.5	Responsabilidades da Administração Pública pela completude, consistência e atualidade dos projetos	82
3.6	Anteprojeto	86
3.7	Projeto básico	90
3.7.1	Definição e importância	91
3.7.2	Atualização/validade do projeto básico	94
3.7.3	Componentes do projeto básico	96
3.7.4	Elementos mínimos de um projeto básico	103
3.8	Licenciamento ambiental	107
3.8.1	Licença Prévia	111
3.8.2	Licença de Instalação	115
3.8.3	Licença de Operação	116

3.9	Projeto executivo	117
3.10	Critérios importantes de concepção de projeto	119
3.10.1	Acessibilidade	120
3.10.2	Sustentabilidade	127
3.10.3	Norma de desempenho – NBR 15575/2013	131
3.11	Da teoria para a prática	134
3.12	Teste o seu conhecimento	136

CAPÍTULO 4
ORÇAMENTAÇÃO 147

4.1	Estimativa de custos *versus* orçamento	150
4.1.1	Custo Unitário Básico (CUB)	151
4.1.2	Parâmetros para obras de saneamento	154
4.1.3	Avaliações baseadas em outras contratações similares	159
4.2	Orçamento	160
4.2.1	Diferença entre o preço e o custo de uma obra	163
4.2.2	Classificação dos custos da obra: diretos e indiretos	164
4.3	Elaboração do orçamento – 1º passo: discriminação dos serviços	167
4.4	Elaboração do orçamento – 2º passo: levantamento de quantidades	170
4.5	Elaboração do orçamento – 3º passo: composições de custo	178
4.5.1	Principais sistemas de custos para obras públicas	180
4.5.2	Salários e encargos sobre a mão de obra	186
4.5.3	Equipamentos	189
4.5.4	Materiais de construção	190
4.5.5	Aferição do custo dos materiais mais importantes da obra	193
4.5.6	Principais cuidados ao se utilizar o Sinapi	195
4.6	Elaboração do orçamento – 4º passo: cálculo do BDI	197
4.6.1	Taxa de administração central	199
4.6.2	Riscos	199
4.6.3	Seguros	200
4.6.4	Garantias	201
4.6.5	Despesas financeiras	202
4.6.6	Remuneração do construtor	203
4.6.7	Tributos	204
4.6.8	BDI diferenciado	206

4.7	Orçamento Sintético e Analítico	208
4.8	Como orçar itens que não existem no Sinapi	211
4.8.1	Adaptações de composições do Sinapi	212
4.8.2	Outros sistemas referenciais de custos	213
4.9	Análise do orçamento a partir da Curva ABC	215
4.10	Da teoria para a prática	229
4.11	Teste seu conhecimento	231

CAPÍTULO 5
LICITAÇÃO 243

5.1	Aplicabilidade das Leis nºs 14.133/2021 e 13.303/2016	243
5.2	Recursos orçamentários	245
5.3	Agente de contratação, comissão de contratação e pregoeiro	246
5.4	Fases da licitação (art. 17 da Lei nº 14.133/2021)	249
5.5	Modalidades de licitação nas Leis nºs 14.133/2021 e 13.303/2016	249
5.5.1	Concorrência e Pregão	250
5.5.1.1	Uso do Pregão para serviços comuns de engenharia	252
5.5.2	Diálogo Competitivo	253
5.5.3	Concurso	255
5.5.4	Leilão	256
5.6	Modos de disputa aberto, fechado e combinado	256
5.7	Eletrônico é a regra. Presencial é a exceção	258
5.8	Critérios de julgamento	259
5.8.1	Como escolher o critério de julgamento mais adequado	263
5.9	Regimes de execução	264
5.9.1	Empreitada por preço global (EPG)	266
5.9.2	Empreitada por preço unitário (EPU)	268
5.9.3	Desafios à fiscalização de contratos na EPG e na EPU	270
5.9.4	Contratação integrada	271
5.9.5	Contratação semi-integrada	274
5.10	Matriz de riscos	277
5.11	Particularidades das contratações de grande vulto na NLL	281
5.12	Prazos	283
5.13	Dispensa ou inexigibilidade de licitação	284
5.14	O Sistema de Registro de Preços (SRP) na NLL	289
5.15	Microempresas (ME) e Empresas de Pequeno Porte (EPP)	290

5.16	Habilitação	292
5.16.1	Qualificação econômico-financeira	293
5.16.2	Qualificação técnica operacional e profissional	295
5.16.3	Exigência de visita técnica do licitante	301
5.17	Edital	302
5.17.1	Critérios objetivos de julgamento	303
5.17.2	Critérios de aceitabilidade de preços	304
5.17.3	Critérios de medição e de pagamento	305
5.17.4	Possibilidade de medição/pagamento antecipada(o)	306
5.17.5	Orçamento completo e seu sigilo [ou não]	308
5.17.6	Responsabilidades de acordo com a matriz de riscos	310
5.18	Subcontratação	310
5.19	Sanções administrativas	311
5.20	Recebimento provisório e definitivo	313
5.21	Da teoria para a prática	314
5.21.1	Caso nº 1	314
5.21.2	Caso nº 2	316
5.22	Teste seu conhecimento	318

REFERÊNCIAS 335

SOBRE AUTORES 347

PREFÁCIO

Após o sucesso da 1ª edição, quatro Auditores Federais de Controle Externo do Tribunal de Contas da União, lotados em Gabinetes de Ministros ou nas unidades especializadas na fiscalização de obras, decidem atualizar, revisar e ampliar a obra, sobretudo à luz das novidades previstas nas Leis nºs 14.133/2021 e 13.303/2016. Essa atualização repete a mesma receita da edição anterior: mantendo o rigor técnico, os autores trazem uma linguagem acessível – até para aqueles que não estão familiarizados com licitações, contratos ou obras públicas –, tornando a leitura bastante agradável.

O livro é dividido em cinco capítulos e contempla as principais etapas do processo de contratação pública. Com foco na realização de obras de edificação e de saneamento, mas sem perder de vista outros tipos de serviços de engenharia, o livro aborda as etapas de obtenção de recursos, de elaboração dos estudos técnicos preliminares, do anteprojeto e dos projetos básico e executivo, de orçamentação, de realização da licitação e de prestação de contas.

Como se percebe, são temas de suma importância. As orientações contidas neste livro, se bem assimiladas, ajudarão não apenas gestores na melhoria dos processos de contratação, mas também a sociedade como um todo. Apenas a título de observação, sempre que examina auditorias em obras inacabadas, o Tribunal de Contas da União elenca as principais causas de interrupção dos empreendimentos, que normalmente são: (i) fluxo orçamentário e financeiro insuficientes; (ii) problemas nos projetos das obras; e (iii) inadimplência do tomador de recursos (convenente).

Para facilitar a transmissão do conhecimento, ao final de cada capítulo, há alguns estudos de caso, em que o leitor poderá perceber como aquele conteúdo teórico é utilizado na prática, ou melhor, no cotidiano dos agentes públicos que laboram na área. Em acréscimo, há muitas questões para fixação do aprendizado.

O livro está bastante atualizado e faz referência às inovações normativas, com destaque para a Lei nº 14.133/2021, criada com o propósito de revogar as Leis nºs 8.666/1993, 10.520/2002 e 12.462/2011 (nesta, no ponto que trata do Regime Diferenciado de Contratações

Públicas). O novo diploma legal exigirá uma longa curva de aprendizado dos agentes públicos que irão operar a nova legislação, sendo este livro, certamente, uma das fontes que poderão acelerar essa decantação do conhecimento.

Como já mencionei ao prefaciar a 1ª edição, a base do livro é formada pela compilação de cursos – sempre muito bem avaliados pelo corpo discente – que os autores ministraram a gestores públicos no âmbito do Tribunal de Contas da União. Isso justifica, de certo modo, a forma didática com que o assunto é apresentado.

É com grande satisfação, portanto, que prefacio a 2ª edição de um trabalho de fôlego e de alta qualidade, que se caracteriza como uma importante publicação para todos os que atuam ou encontram-se envolvidos de alguma forma com o planejamento e a contratação de obras no âmbito da Administração Pública

Benjamin Zymler
Ministro do Tribunal de Contas da União

INTRODUÇÃO

O tema obras públicas é complexo e envolve um conjunto amplo de conhecimentos em áreas diversas como administração, direito, engenharia, arquitetura, economia, entre outras. Apesar disso, não é necessário ser um especialista em nenhuma dessas áreas para compreender os conceitos que devem ser aplicados.

O propósito deste livro é apresentar, de forma clara e objetiva, os aspectos relacionados a cada uma dessas áreas, para servidores públicos e demais profissionais, de quaisquer áreas de conhecimento, que participam, direta ou indiretamente, das fases de planejamento, elaboração de projetos e orçamentos, até a licitação de obras públicas, de modo que obtenham sucesso em suas licitações, reduzam a quantidade de problemas durante a execução das obras e, ao final, consigam entregá-las com maior tempestividade e eficiência.

Todo o conteúdo está atualizado com a nova Lei de Licitações – NLL (Lei nº 14.133/2021) e a Lei das Empresas Estatais (Lei nº 13.303/2016). Os exemplos utilizados enfocam dois principais tipos de obras, que são as mais usualmente licitadas pela Administração Pública. A saber: (i) obras de edificações, a exemplo de sedes administrativas, unidades habitacionais de educação e de saúde; e (ii) obras de saneamento, tais como redes de abastecimento de água, de esgotamento sanitário e de pavimentação e drenagem urbana.

Nada obstante, os diversos tópicos tratados são relevantes também para aqueles que atuam em outros contextos.

O livro está dividido em cinco capítulos. Todo o conteúdo teórico será correlacionado com a experiência prática e respaldado na legislação, nas normas técnicas e na jurisprudência do Tribunal de Contas da União.

Capítulo 1 – Obtenção de recursos: serão abordados os principais tipos de transferência de recursos entre entes da federação (convênios, contratos de repasse, termo de compromisso, repasse fundo a fundo), já que estes são importantes fontes de custeio para as obras públicas de edificação e saneamento.

Capítulo 2 – Estudos Técnicos Preliminares: será feita uma explanação pormenorizada sobre o que são os estudos técnicos preliminares que devem embasar os projetos das obras públicas e o que estes devem conter.

Capítulo 3 – Projetos: será feito um aprofundamento em um dos pontos mais importantes para o sucesso de um contrato de obra pública, qual seja: o projeto de engenharia, nele englobado o anteprojeto e os projetos básico e executivo.

Capítulo 4 – Orçamentação: serão vistos os principais conceitos previstos na legislação e na jurisprudência correlata, bem como é apresentado o passo a passo para a elaboração dos orçamentos de obras públicas.

Capítulo 5 – Licitação: serão vistos os principais aspectos que devem ser observados na elaboração das cláusulas dos respectivos editais de licitação, de modo a reduzir o risco de restrição indevida da competitividade e garantir a eficácia, eficiência e efetividade da licitação.

Ao final de cada capítulo, apresentaremos algumas questões com suas respectivas respostas, a fim de que o leitor possa testar o seu conhecimento e, ao mesmo tempo, autoavaliar a sua compreensão acerca do conteúdo tratado.

Para chamar a atenção do leitor para informações que consideramos particularmente importantes ou ainda para melhor esclarecer alguns pontos da matéria, utilizaremos, ao longo do texto, os seguintes ícones:

Ícone utilizado para enfatizar pontos que o leitor deve observar com maior atenção.

Ícone utilizado para apresentar informações complementares ou *links* que possam contribuir para o aprofundamento no assunto que está sendo tratado.

Ícone utilizado para esclarecer termos menos conhecidos que estiverem sendo utilizados no texto.

Boa leitura!

CAPÍTULO 1

OBTENÇÃO DE RECURSOS

Existem, atualmente, duas principais fontes de custeio para obras públicas de edificação (notadamente as unidades de saúde, educacionais e habitacionais) e de saneamento básico (abastecimento de água, esgotamento sanitário e drenagem urbana). São elas:

(i) recursos oriundos do orçamento próprio dos entes subnacionais (estados, municípios e Distrito Federal); e
(ii) recursos federais transferidos.

Neste capítulo, abordaremos os principais meios para transferência dos recursos federais para estados, municípios e Distrito Federal, suas fases e as principais falhas apontadas pelo Tribunal de Contas da União.

1.1 Características dos principais instrumentos de repasse de recursos federais

O Estado brasileiro é formado pelos seguintes entes da Federação: União, estados, Distrito Federal e municípios. Cada uma dessas unidades é autônoma, possuindo poderes de auto-organização, autogoverno, autoadministração e autolegislação.

Apesar disso, o Brasil concentra a maior parte da arrecadação de tributos (impostos, taxas e outros) na União. Assim, é necessário repassar verbas aos estados e municípios para a realização de suas políticas públicas.

O repasse de recursos federais da União para os municípios pode ser feito de duas formas: transferências obrigatórias ou voluntárias.

As **transferências obrigatórias** são aquelas realizadas por determinação da Constituição e das leis, a exemplo das destinadas ao

Sistema Único de Saúde (SUS), mediante repasses fundo a fundo, e ao Fundo de Participação dos Municípios (FPM).

Já as **transferências voluntárias** são aquelas realizadas principalmente por meio de convênios e/ou de contratos de repasse, tendo por objetivo um interesse público comum, como por exemplo a construção de uma obra ou a elaboração de um projeto.

Considerando que as receitas geradas pelos impostos arrecadados nos próprios municípios muitas vezes não são suficientes para a execução de seus projetos, as transferências de verbas federais podem ser a solução para a falta de recursos financeiros.

Mas, para isso, observe que os gestores devem conhecer e se enquadrar nas exigências feitas pela legislação, uma vez que a iniciativa para recebimento de grande parte desses recursos deve ser do próprio ente subnacional.

 Os convênios e contratos de repasse podem ser uma das soluções para a falta de recursos financeiros dos municípios, pois possibilitam o recebimento de verbas da União.

Em 12 de dezembro de 2019, foi promulgada a Emenda Constitucional nº 105/2019, instituindo duas novas modalidades de transferências:

(i) transferência especial; e
(ii) transferência com finalidade definida.

A **transferência especial** foi criada com uma natureza jurídica nova, que não se amolda completamente à natureza das transferências constitucionais obrigatórias (a exemplo do FPM ou do FPE) tampouco às voluntárias (tais como convênios), apesar de ter com cada uma destas um ou alguns pontos de semelhança. Essa nova transferência especial tem natureza e traços próprios, autorizando o **repasse direto** de recursos para as contas do FPM e do FPE dos entes beneficiados, indicados pelos parlamentares, sem a necessidade de firmar convênio ou outro instrumento semelhante.

Já a **transferência com finalidade definida** é a modalidade usual, na qual o recurso público é transferido de um ente federado (geralmente a União) a outro (prefeituras, estados e/ou Distrito Federal), por meio de um convênio ou contrato de repasse, para a execução de um objeto específico. Por exemplo: uma escola, uma estação de tratamento de água ou esgoto etc.

Na sequência, falaremos mais sobre cada um desses principais tipos de instrumentos de transferência.

1.2 Convênios e contratos de repasse

Antes de começarmos a falar sobre esses instrumentos de transferência de recursos, é necessário conhecer os seguintes conceitos relacionados a eles:

Convênio: é o acordo que regula a transferência de recursos de um órgão público federal para um órgão público estadual ou municipal, com o objetivo de atender a um interesse público em comum.

Proponente: é o órgão público estadual ou municipal que propõe a realização de um convênio com um órgão federal.

Concedente: é o órgão público federal que concede os recursos financeiros para os estados ou municípios, mediante convênio ou contrato de repasse.

Convenente: é o órgão público estadual ou municipal que recebe os recursos federais para a execução do projeto previsto no convênio ou no contrato de repasse.

Exemplo:
Em um convênio assinado entre o Ministério das Cidades e a Prefeitura Municipal de Goiânia/GO, para o repasse de recurso para o município, o Ministério é o Concedente e a Prefeitura é o Proponente e o Convenente.

Veja que a Prefeitura exerce a função de Proponente quando está propondo o convênio, na fase de negociação. Após assinado o termo de convênio, a Prefeitura passa então a ser denominada Convenente. A mudança de nomenclatura se refere somente ao momento da negociação.

Contrato de Repasse: similar ao convênio, é o instrumento de transferência de recursos financeiros de um órgão público federal para um órgão público estadual ou municipal, com a diferença de que há a participação de uma instituição financeira pública federal.

Mandatária: é a instituição financeira federal responsável pela transferência dos recursos financeiros do concedente para o convenente.

Exemplo:
Suponhamos um contrato de repasse assinado entre um Ministério qualquer, por intermédio da Caixa Econômica Federal, e a Prefeitura Municipal de Goiânia/GO. Nesse caso, o Ministério será o Contratante; a Caixa, a Mandatária; e a Prefeitura, o Contratado.

Objeto: é o produto previsto no convênio ou no contrato de repasse. Por exemplo: construção de um posto de saúde ou elaboração de um projeto para construção de uma escola.

Plano de trabalho: é o documento que servirá de base para a assinatura do convênio/contrato de repasse. Deverá ser elaborado pelo município ou Distrito Federal e apresentado ao órgão federal.

Contrapartida: é a verba disponibilizada pelo convenente que, somada aos recursos federais, irá compor o valor total do acordo para a execução completa do objeto. Em um convênio de R$1 milhão, por exemplo, no qual o Governo Federal repasse ao município R$900 mil, a contrapartida será de R$100 mil. Perceba que o valor percentual da contrapartida não é fixo, varia em função do órgão federal e do programa de governo, sendo, usualmente, entre 5% a 15% do valor total do convênio.

É responsabilidade do Prefeito, como principal gestor municipal, assegurar, antes da assinatura do termo do convênio, a previsão orçamentária dos recursos da contrapartida, a qual deve estar de acordo com o cronograma de desembolso a ser pactuado. Deixar de reservar os recursos de contrapartida pode resultar em irregularidade das contas, multa ao responsável e devolução da parcela de recursos federais que acabaram por substituir, indevidamente, os recursos que seriam de responsabilidade do convenente![?]

Siconv: é o antigo sistema de gestão de convênios e contratos de repasse que funcionava no Portal dos Convênios do Governo Federal.

Plataforma TransfereGov: é o atual sistema de gestão de convênios, contratos de repasse e outros tipos de transferências de recursos, cujo acesso se dá pelo sítio eletrônico https://portal.transferegov.sistema.gov.br/.

1.3 Fases do convênio e do contrato de repasse

Os convênios e contratos de repasse podem ser divididos nas seguintes fases:

a) Cadastramento e Proposição;
b) Celebração e Formalização;
c) Execução; e

d) Prestação de Contas.

Para realizar um convênio ou contrato de repasse, todos os procedimentos referentes à seleção, à formalização, à execução, ao acompanhamento e à prestação de contas devem ser registrados na Plataforma TransfereGov (https://portal.transferegov.sistema.gov.br/), a qual contém também informações sobre como obter esses recursos.

A seguir, vamos conhecer um pouco mais cada uma dessas fases.

1.3.1 Cadastramento e proposição (proposta)

Para começar, os órgãos que desejam celebrar convênios ou contratos de repasse com a União precisam se cadastrar previamente na Plataforma TransfereGov pela internet.

Após se cadastrar, o município deve identificar as necessidades existentes em sua comunidade, com a elaboração de um programa de necessidades. Mais adiante, veremos como elaborar esse programa. Por meio dele, serão definidas as carências e as prioridades.

O segundo passo é identificar os programas de governo disponibilizados pelos órgãos da Administração federal.

Para ter maiores informações sobre todos os programas, de todos os órgãos federais que disponibilizam recursos para convênios e contratos de repasse, deve-se consultar a Plataforma TransfereGov (https://portal.transferegov.sistema.gov.br/), bem como os endereços na internet dos diversos ministérios, onde são estabelecidas as regras, os critérios, os objetos e demais requisitos para obtenção dos recursos.
Outra iniciativa que merece destaque é a da Confederação Nacional dos Municípios (CNM), que, por meio da Plataforma Êxitos, disponibiliza informações sobre outras fontes diversas de financiamento que podem ser captadas pelos municípios. Contudo, por ser uma plataforma privada, seu acesso está sujeito a custos com assinatura.

O município ou o estado deverá formalizar a proposta de trabalho diretamente na Plataforma TransfereGov. Tal proposta deve conter, entre outros elementos, a descrição do objeto, a estimativa dos recursos financeiros necessários e a previsão do prazo de execução.

Caso a proposta seja aceita pelo Concedente, na sequência, o Proponente deverá apresentar o Plano de Trabalho, que deve ser bem elaborado e detalhado, pois irá orientar toda a execução do contrato.

O plano de trabalho deverá conter, no mínimo:

a) as razões que justifiquem a sua celebração;
b) a descrição completa do objeto a ser executado;
c) a descrição das metas a serem atingidas;
d) a definição das etapas ou fases de execução do objeto;
e) a compatibilidade de custos com o objeto a ser executado;
f) o cronograma de execução do objeto e o cronograma de desembolsos; e
g) o plano de aplicação dos recursos a serem desembolsados pelo concedente e da contrapartida financeira do proponente, se for o caso.

Há também os chamamentos públicos, os quais contêm regras específicas para seleção de propostas nas áreas definidas pelo Governo Federal.

Nesses chamamentos, geralmente, é definido um prazo para apresentação das propostas, sendo mais uma razão para que o ente municipal mantenha atualizada sua lista de obras prioritárias e seus respectivos planos de trabalho.

No sítio eletrônico da Plataforma TransfereGov (https://portal.transferegov.sistema.gov.br/), há ainda a possibilidade de inclusão de projetos no denominado Banco de Projetos, por meio do qual o órgão pode enviar, de forma prévia, seus projetos para a aprovação do Órgão Fomentador, independentemente de chamamento público, agilizando o processo de possíveis financiamentos futuros com recursos federais.

O banco em questão contém projetos enviados pelos Proponentes e já pré-aprovados pelos Concedentes, bem como projetos padrão disponibilizados pelos próprios Órgãos Concedentes. Por exemplo, entre outros órgãos, o Fundo Nacional de Desenvolvimento da Educação (FNDE) disponibiliza, em seu sítio eletrônico, projetos padrão de creches e escolas fundamentais; e o Ministério da Saúde disponibiliza projetos padrão de Unidades de Pronto Atendimento (UPA) e Unidades Básicas de Saúde (UBS). A aprovação do projeto não garante seu financiamento, mas pode agilizar esse processo, e ainda facilita sua indicação para o recebimento de recursos de emendas parlamentares.

1.3.2 Celebração e formalização

A formalização dos convênios e dos contratos de repasse tem início com o cadastramento e o credenciamento do órgão municipal ou estadual na Plataforma TransfereGov, via internet.

Os órgãos interessados também precisam cumprir requisitos e exigências estabelecidos no art. 29 da Portaria Conjunta MGI/MF/CGU nº 33/2023, entre os quais destacamos:

- respeitar os limites da dívida consolidada e mobiliária, das operações de crédito, da inscrição em restos a pagar e da despesa total com pessoal, conforme previsto na Lei Complementar nº 101/2000 (Lei de Responsabilidade Fiscal);
- não estar em dívida com os órgãos da Administração Pública Federal;
- cumprir as aplicações mínimas de recursos nas áreas de educação e saúde, em atendimento aos artigos 198 e 212 da Constituição Federal;
- comprovar possuir os direitos de propriedade do imóvel, nos casos em que o convênio seja para realização de obras ou benfeitorias no local; e
- realizar previsão, no orçamento do município ou do estado, da contrapartida a ser aplicada no convênio.

Além disso, registramos que o *valor mínimo* para a celebração de convênios é de R$400 mil, para a execução de obras e serviços de engenharia, e de R$200 mil, no caso de custeio ou aquisição de equipamentos.[1] Isso significa que não poderão ser assinados convênios para realizar objetos com valores menores que esses.

Após a aprovação do plano de trabalho pelo órgão concedente/contratante, e cumpridos os requisitos descritos no art. 29 da Portaria Conjunta MGI/MF/CGU nº 33/2023, o convênio ou o contrato de repasse será assinado e formalizado.

No caso de obra, uma atenção especial deve ser dada ao projeto. Como regra, o *projeto básico deverá ser apresentado antes da assinatura do instrumento de repasse ou, quando for adotado o regime de contratação integrada, o respectivo anteprojeto*. Por outro lado, é permitido que o órgão concedente o exija somente depois dessa assinatura, mas sempre

---

[1] Portaria Conjunta MGI/MF/CGU nº 33/2023, art. 6º.

antes da liberação da primeira parcela dos recursos.[2] Em função disso, o gestor deve ficar sempre atento às exigências de cada órgão concedente.

De acordo com o art. 24, §11, da Portaria Conjunta MGI/MF/CGU nº 33/2023, as obras e serviços de engenharia de grande vulto, nos termos definidos no art. 6º, inciso XXII, da Lei nº 14.133, de 2021, não será permitida a celebração de instrumentos sem a apresentação do anteprojeto, quando for adotado o regime de contratação integrada, ou do projeto básico, para os demais regimes de contratação.

É importante saber que esse projeto deve conter todos os elementos necessários e suficientes para caracterizar a obra, bem como demonstrar sua viabilidade, conveniência e custo. No capítulo seguinte, estudaremos mais sobre o que vem a ser o projeto básico.

Uma das principais causas para a não aprovação das propostas de trabalho em convênios e contratos de repasse é a falta de detalhamento no plano de trabalho, em especial devido a projeto básico deficiente.

As principais decisões do TCU sobre esse tema[3] indicam que o projeto básico deve ser analisado e aceito pelo órgão competente do Governo Federal antes da licitação da obra. Os editais de licitação para executar obras conveniadas somente podem ser publicados após:

1) a assinatura do respectivo instrumento; e
2) o aceite do projeto, mediante emissão do laudo de análise técnica pelo concedente ou pela mandatária, que tem por objetivo avaliar a adequação e completude do projeto de engenharia, inclusive em relação à sua correspondente planilha orçamentária (art. 53, *caput* e §1º, da Portaria Conjunta MGI/MF/CGU nº 33/2023).

Só há uma exceção para essa regra: situação em que o município queira aproveitar uma licitação já realizada. Nesse caso, deve-se garantir que o projeto básico utilizado na licitação atenda às exigências da lei de licitações, inclusive quanto à observância das regras para formação do preço de referência.[4]

---

[2] Portaria Conjunta MGI/MF/CGU nº 33/2023, art. 24, inciso I, alínea "a". Particularidades podem ser aplicáveis no regime de contratação integrada.
[3] Em especial o Acórdão 2.099/2011-TCU-Plenário.
[4] Lei nº 14.133/2021, art. 23, e Instrução Normativa SEGES/ME 72/2021.

Para isso, o TCU prevê que o órgão concedente deverá emitir um parecer atestando que a licitação a ser aproveitada atende a todos os requisitos da legislação.[5]

A vigência do contrato de convênio/repasse é iniciada após sua assinatura e publicação no Diário Oficial da União. Caso não haja a publicação, o convênio perde a validade e torna-se nulo.

Lembre que o convenente ou contratado deve dar ciência da celebração do convênio ou do contrato de repasse ao conselho local ou à instância de controle social da área vinculada à transferência, enquanto o concedente deve informar à Assembleia Legislativa ou à Câmara Legislativa ou à Câmara Municipal do convenente, conforme o caso.[6]

1.3.3 Execução

A execução é a fase de realização da obra ou do serviço previsto no convênio/contrato de repasse. O andamento dessa fase deve coincidir com o cronograma aprovado no Plano de Trabalho, sendo proibida a realização de despesas antes do início e após o término de sua vigência.

Vejamos, a seguir, as principais etapas da execução.

Figura 1 – Principais etapas da execução da obra ou do serviço

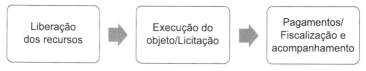

Fonte: elaboração própria

a) Liberação dos recursos

A fase de liberação dos recursos ocorre concomitantemente à execução do objeto. Ela tem início depois de celebrado o contrato de repasse/convênio, de a concedente/mandatária dar o aceite do projeto, mediante emissão do correspondente laudo de análise técnica, de o convenente realizar a licitação da obra e, por fim, de a concedente/mandatária fazer a Verificação do Resultado de Processo Licitatório

---

[5] Acórdão 2.099/2011-TCU-Plenário.
[6] Portaria Conjunta MGI/MF/CGU nº 33/2023, arts. 41 e 42.

(ou outro parecer congênere), contendo o aceite do processo licitatório realizado.

Após todas essas etapas, faz-se a liberação da primeira parcela ou da parcela única na conta vinculada do contrato de repasse/convênio e das demais conforme tabela a seguir:

Tabela 1 – Regras de liberação de recursos

Valor o convênio/ contrato de repasse	Regra para liberação dos recursos	
Obras e serviços de engenharia de até R$750 mil (Nível I)	Preferencialmente em parcela única	- a liberação da primeira parcela ou da parcela única ficará condicionada à conclusão da análise técnica e ao aceite do processo licitatório pelo concedente ou pela mandatária; e - a liberação das demais parcelas está condicionada à execução de, no mínimo, 70% (setenta por cento) das parcelas liberadas anteriormente.
Obras e serviços de engenharia de R$750 mil até R$1,5 milhão (Nível I-A)		
Custeio ou aquisição de equipamentos de até R$1 milhão (Nível IV)		
Custeio ou aquisição de equipamentos superior a R$1 milhão (Nível V)		
Obras e serviços de engenharia de R$1,5 milhão até R$5 milhões (Nível II)	Em no mínimo três parcelas, sendo que a primeira não poderá exceder a 20% (vinte por cento) do valor global do instrumento.	
Obras e serviços de engenharia acima de R$5 milhões (Nível III)		

Fonte: elaboração própria, a partir de dados da Portaria Conjunta MGI/MF/CGU nº 33/2023, art. 68.

As verbas federais recebidas por meio de convênios ou contratos de repasse, bem como a contrapartida, devem ser movimentadas apenas em conta específica, aberta exclusivamente com esse fim. Essa conta nunca será a do tesouro da União ou do ente subnacional, uma vez que os recursos não devem se confundir.[7]

---

[7] Art. 75, §1º, da Portaria Conjunta MGI/MF/CGU nº 33/2023.

Outro ponto importante, a Portaria Conjunta MGI/MF/CGU nº 33/2023 estabelece que os valores totais liberados, enquanto não empregados na sua finalidade, devem ser aplicados conforme abaixo.[8]

a) em caderneta de poupança;
b) em fundo de aplicação financeira de curto prazo; ou
c) operação de mercado aberto lastreada em título da dívida pública.

Os rendimentos das aplicações financeiras não podem ser considerados como contrapartida do município e devem ser aplicados obrigatoriamente no objeto do convênio ou do contrato de repasse, ou devolvidos ao Governo Federal, na prestação de contas final. É permitida a utilização dos rendimentos de aplicação financeira para:[9]

I - custear valores decorrentes de atualizações de preços, quando o valor global inicialmente pactuado se demonstrar insuficiente;
II - ampliação de metas e etapas, desde que justificado pelo convenente e autorizado pelo concedente ou mandatária da União;
III - reconstrução de obras, relacionadas ao objeto pactuado, danificadas em decorrência de calamidade pública reconhecida pelo Congresso Nacional, no caso da União, ou pelas Assembleias Legislativas, Câmara Legislativa ou Câmaras Municipais, na hipótese dos estados, Distrito Federal e municípios, respectivamente; e
IV - atualização de preços decorrentes de atualização de data-base, de reajustamento de preços conforme índice previsto no CTEF ou de termo aditivo para o restabelecimento do equilíbrio econômico-financeiro do CTEF.

b) Execução do objeto (construção da obra)

A execução do objeto deve ser realizada de acordo com as cláusulas do convênio/contrato de repasse. Além disso, as verbas não podem ser utilizadas em outro objeto que não aquele previsto no plano de trabalho. É proibida a substituição de um objeto por outro.

É possível, no entanto, alterá-lo mediante proposta, devidamente formalizada e justificada, que será apresentada ao concedente ou à

---

[8] Art. 75, §2º, da Portaria Conjunta MGI/MF/CGU nº 33/2023.
[9] Art. 75, §§4º e 5º, da Portaria Conjunta MGI/MF/CGU nº 33/2023.

mandatária em, no mínimo, 60 (sessenta) dias antes do término de sua vigência.[10]

Nos casos em que houver divergências de valores entre o plano de trabalho aprovado e o anteprojeto, projeto básico ou termo de referência aprovado, os partícipes deverão providenciar as alterações no instrumento e no plano de trabalho.[11]

Qualquer alteração no convênio/contrato de repasse sem prévia autorização e sem termo aditivo pode ser considerada como desvio de finalidade e levar à rescisão do instrumento e à inscrição do convenente em inadimplência.

 Caso o gestor se depare com alguma impossibilidade de realizar o plano de trabalho após liberação dos recursos, deve entrar em contato imediatamente com o órgão concedente, a fim de renegociar os termos do convênio/contrato de repasse.

Ainda que haja uma situação emergencial no município ou se perceba que o objeto não é mais prioritário, é vedada a utilização dos recursos em despesas não previstas no plano de trabalho. Esse fato é considerado pelo TCU como **desvio de objeto**, uma irregularidade grave, que pode levar à instauração de Tomada de Contas Especial (TCE), para apuração de eventuais danos e ressarcimento aos cofres públicos.[12] Nesses casos, os gestores serão notificados para reembolsarem esses valores.

 Tomada de Contas Especial (TCE): processo devidamente formalizado, com rito próprio, para apurar responsabilidade por ocorrência de dano à Administração Pública Federal e obtenção do respectivo ressarcimento. (Fonte: Glossário de Termos do Controle Externo, TCU, setembro/2012).

Na fase de execução do convênio, são realizados: a) licitação da obra e contratação da empresa executora; b) pagamentos, de acordo com o andamento da obra; e c) efetivo cumprimento do objeto e das metas previstas.

---

[10] Art. 46 da Portaria Conjunta MGI/MF/CGU nº 33/2023.
[11] Art. 27, §1º, da Portaria Conjunta MGI/MF/CGU nº 33/2023.
[12] Exemplos de acórdãos do TCU sobre o tema: 4.437/2020-TCU-2ª Câmara; 3.588/2017-TCU-2ª Câmara; 1.798/2016-TCU-1ª Câmara; 1.007/2014-TCU-1ª Câmara; 5.304/2013-TCU-1ª Câmara.

As licitações e contratações de empresas devem seguir o rito comum das demais compras e obras da Administração Pública.

c) Licitação

A publicação dos editais de licitação para execução do objeto, quando os projetos forem total ou parcialmente custeados com recursos federais, deverá seguir as mesmas orientações previstas na Lei nº 14.133/2021 para licitações realizadas pela União, especialmente a publicação no Diário Oficial da União e no Portal Nacional de Contratações Públicas, sem prejuízo da divulgação nos demais veículos previstos na legislação do convenente.

Além disso, ficará condicionada à assinatura do respectivo instrumento e à emissão de parecer favorável à utilização do projeto avaliado, em laudo de análise técnica emitido pelo concedente ou mandatária.[13]

Tal análise avalia a adequação e completude do projeto apresentado, inclusive da planilha orçamentária, em relação a quantidades e preços unitários e totais.

Concluída a licitação do objeto, o edital e seus anexos, as documentações de julgamento e habilitação, seu resultado e a proposta vencedora devem ser submetidos à mandatária ou ao concedente, para emissão do documento denominado Verificação do Resultado do Processo Licitatório (VRPL).

Essa etapa corresponde a uma averiguação de que o convenente está seguindo aquilo que foi pactuado, anteriormente, com o concedente. Para isso, serão avaliados:

- se a licitação foi realizada depois de aceito o projeto pelo concedente/mandatária;
- os preços do licitante vencedor e a sua compatibilidade com os preços de referência;
- o enquadramento do objeto do ajuste com o que foi de fato licitado; e
- a declaração expressa do convenente de que a licitação atendeu à legislação aplicável.

---

[13] Art. 53, §1º, da Portaria Conjunta MGI/MF/CGU nº 33/2023.

d) Pagamentos

Para garantir a correta aplicação dos recursos recebidos pelo município na execução da obra ou do projeto, é fundamental que os débitos da conta específica do convênio sejam acompanhados do respectivo documento comprovante da despesa: empenhos, medições, notas fiscais, faturas e recibos. Esses documentos devem ser emitidos em nome do convenente e conter expressamente o número do convênio a que se refere.[14]

Empenho: segundo o art. 58 da Lei nº 4.320/1964, empenho é "o ato emanado de autoridade competente que cria para o Estado a obrigação de pagamento pendente ou não de implemento de condição". Consiste na reserva de dotação orçamentária para um fim específico; na garantia de que existe o crédito necessário para a liquidação de um compromisso assumido; é o primeiro estágio da despesa pública. Em outras palavras, é uma reserva que o gestor faz, de recursos orçamentários para pagar uma despesa. Essa reserva é feita em sistema informatizado, por meio de um documento chamado "Nota de Empenho".

Os recursos destinados à execução de contratos de repasse são enviados à conta bancária específica somente após o aceite do processo licitatório, por meio da emissão do documento denominado Verificação do Resultado do Processo Licitatório (VRPL), já estudado aqui, porém permanecerão bloqueados na conta bancária até autorização de desbloqueio pela mandatária ou pelo concedente.

Para as obras e serviços de engenharia de até R$1,5 milhão, o desbloqueio será imediatamente após o ateste do boletim de medição pelo fiscal do convenente, exceto o desbloqueio da última parcela que ficará condicionada à vistoria final *in loco* pela mandatária/concedente.

Para as obras e serviços de engenharia acima de R$1,5 milhão, o desbloqueio dos recursos será realizado após o concedente verificar as medições apresentadas pelo convenente, e por meio das vistorias *in loco*.

Cada pagamento só poderá ser realizado diretamente à empresa contratada, após a inclusão de todos os documentos necessários na Plataforma TransfereGov, os quais devem comprovar a efetiva execução das metas, etapas ou fases do plano de trabalho.

---

[14] Art. 76 da Portaria Conjunta MGI/MF/CGU nº 33/2023.

Esses cuidados devem ser tomados para assegurar a correspondência entre os recursos aplicados e o objeto, havendo um nexo de causalidade entre o pagamento e o serviço. Em outras palavras, o objetivo é garantir que os valores sejam corretamente utilizados na obra.

Além disso, como regra, os pagamentos devem ser realizados por meio de crédito em conta bancária das empresas contratadas para execução do objeto. Alternativamente, desde que justificado pelo convenente e autorizado pelo concedente ou mandatária, o crédito poderá ser realizado em conta corrente de titularidade do próprio convenente, nas hipóteses de:

a) questões operacionais que impeçam o pagamento por meio da emissão de ordem bancária de pagamento de despesa dos instrumentos, excetuando-se falhas de planejamento;

b) execução direta do objeto pelo convenente ou pela unidade executora; ou

c) ressarcimento ao convenente por pagamentos realizados às próprias custas, em valores além da contrapartida pactuada, decorrente de atrasos na liberação dos recursos, pelo concedente ou mandatária, desde que tenha havido a emissão da Autorização de Início de Obra – AIO.[15]

É irregular fazer saques para pagamentos em espécie. Já pagamento por cheque não é, por si só, apto a comprovar o nexo de causalidade entre o pagamento e a despesa realizada. Desse modo, para ser reconhecido deve ser acompanhado de um conjunto de outros documentos probatórios.<?>

Em julho de 2012, foi criada a ordem bancária de transferências voluntárias (OBTV). A partir de então, o pagamento ao fornecedor passou a ser realizado por meio de ordem bancária gerada na Plataforma TransfereGov, a qual é enviada para o Sistema Integrado de Administração Financeira (Siafi), para posterior envio, via sistema, à instituição bancária que efetuará o crédito na conta corrente do beneficiário final da despesa, evitando o problema dos pagamentos em espécie.

---

[15] Art. 76, §§1º e 2º, da Portaria Conjunta MGI/MF/CGU nº 33/2023. Acórdãos 204/2022-Plenário; 4.434/2020-2a Câmara, entre outros.

e) Fiscalização e acompanhamento

O órgão convenente, na qualidade de contratante da obra/serviço, é responsável por fiscalizar e garantir a regular execução do objeto pactuado. Além disso, ele pode ser responsabilizado pelos danos causados a terceiros na execução do convênio/contrato de repasse.

Sem prejuízo da fiscalização mencionada, o órgão concedente também deve realizar o acompanhamento e a comprovação da:

a) boa e regular aplicação dos recursos públicos;
b) compatibilidade da execução do objeto com o Plano de Trabalho; e
c) regularidade das informações registradas na Plataforma TransfereGov.

No caso de contratos de repasse, a instituição financeira mandatária também deverá acompanhar os procedimentos relativos à aplicação dos recursos federais, antes de liberar as parcelas.[16]

Ao verificar quaisquer irregularidades na execução do convênio/contrato de repasse, o concedente suspenderá a liberação dos recursos e fixará prazo ao convenente para sanear as falhas ou esclarecer os fatos.

Vamos, então, para a última fase relacionada à transferência de recursos federais por meio de convênio ou contrato de repasse.

1.3.4 Prestação de contas

A prestação de contas de convênios e contratos de repasse nada mais é do que a comprovação, por meio de documentos e informações, do cumprimento fiel e regular da execução do objeto.

O órgão que recebe recursos deve apresentar as prestações de contas parciais (durante a execução da obra, para liberação das medições seguintes) e final, conforme os prazos previstos no próprio instrumento de repasse. Geralmente, o prazo para prestação de contas final é de **60 dias** após o fim da vigência.

A omissão no dever de prestar contas é irregularidade grave e resulta na instauração de Tomada de Contas Especial (TCE).

---

[16] Art. 85 da Portaria Conjunta MGI/MF/CGU nº 33/2023.

De acordo com a jurisprudência do TCU: "A não comprovação da boa e regular aplicação de recursos federais em face da omissão no dever de prestar contas, além de obrigar o gestor omisso a restituir os valores aos cofres públicos por presunção de dano, constitui grave inobservância do dever de cuidado no trato com a coisa pública, revelando a existência de culpa grave, passível de aplicação de penalidade, uma vez que se distancia do que seria esperado de um administrador minimamente diligente, o que caracteriza erro grosseiro a que alude o art. 28 do Decreto-Lei nº 4.657/1942 (LINDB), incluído pela Lei nº 13.655/2018."[?]

Note que é competência do prefeito sucessor prestar contas dos recursos provenientes de convênios/contratos de repasse firmados por seus antecessores. Somente na impossibilidade de fazê-lo, o prefeito deverá apresentar justificativas que demonstrem o seu impedimento e as medidas adotadas para resguardar o erário.

Erário: é um termo que indica genericamente as finanças do Estado. Os recursos do erário são, em sua maioria, impostos recolhidos da população.

De acordo com a Súmula TCU 230, "compete ao prefeito sucessor apresentar a prestação de contas referente aos recursos federais recebidos por seu antecessor, quando este não o tiver feito e o prazo para adimplemento dessa obrigação vencer ou estiver vencido no período de gestão do próprio mandatário sucessor, ou, na impossibilidade de fazê-lo, adotar as medidas legais visando ao resguardo do patrimônio público."[?]

Caso haja sobra de saldo financeiro na conta do convênio ao final da obra, esse valor deve ser devolvido ao órgão concedente, com reajuste monetário, no prazo estabelecido para a apresentação da prestação de contas final.

A análise da prestação de contas deve ser realizada pelo concedente no prazo de 1 ano. Havendo aprovação, será dada declaração expressa de que os recursos foram regularmente aplicados. Não sendo aprovada, serão adotadas as devidas providências para a regularização das pendências. Na hipótese de permanecer qualquer pendência, a autoridade competente registrará o fato na Plataforma TransfereGov e adotará as medidas cabíveis para instauração da Tomada de Contas Especial.

Nessa situação, se o ente tomador for inscrito como inadimplente, ou seja, caso não tenha cumprido adequadamente a prestação de contas, esse ente não poderá receber novas transferências de recursos por meio de convênios/contratos de repasse até que regularize suas contas.[17]

Entendidos os aspectos principais das fases de execução de convênios e contratos de repasse, vamos conhecer outros tipos possíveis de transferências de recursos federais.

1.4 Transferências especiais

Essa modalidade de transferência foi criada pela Emenda Constitucional nº 105/2019, que introduziu o art. 166-A na Constituição Federal. Ela se refere exclusivamente a repasses de emendas individuais impositivas, que são transferidas diretamente ao ente federado beneficiado, sem necessidade de convênio ou instrumento congênere.

Há algumas regras especiais para aplicação desses recursos como, por exemplo: não podem ser utilizados em despesas com pessoal ou com o pagamento de encargos referentes ao serviço da dívida; pelo menos 70% dos valores devem ser empenhados em despesas de capital; entre outras.

Há processos no TCU em que se discutem a natureza dessa transferência e eventuais limites da competência fiscalizatória do Tribunal. No entanto, o Tribunal ainda não se pronunciou sobre o tema.

A despeito das incertezas sobre essa modalidade de transferência criada recentemente, não há dúvidas de que permanece válido, para os gestores que recebem tais recursos, o dever de prestar contas sobre a aplicação desses recursos, seja para órgãos de controle da União ou locais. A Plataforma TransfereGov também proporciona suporte a esse tipo de transferência.

Informações mais detalhadas sobre as transferências especiais podem ser acessadas no portal da Plataforma TransfereGov.

---

[17] Art. 13, inciso VIII, da Portaria Conjunta MGI/MF/CGU nº 33/2023.

1.5 Repasses fundo a fundo

O Governo Federal, por meio do Fundo Nacional de Saúde (FNS), transfere anualmente a estados, municípios e Distrito Federal, recursos da ordem de dezenas de bilhões de reais para custear ações e serviços de saúde. A forma ou modalidade pela qual se dá essa transferência é denominada "repasse fundo a fundo", na qual os recursos do Fundo Nacional de Saúde são alocados, de forma regular e automática, para os fundos de saúde estaduais, municipais e do Distrito Federal.

Para isso, é obedecida a programação financeira do Tesouro Nacional, independentemente de convênio ou instrumento congênere, bem como devem ser observados critérios, valores e parâmetros de cobertura assistencial, de acordo com o estabelecido nas Leis Orgânicas da Saúde (Lei nºs 8.080/1990 e 8.142/1990), e nas exigências contidas no Decreto nº 1.232/1994.

Os repasses fundo a fundo possuem procedimentos próprios, que não serão explorados nesta obra.

1.6 Termos de compromisso

As transferências da União para os estados, o Distrito Federal e os municípios, para execução do então Programa de Aceleração do Crescimento (PAC), seguem regras específicas, regidas pela própria lei de criação do PAC: Lei nº 11.578/2007. Essas ações são discriminadas pelo Poder Executivo, de acordo com o interesse da União.

O instrumento dessa transferência de recursos é o Termo de Compromisso. De acordo com o art. 3º da lei do PAC, os estados e municípios beneficiários deverão comprovar os seguintes requisitos, que devem constar desse termo de compromisso:

I.   identificação do objeto a ser executado;
II. metas a serem atingidas;
III. etapas ou fases de execução;
IV. plano de aplicação dos recursos financeiros;
V.   cronograma de desembolso;
VI. previsão de início e fim da execução do objeto, bem como da conclusão das etapas ou fases programadas; e
VII. comprovação de que os recursos próprios para complementar a execução do objeto estão devidamente assegurados, salvo

se o custo total do empreendimento recair sobre a entidade ou o órgão descentralizador, quando a ação compreender obra ou serviço de engenharia.

As transferências firmadas por termos de compromisso são condicionadas apenas à aprovação prévia do termo por parte da União.

Além disso, em convênios, as ações são definidas pelo próprio ente estadual ou municipal em seu plano de trabalho, enquanto, nos termos de compromisso, a União é quem define as ações que deverão ser executadas pelos entes, por meio de Comitês Gestores específicos.

Quanto à sua execução, os termos de compromisso possuem procedimentos próprios, os quais são disciplinados mediante portarias e instruções normativas expedidas por cada ente contratante.

Cabe dizer que, com a descontinuidade do PAC, o Governo Federal deixou de firmar novos termos de compromisso, contudo, os anteriormente celebrados permanecem vigentes até a conclusão de seus objetos.

Mas, como gerenciar essas transferências de uma forma mais organizada? Trataremos disso no próximo tópico.

1.7 Plataforma TransfereGov

A Plataforma TransfereGov, cuja denominação até 2022 era Plataforma +Brasil, é uma ferramenta integrada e centralizada, com dados abertos, destinada à informatização e operacionalização das transferências de recursos do Orçamento Geral da União.

Representa uma evolução do anterior Portal dos Convênios – Siconv, e caracteriza um importante avanço para o gerenciamento dessas transferências, uma vez que incorpora uma série de informações, de forma integrada, aos processos de trabalho realizados pelos órgãos repassadores, pelos órgãos executores e demais agentes, a exemplo da Caixa Econômica Federal.

Assim, constituem princípios da Plataforma:

- Otimização dos gastos de recursos públicos;
- Avaliação informatizada das prestações de contas;
- Rastreabilidade e menor custo de controle;
- Monitoramento digital da execução das políticas públicas com fortalecimento do controle social; e

- Resultados para a sociedade por meio do fortalecimento da governança e da gestão públicas.

Informações mais detalhadas sobre a plataforma podem ser obtidas no portal: https://portal.transferegov.sistema.gov.br/.

No Acórdão 1.079/2019-TCU-Plenário, que julgou auditoria sobre obras paralisadas, o TCU reconheceu a importância da iniciativa representada pela então Plataforma +Brasil, e os avanços que ela trouxe em termos de melhoria da gestão dos recursos públicos, expedindo a seguinte recomendação ao então Ministério da Economia, atual Ministério do Planejamento:

[...] em conjunto com os demais ministérios que gerenciam recursos destinados a obras públicas, adote providências com vistas a: [...]

9.1.2. fortalecer a iniciativa do novo sistema de transferências do Governo Federal e incentivar a integração das demais modalidades de aplicação de recursos federais em obras públicas à plataforma atualmente em desenvolvimento, de modo a ampliar o universo de obras acompanhadas nessa ferramenta e os benefícios que ela proporciona;

1.8 Legislação sobre o tema

Até 30/05/2008, a Instrução Normativa STN 1/1997 era o principal normativo sobre o tema. A partir dessa data, veio o Decreto nº 6.170/2007, regulamentado posteriormente pela Portaria Interministerial MP/MF/MCT 127/2008, trazendo novas disposições sobre os convênios e os contratos de repasse.

Até dezembro de 2016, a Portaria Interministerial CGU/MF/MP 507/2011 constituiu, juntamente com o citado decreto, a principal legislação reguladora das transferências de recursos da União firmadas a partir de 01/01/2012. Em 30/12/2016, foi editada a Portaria Interministerial 424, a qual revogou a Portaria 507/2011 e trouxe novos comandos sobre as transferências de recursos da União mediante convênios e contratos de repasse.

A Instrução Normativa MP 2/2018 estabelece regras e diretrizes para a execução de contrato de prestação de serviço a ser celebrado entre órgãos e entidades da Administração Pública Federal e Instituições Financeiras oficiais federais para atuação como Mandatárias da União, na gestão operacional de contratos de repasse.

Nos anexos da referida IN MP 2/2018, consta em detalhes como a mandatária (e igualmente o concedente) deve realizar o acompanhamento dos contratos de repasse, trazendo o passo a passo das análises que devem ser realizadas.

Por fim, em 2023, foi editado o Decreto nº 11.531, que substitui o então Decreto nº 6.170/2007, e a Portaria Conjunta MGI/MF/CGU nº 33/2023, que revogou a Portaria Interministerial 424/2016.

Como fonte de pesquisa adicional, indicamos os manuais e a página na internet de perguntas e respostas, disponíveis na Plataforma TransfereGov (https://portal.transferegov.sistema.gov.br/) e a cartilha da Controladoria Geral da União (CGU) *Transferências de recursos da União: perguntas e respostas*, que também pode ser encontrada gratuitamente na internet.

1.9 Principais falhas apuradas pelo Tribunal de Contas da União

Vamos agora conhecer quais as principais falhas que já foram constatadas pelo TCU nas fiscalizações de convênios e contratos de repasse.

1.9.1 Nas fases de proposição, celebração e formalização

- Apresentar plano de trabalho sem o devido detalhamento: ausência de justificativas que comprovem a necessidade de se realizar o contrato; descrição incompleta do objeto a ser executado; ausência ou insuficiência na descrição das metas, em qualidade e quantidade; ausência ou incompletude do projeto básico.
- Não comprovar a contrapartida: deixar de depositar o valor relativo à contrapartida.

1.9.2 Na fase de execução financeira

- Desviar a finalidade na aplicação dos recursos transferidos: aplicar os recursos financeiros do convênio em outras despesas que não sejam as do plano de trabalho.

- Transferir os recursos da conta específica do convênio para outra conta qualquer, perdendo-se a possibilidade de estabelecer o nexo causal entre os recursos transferidos e as despesas incorridas.
- Realizar pagamentos em espécie à empresa contratada, sem que haja a identificação de sua destinação, perdendo-se a possibilidade de estabelecer o nexo causal entre os recursos transferidos e as despesas incorridas.
- Realizar despesas antes ou após a vigência do convênio.
- Alterar o objeto do convênio sem autorização do órgão concedente.
- Não observar os procedimentos legais necessários para a licitação e para os contratos, nos termos das Leis de Licitação.
- Utilizar licitação anterior ao instrumento de repasse sem que esta tenha observado os dispositivos da Lei de Licitação, quando aplicável, e dos demais dispositivos que regem a aplicação de recursos públicos federais.
- Realizar os pagamentos sem que haja a respectiva medição e comprovação da conclusão dos serviços.
- Deixar de executar o objeto parcialmente ou em sua totalidade.

1.9.3 Na fase de prestação de contas

- Não comprovar que os recursos financeiros do convênio foram aplicados regularmente no objeto pactuado (nexo causal).
- Deixar de apresentar a prestação de contas final do convênio.
- Apresentar prestação de contas final incompleta ou com documentos irregulares.

1.10 Decisões e jurisprudência do TCU mais importantes sobre instrumentos de repasse

1.10.1 Alteração unilateral do objeto de convênio

Para fins de responsabilização perante o TCU, considera-se erro grosseiro (art. 28 do Decreto-Lei nº 4.657/1942 - LINDB) a execução de objeto conveniado em desacordo com o plano de trabalho aprovado pelo concedente.

Acórdão 6.486/2020-Primeira Câmara | Relator: VITAL DO RÊGO

Alterações no local de execução e nas especificações do objeto pactuado, sem a devida aprovação do órgão repassador dos recursos, não são falhas de caráter formal e, embora possam não caracterizar débito, sujeitam o gestor ao julgamento pela irregularidade das contas e à aplicação da multa prevista no art. 58, inciso I, da Lei nº 8.443/1992.
Acórdão 6.274/2014-Primeira Câmara | Relator: JOSÉ MUCIO MONTEIRO

O gestor convenente é responsabilizado ao alterar os planos de trabalho aprovados, sem prévia autorização, assumindo o risco de insucesso na execução do convênio.
Acórdão 7.402/2012-Segunda Câmara | Relator: JOSÉ JORGE

1.10.2 Saque em espécie e não comprovação de nexo causal

A emissão de cheques nominais à própria entidade beneficiária dos recursos do convênio e o saque em espécie impedem a comprovação do nexo causal entre os recursos transferidos e as despesas realizadas.
Acórdão 204/2022-Plenário | Relator: AUGUSTO NARDES

O saque em espécie da conta específica de convênio compromete o estabelecimento do nexo de causalidade entre a movimentação bancária e as despesas efetuadas para a consecução do objeto pactuado, não permitindo a comprovação da regular aplicação dos recursos federais repassados, o que enseja a irregularidade das contas, com imputação de débito e aplicação de multa aos gestores responsáveis.
Acórdão 6.886/2020-Segunda Câmara | Relator: MARCOS BEMQUERER

1.10.3 Inexecução total ou parcial de objeto de convênio

A omissão do prefeito sucessor em concluir obra paralisada em gestão anterior, havendo recursos financeiros do convênio disponíveis para tal finalidade, ou em adotar as medidas pertinentes para resguardar o erário enseja sua responsabilização solidária por eventual débito decorrente da não conclusão do objeto conveniado.
Acórdão 4.382/2020-Segunda Câmara | Relator: MARCOS BEMQUERER e Acórdão 4.828/2018-Segunda Câmara | Relator: AROLDO CEDRAZ

Os órgãos concedentes, na análise das prestações de contas, devem fundamentar tecnicamente as conclusões acerca da execução física dos convênios, descrevendo o impacto de eventuais inexecuções parciais para a utilidade do objeto conveniado, justificando desse modo a imputação de débito integral ou parcial aos responsáveis.
Acórdão 7.125/2019-Segunda Câmara | Relator: RAIMUNDO CARREIRO

Em regra, nos casos de tomada de contas especial instaurada por inexecução parcial do objeto do convênio, a quantificação do dano ao erário deve levar em consideração o percentual das realizações físicas das obras e serviços constantes do plano de trabalho, a existência de nexo de causalidade entre a execução física e a financeira e, ainda, o grau de utilidade da parte executada para o público a ser beneficiado pela avença.
Acórdão 3.429/2014-Primeira Câmara | Relator: WEDER DE OLIVEIRA

1.10.4 Desvio de finalidade ou de objeto de convênio

O desvio de objeto se configura quando o convenente, sem autorização prévia do concedente, executa ações não previstas no plano de trabalho da avença, mas, em alguma medida, preserva o fim a que se destinam os recursos. O desvio de finalidade ocorre quando os recursos são aplicados em finalidade diversa daquela anteriormente pactuada ou ainda quando o escopo específico da avença não é atendido em decorrência de irregularidades na execução do ajuste.
Acórdão 1.798/2016-Primeira Câmara | Relator: MARCOS BEMQUERER

Nos casos de desvio de objeto, desde que mantida a finalidade do gasto, o débito pode ser afastado, sem prejuízo do julgamento pela irregularidade das contas com aplicação de multa.
Acórdão 4.437/2020-Segunda Câmara | Relator: AUGUSTO NARDES e Acórdão 1.007/2014-Primeira Câmara | Relator: WEDER DE OLIVEIRA

1.10.5 Ausência de aplicação dos recursos no mercado financeiro e falta de devolução de saldo ao concedente

É cabível a imputação de débito pela ausência de aplicação dos recursos do convênio no mercado financeiro, sem que se caracterize *bis in idem*, quando o período em que se deixou de auferir renda com a aplicação financeira for anterior à data de ocorrência do débito principal.

Acórdão 5088/2018-Segunda Câmara | Relator: AUGUSTO NARDES e Acórdão 2534/2016-Primeira Câmara | Relator: JOSÉ MUCIO MONTEIRO

Os saldos de convênios e contratos de repasse, enquanto não utilizados, devem ser aplicados no mercado financeiro.

Acórdão 2.726/2012-Segunda Câmara | Relator: MARCOS BEMQUERER

1.10.6 Despesas fora da vigência do convênio

É possível considerar como falha formal a execução de despesas fora da vigência do convênio, em situações em que reste comprovado que os dispêndios contribuíram para o atingimento dos objetivos pactuados.

Acórdão 18396/2021-Segunda Câmara | Relator: RAIMUNDO CARREIRO e Acórdão 8.300/2020-Segunda Câmara | Relator: ANA ARRAES

Embora configure irregularidade, considera-se, em caráter excepcional, não haver débito em decorrência de despesas realizadas fora da vigência do convênio, mormente quando relacionadas a seu objeto, em situações em que reste comprovado que o pactuado foi devidamente cumprido.

Acórdão 2.307/2017-Segunda Câmara | Relator: JOSÉ MUCIO MONTEIRO

1.10.7 Pagamento de servidor ou empregado público

É vedado o uso de recursos de transferências voluntárias para pagamento de pessoal de ente da Federação, ainda que decorrente de contrato por tempo determinado.

Acórdão 2.588/2017-Plenário | Relator: VITAL DO RÊGO

A utilização de recursos de convênio para o custeio de despesas próprias do convenente viola as disposições do instrumento.
Acórdão 1710/2015-Primeira Câmara | Relator: BENJAMIN ZYMLER

1.10.8 Caracterização de fraude

A apresentação de nota fiscal adulterada com o objetivo de simular a execução de despesas do convênio, ainda que de baixa materialidade, constitui irregularidade grave e enseja a aplicação da penalidade de inabilitação para o exercício de cargo em comissão ou função de confiança no âmbito da Administração Pública Federal (art. 60 da Lei nº 8.443/1992).
Acórdão 368/2018-Plenário | Relator: WALTON ALENCAR RODRIGUES e Acórdão 491/2017-Plenário | Relator: AUGUSTO NARDES

A empresa contratada que concorreu para o dano ao erário ao emitir documentos fiscais e recibos sem a correspondente prestação dos serviços, para dar aparência de regularidade à execução do convênio, deve ser responsabilizada solidariamente com o gestor público, nos termos do art. 16, §2º, da Lei nº 8.443/1992.
Acórdão 6.107/2017-Primeira Câmara | Relator: BRUNO DANTAS

1.10.9 Omissão no dever de prestar contas

A não comprovação da boa e regular aplicação de recursos federais em face da omissão no dever de prestar contas, além de obrigar o gestor omisso a restituir os valores aos cofres públicos por presunção de dano, constitui grave inobservância do dever de cuidado no trato com a coisa pública, revelando a existência de culpa grave, passível de aplicação de penalidade, uma vez que se distancia do que seria esperado de um administrador minimamente diligente, o que caracteriza erro grosseiro a que alude o art. 28 do Decreto-Lei nº 4.657/1942 (LINDB), incluído pela Lei nº 13.655/2018.
Acórdão 1.643/2022-Segunda Câmara | Relator: BRUNO DANTAS e Acórdão 8.879/2021 - Primeira Câmara | Relator: BENJAMIN ZYMLER

1.10.10 Execução de convênio em mais de uma gestão

A responsabilidade do prefeito sucessor fica caracterizada quando, com recursos garantidos para tal e sem justificativa de inviabilidade, não retomar obra iniciada e não acabada pelo seu antecessor, por implicar desperdício de recursos públicos e contrariar o princípio da continuidade administrativa.

Acórdão 1.947/2022-Primeira Câmara | Relator: BENJAMIN ZYMLER e Acórdão 5.867/2021-Segunda Câmara | Relator: AROLDO CEDRAZ

> SÚMULA TCU 230: Compete ao prefeito sucessor apresentar a prestação de contas referente aos recursos federais recebidos por seu antecessor, quando este não o tiver feito e o prazo para adimplemento dessa obrigação vencer ou estiver vencido no período de gestão do próprio mandatário sucessor, ou, na impossibilidade de fazê-lo, adotar as medidas legais visando ao resguardo do patrimônio público.

1.11 Teste o seu conhecimento

I. Indique se a afirmação é verdadeira ou falsa:

A) O Plano de trabalho é o principal documento da proposta de convênio e deve conter, entre outras, as razões que justifiquem sua celebração.
B) As verbas federais recebidas de convênio só podem transitar pela conta do tesouro do município para serem devolvidas à conta específica, com juros e correção monetária.
C) Embora o objeto não possa ser substituído, é possível fazer uma readequação das metas do plano de trabalho, desde que previamente submetida e aprovada pelo órgão concedente e/ou sua mandatária.
D) O nexo de causalidade entre os pagamentos e o serviço executado pode ser obtido quando os débitos da conta específica do convênio são acompanhados de documentos comprovantes da despesa, como medições, notas fiscais, registros fotográficos e comprovantes de transferência bancária.

II. Indique a que tipo de transferência os instrumentos abaixo se referem, se obrigatória ou voluntária:

A) Fundo de Participação dos Estados FPE.
B) Convênios.

C) Fundo de Participação dos Municípios FPM.
D) Contratos de Repasse.

III. Com relação à formalização de convênios e contratos de repasse, é correto afirmar que:

A) Convenente diz respeito ao órgão federal que repassa os recursos financeiros para o órgão municipal.
B) Chama-se de proponente a instituição financeira responsável pela transferência dos recursos financeiros de um órgão federal para o órgão municipal, por meio de um contrato de repasse.
C) Contrato de repasse é o instrumento pelo qual a transferência de recursos financeiros de um órgão público federal para um órgão público municipal é realizada por intermédio de uma instituição financeira pública federal.
D) Objeto é o documento a ser apresentado pelo órgão municipal interessado em celebrar convênio com a União, que deve conter as justificativas para sua celebração, descrição das metas e cronograma de execução.

IV. As fases do convênio podem ser divididas em (assinale a única alternativa correta):

A) Contratação, Execução e Conclusão.
B) Proposição, Formalização, Execução e Prestação de Contas.
C) Processo licitatório e Execução.
D) Empenho, Liquidação e Pagamento.

V. Entre as alternativas apresentadas, marque a única que descreve uma situação que NÃO é considerada uma irregularidade.

A) Deixar de depositar o valor referente à contrapartida.
B) Realizar os pagamentos à contratada por meio de depósito bancário, com identificação da destinação.
C) Apresentar a prestação de contas final 80 dias depois de encerrado o convênio.
D) Realizar despesas após o término da vigência do convênio.

VI. Marque a alternativa correta.

A) Via de regra, em uma obra custeada com recursos de transferências voluntárias, a licitação da obra deve ser realizada após a celebração do contrato de repasse.
B) A apresentação do projeto básico só pode ser exigida pelo órgão convenente após a liberação da primeira parcela dos recursos.
C) Alterações que modifiquem o objeto contratado, mas não impactem as metas do contrato de repasse ou do convênio, não precisam ser informadas ao concedente.
D) Em obras custeadas por meio de convênios e contratos de repasse, não é obrigatório observar as regras de licitação do governo federal, desde que sejam observadas as regras do ente licitante (município, estado ou DF).

VII. Julgue Verdadeiro ou Falso cada motivo para instauração de tomada de contas especial apresentado a seguir.

A) Deixar de apresentar a prestação de contas final em até 60 dias após o fim da vigência do convênio.
B) A inexecução parcial do objeto pactuado.
C) O prefeito deixar de dar continuidade à obra iniciada pela gestão imediatamente anterior.
D) O prefeito atual não adotar as medidas cabíveis para prestar contas ainda não apresentadas sobre objeto executado na gestão imediatamente anterior.

RESPOSTAS	
Questão I:	a) Verdadeira
	b) Falsa
	c) Verdadeira
	d) Verdadeira
Questão II:	a) Obrigatória
	b) Voluntária
	c) Obrigatória
	d) Voluntária
Questão III:	Alternativa C
Questão IV:	Alternativa B
Questão V:	Alternativa B

RESPOSTAS	
Questão VI:	Alternativa A
Questão VII:	a) Verdadeira
	b) Verdadeira
	c) Verdadeira
	d) Verdadeira

CAPÍTULO 2

ESTUDOS TÉCNICOS PRELIMINARES

É comum imaginar que o planejamento da obra tenha início com o projeto básico. No entanto, esse não é o pensamento adequado. De acordo com a Lei de Licitações e a Lei das Estatais, o projeto básico deve ser elaborado com base nas indicações dos estudos técnicos preliminares.[18] Dessa forma, tais estudos preliminares é que de fato compõem a primeira etapa do planejamento da obra.

Antes da publicação da Nova Lei de Licitações, nenhuma legislação apresentava detalhes de como deveriam ser elaborados esses estudos. Logo, havia muita confusão sobre o que exatamente o legislador queria dizer com estudos técnicos preliminares.

Por causa dessa ausência de definição, era comum, nas obras de engenharia, valer-se das informações de normas técnicas da Associação Brasileira de Normas Técnicas (ABNT), em especial, a NBR 13.531/1995 – Elaboração de Projetos de Edificações – Atividades Técnicas.

Ilustramos, na figura a seguir, as principais etapas a serem percorridas para a elaboração de um projeto completo, de acordo com aquela NBR:

---

[18] Lei nº 14.133/2021, art. 6º, inciso XXV, e Lei nº 13.303/2016, art. 42, inciso VIII.

Figura 2 – Etapas para a elaboração de projetos de
edificações, de acordo com a NBR 13.531/1995

Fonte: elaboração própria

Ocorre que a aplicação da NBR 13.531/1995 no contexto da Administração Pública possuía algumas fragilidades. A principal delas é que ela parte da premissa que já está definido que será necessária a construção de uma obra. Dessa forma, a NBR orienta as etapas para a elaboração de um projeto de construção civil.

Com isso, são puladas etapas prévias de planejamento que deveriam ter sido adotadas para se definir que a melhor alternativa ao gestor público é a construção de tal obra.

Uma obra pública nada mais é do que a solução escolhida para um problema ou necessidade da Administração Pública.

Por exemplo, imagine que uma cidade não tenha vagas em escolas para todas as suas crianças. Alguém poderia pensar que o problema está no fato de não existirem escolas públicas suficientes; e, assim, deduzir que a única solução possível seria a construção de uma nova escola.

Mas, veja bem... o verdadeiro problema está no fato de haver crianças que não estão estudando, certo?

Olhando por esse prisma, poderíamos levantar algumas outras formas de solucionar o problema, como:

- fazer uma ampliação das escolas existentes;
- disponibilizar transporte para levar as crianças para uma escola em bairro vizinho (adquirir e/ou alugar ônibus escolares; contratar empresas específicas para realizar o transporte escolar; entre outras formas possíveis);

- pagar uma escola particular para as crianças que ficaram sem vaga na rede pública; ou
- alugar uma edificação já pronta e adaptá-la para esse uso.

Como se pode observar, construir uma escola não é a única solução possível para a situação apresentada.

É claro que nem todas as hipóteses levantadas são viáveis, seja por questões legais, técnicas ou financeiras. Mas, todos esses elementos devem ser devidamente descritos e ponderados.

É aqui, então, que entram os Estudos Técnicos Preliminares (ETP). Observe com atenção a definição de ETP trazida pela Nova Lei de Licitações:[19]

> estudo técnico preliminar: documento constitutivo da primeira etapa do planejamento de uma contratação que <u>caracteriza o interesse público envolvido e a sua melhor solução</u> e dá base ao anteprojeto, ao termo de referência ou ao projeto básico a serem elaborados <u>caso se conclua pela viabilidade da contratação</u>. (grifo nosso)

Mas não para por aí! A Nova Lei de Licitações é mais específica e chega a detalhar o que deve conter esse ETP.[20] Mais do que isso, em 08/08/2022, foi publicada a Instrução Normativa 58-SEGES, regulamentando a elaboração do ETP para a aquisição de bens e a contratação de serviços e obras, no âmbito da Administração Pública Federal direta, autárquica e fundacional.

Para ficar mais didático, vamos subdividir seu conteúdo em quatro grupos:

---

[19] Lei nº 14.133/2021, art. 6º, inciso XX.
[20] Lei nº 14.133/2021, art. 18, §1º.

Figura 3 – Fases da elaboração do ETP

Fonte: elaboração própria

Na sequência, vamos entender melhor as análises e os estudos envolvidos em cada grupo:

> De acordo com a Lei nº 14.133/2021, art. 18, §1º, e com a IN 58/2022-SEGES, o estudo técnico preliminar deverá evidenciar o problema a ser resolvido e a sua melhor solução, de modo a permitir a avaliação da viabilidade técnica e econômica da contratação, e conterá os seguintes elementos:

I - descrição da necessidade da contratação, considerado o problema a ser resolvido sob a perspectiva do interesse público;

II - demonstrativo da previsão da contratação no Plano de Contratações Anual, de modo a indicar o seu alinhamento com os instrumentos de planejamento do órgão ou entidade;

III - descrição dos requisitos da contratação necessários e suficientes à escolha da solução, prevendo critérios e práticas de sustentabilidade, observadas as leis ou regulamentações específicas, bem como padrões mínimos de qualidade e desempenho;

IV - estimativas das quantidades para a contratação, acompanhadas das memórias de cálculo e dos documentos que lhes dão suporte, que considerem interdependências com outras contratações, de modo a possibilitar economia de escala;

V - levantamento de mercado, que consiste na análise das alternativas possíveis, e justificativa técnica e econômica da escolha do tipo de solução a contratar, podendo, entre outras opções:

a) ser consideradas contratações similares feitas por outros órgãos e entidades públicas, bem como por organizações privadas, no contexto nacional ou internacional, com objetivo de identificar a existência de novas metodologias, tecnologias ou inovações que melhor atendam às necessidades da Administração;

b) ser realizada audiência e/ou consulta pública, preferencialmente na forma eletrônica, para coleta de contribuições;

c) em caso de possibilidade de compra, locação de bens ou do acesso a bens, ser avaliados os custos e os benefícios de cada opção para escolha da alternativa mais vantajosa, prospectando-se arranjos inovadores em sede de economia circular; e

d) ser consideradas outras opções logísticas menos onerosas à Administração, tais como chamamentos públicos de doação e permutas;

VI - estimativa do valor da contratação, acompanhada dos preços unitários referenciais, das memórias de cálculo e dos documentos que lhe dão suporte, que poderão constar de anexo classificado, se a Administração optar por preservar o seu sigilo até a conclusão da licitação;

VII - descrição da solução como um todo, inclusive das exigências relacionadas à manutenção e à assistência técnica, quando for o caso;

VIII - justificativas para o parcelamento ou não da contratação;

IX - demonstrativo dos resultados pretendidos em termos de economicidade e de melhor aproveitamento dos recursos humanos, materiais e financeiros disponíveis;

X - providências a serem adotadas pela Administração previamente à celebração do contrato, tais como adaptações no ambiente do órgão ou da entidade, necessidade de obtenção de licenças, outorgas ou autorizações, capacitação de servidores ou de empregados para fiscalização e gestão contratual;

XI - contratações correlatas e/ou interdependentes;

XII - descrição de possíveis impactos ambientais e respectivas medidas mitigadoras, incluídos requisitos de baixo consumo de energia e de outros recursos, bem como logística reversa para desfazimento e reciclagem de bens e refugos, quando aplicável; e

XIII - posicionamento conclusivo sobre a adequação da contratação para o atendimento da necessidade a que se destina.

Ainda de acordo com a Lei nº 14.133/2021, o estudo técnico preliminar deverá conter ao menos os elementos previstos nos incisos I, IV, VI, VIII e XIII, acima descritos, e, quando não contemplar os demais elementos previstos, apresentar as devidas justificativas (art. 18, §2º).

2.1 Estudo da necessidade da contratação

O primeiro passo na elaboração do ETP é a identificação e descrição da necessidade da contratação, considerado o problema a ser resolvido sob a perspectiva do interesse público.[21]

Aqui vale retomar o exemplo da escola, que mencionamos há pouco. Sob a perspectiva do interesse público, o problema a ser revolvido não é a construção da escola, mas sim o fato de haver crianças que não estão estudando.

Mas podemos dar um passo mais atrás ainda. Basta perguntar: Em qual bairro esse problema é mais crítico?

Desse modo, será possível identificar os locais mais necessitados, de modo que os investimentos públicos poderão ser direcionados para

---

[21] Lei nº 14.133/2021, art. 18, §1º, inciso I.

possibilitar maiores resultados para a sociedade, ou seja, haverá maior eficácia do investimento!

Eficácia: grau de alcance de metas programadas em termos de produtos (bens ou serviços) em um determinado período, independentemente dos custos implicados. O conceito de eficácia diz respeito à capacidade da gestão de cumprir objetivos imediatos, traduzidos em metas de produção ou de atendimento, ou seja, a capacidade de prover bens ou serviços de acordo com o que foi planejado (TCU, 2010; ISSAI 300). É também um dos princípios previstos no art. 5º da Lei nº 14.133/2021.

Para ficar mais claro, proponho um exercício mental: imagine uma obra qualquer da sua cidade. Você vai fazer o caminho inverso. Para descobrir qual o problema a ser resolvido com essa obra, deve-se dar um passo atrás e pensar para que ela está sendo construída e por que ela está ali naquela região.

A título de exemplo, vamos citar uma obra muito comum em qualquer prefeitura, uma obra de pavimentação urbana. O projeto dela deveria ser pensado para atender a um ou mais problemas que tiverem sido identificados, como por exemplo:

- Elevado índice de acidentes com pedestres (nesse caso, o projeto deverá ter foco em melhorar a visibilidade ou controlar excesso de velocidade);
- Problemas na acessibilidade dos pedestres (nesse caso, o projeto deverá ter foco no alargamento das calçadas ou na remoção de barreiras para torná-las mais acessíveis);
- Vias com excesso de trânsito de veículos (o projeto depende da investigação das possíveis causas, podendo ser necessário até mesmo um plano para inversão do sentido de outras vias conexas);
- Vias sem manutenção gerando danos em veículos e/ou risco de acidentes; ou
- Vias com problemas de alagamento por drenagem insuficiente.

Observe que cada um desses possíveis problemas descritos acima caracteriza o interesse público envolvido. Observe também como o projeto é impactado em razão deles. Ou seja, os requisitos do projeto e da posterior contratação dependem da correta identificação do problema. Voltaremos a falar sobre isso um pouco mais adiante.

Veja que, em uma cidade, cada um desses problemas listados pode estar ocorrendo em uma ou várias regiões. Mais uma vez, esse diagnóstico inicial amplo permitirá avaliar onde investir o recurso público para obter a maior eficácia na política pública.

Ao fazer esse levantamento, o que se espera é que haja uma lista com os principais problemas que devem ser solucionados pelo órgão público.

Aqui vale frisar que, para fins didáticos, neste exemplo, fizemos o caminho inverso do previsto na lei, ou seja, partimos da obra (solução) para chegar posteriormente ao problema. Em um ETP, a ordem correta é o contrário disso: partir da identificação do problema, estudar as várias possíveis soluções para só então, após as respectivas avaliações técnicas e econômicas, chegar à sua melhor solução, que poderá ser ou não a construção de uma obra.

Na lista de principais problemas podem estar tanto problemas relacionados aos objetivos finalísticos do respectivo órgão público como, por exemplo, a melhoria do desempenho escolar dos alunos, necessidades da atividade administrativa dos órgãos, melhorias no ambiente de trabalho de alguma secretaria municipal, de sistemas informatizados etc.

Aqui, é importante que todos os problemas estejam alinhados com o planejamento estratégico do órgão. É preciso saber, de antemão, a missão, os objetivos e as metas do órgão ou da entidade pública para conseguir vincular cada contratação ao resultado desejado.

Como o recurso público é escasso, o próximo passo seria classificar essa lista por ordem de prioridades, para aprofundar os estudos sobre os problemas mais relevantes a serem solucionados e que trarão maiores benefícios à sociedade.

Na sequência, é necessário aprofundar mais sobre o problema que se pretende solucionar. No caso de obras, seria estudar suas características e quantidades necessárias (quem e quantos serão os usuários, dados históricos, expectativas a serem atendidas etc.).

Retomando a analogia que anteriormente era feita à Norma ABNT 13.531/1995, seria fazer aqui o programa de necessidades, que, de acordo com a citada NBR, é a etapa destinada à determinação das exigências de caráter prescritivo ou de desempenho (necessidades e expectativas dos usuários) a serem satisfeitas.

Por exemplo, no caso das crianças que não estão estudando, levantar sua faixa etária e a quantidade de vagas necessárias ajudará a melhor definir a necessidade (quantidade de vagas em creches, ensino fundamental, nível médio etc.).

A fase seguinte, de estudo das possíveis alternativas, depende das informações levantadas aqui, mas é bem provável que, durante a análise de alternativas, seja necessário voltar uma fase para revisar e/ou aprimorar informações sobre a necessidade da Administração Pública.

Nesta fase de estudo da necessidade da contratação, são enfocados os elementos do ETP descritos nos seguintes incisos do art. 18, §1º, da Lei nº 14.133/2021:
I - descrição da necessidade da contratação, considerado o problema a ser resolvido sob a perspectiva do interesse público; (obrigatório)
II - demonstração da previsão da contratação no plano de contratações anual, sempre que elaborado, de modo a indicar o seu alinhamento com o planejamento da Administração;
III - requisitos da contratação; e
IV - estimativas das quantidades para a contratação, acompanhadas das memórias de cálculo e dos documentos que lhes dão suporte, que considerem interdependências com outras contratações, de modo a possibilitar economia de escala. (obrigatório)

2.2 Avaliação das possíveis alternativas

Depois de corretamente identificados e priorizados os problemas a serem resolvidos sob a perspectiva do interesse público, o passo seguinte é fazer um *brainstorming* ou outras técnicas para levantar as várias possíveis formas de solucionar o problema proposto.

Brainstorming: técnica de discussão em grupo que se vale da contribuição espontânea de ideias por parte de todos os participantes, no intuito de resolver algum problema ou de conceber um trabalho criativo.

Se voltarmos ao exemplo inicial, mencionamos as seguintes possíveis soluções:

- fazer uma ampliação das escolas existentes;
- disponibilizar transporte para levar as crianças para uma escola em bairro vizinho (adquirir e/ou alugar ônibus escolares; contratar empresas específicas para realizar o transporte escolar; entre outras formas possíveis);

- pagar uma escola particular para as crianças que ficaram sem vaga na rede pública; ou
- alugar uma edificação já pronta e adaptá-la para esse uso.

Vamos a outro exemplo, um órgão está pensando em ampliar sua sede administrativa, pois está sem espaço físico para acomodar seus funcionários. Em um rápido *brainstorming*, vislumbramos pelo menos as seguintes soluções:

- Implantar sistema de trabalho remoto associado a metas de produtividade;
- Dividir prédios com outros órgãos públicos em que haja espaços ociosos;
- Adotar modelo de *coworking*, ou estações de trabalho compartilhadas, podendo inclusive se associar a outros órgãos públicos para viabilizar esta solução;
- Alugar imóvel adicional para servir temporariamente como anexo, caso se tenha previsão de muitas aposentadorias em horizonte próximo; ou
- Construção de nova sede e/ou ampliação da existente.

Observe que a construção de uma nova sede ou ampliação da sede existente seria apenas mais uma alternativa.

Vale dizer que, de acordo com a IN 58/2022, nessa fase de análise das alternativas possíveis, o gestor público pode, entre outras opções:

i. considerar contratações similares feitas por outros órgãos e entidades públicas, bem como por organizações privadas, no contexto nacional ou internacional, com objetivo de identificar a existência de novas metodologias, tecnologias ou inovações que melhor atendam às necessidades da Administração;

ii. realizar audiência e/ou consulta pública, preferencialmente na forma eletrônica, para coleta de contribuições;

iii. em caso de possibilidade de compra, locação de bens ou do acesso a bens, avaliar os custos e os benefícios de cada opção para escolher alternativa mais vantajosa, prospectar arranjos inovadores em sede de economia circular; e

iv. considerar outras opções logísticas menos onerosas à Administração, tais como chamamentos públicos de doação e permutas, quando for o caso.

Na sequência, para cada alternativa pensada, deve-se fazer sua respectiva avaliação técnica e econômica.

No quesito técnico, seria registrar, por escrito, primeiramente, as vantagens e desvantagens de cada alternativa, indicando, se possível, qual (ou quais) alternativa(s) se mostra(m) totalmente inviável(is) e por quê.

No quesito econômico, seria fazer um levantamento de custo de cada alternativa. Neste momento, não precisa ser um levantamento aprofundado do custo, sendo suficiente uma estimativa que forneça, com alguma precisão, a ordem de grandeza de custo de cada alternativa. Lembre que o objetivo, neste momento, é possibilitar uma análise comparativa das possíveis soluções que foram identificadas.

Por exemplo, no caso de se avaliar obras, para estimar de maneira simplificada os custos do empreendimento, podem-se utilizar valores de custo do m² de construção como o Custo Unitário Básico (CUB) ou outros métodos de estimativa de custo que serão vistos no capítulo de orçamento.

CUB: sigla utilizada para Custo Unitário Básico (CUB). O CUB foi criado pela Lei nº 4.591/1964 e é um valor por unidade de área construída (R$/m²), o qual deve ser multiplicado pela área total edificada, a fim de se obter a estimativa de custos de uma edificação. Atualmente, a Norma Brasileira que estabelece a metodologia de cálculo do CUB é a ABNT NBR 12721/2006.

No caso de se avaliar aluguéis, podem-se usar informações disponíveis em sítios eletrônicos específicos de aluguéis, para identificar o valor médio do imóvel na região e/ou do metro quadrado.

A depender do objeto, pode-se valer de custos de contratações anteriores e/ou outras informações disponíveis na internet, conforme o caso.

O art. 23 da Lei nº 14.133/2021 traz várias possíveis técnicas para se obterem custos de referência para bens e serviços.

Outro ponto imprescindível é o levantamento dos custos de operação e manutenção. Afinal, ninguém quer escola sem professor nem posto de saúde sem médico e sem equipamentos, não é mesmo?

Além disso, soluções com o custo inicial mais alto podem ter custos mais baixos ao longo do tempo, maior durabilidade, melhor desempenho, e a ponderação desses diversos fatores é que vai definir a melhor solução.

Daí a importância de começar a prever esses custos já nesta fase, para saber não só se o órgão público terá condições de dar funcionalidade à obra, mas também saber qual o seu impacto no orçamento do órgão.

Observe que, a partir dessa avaliação de custos de implantação + operação + manutenção, pode-se concluir que todo o objeto tenha de ser redimensionado (diminuído) ou faseado (contratado em fases subsequentes), para se adequar ao orçamento do órgão.

Lembre-se dos custos de operação e manutenção do objeto ao avaliar e concluir sobre a solução que melhor satisfaz a necessidade pública, dentre eles os custos com a mão de obra especializada necessária (por exemplo, médicos, professores etc.), custos com limpeza, jardinagem e vigilância, custos com aquisições de equipamentos e seus respectivos contratos de manutenção, entre outros.

Você deve ter percebido que, para fazer todas essas avaliações, algumas informações preliminares serão necessárias, por exemplo, o tamanho e as características do público usuário, as experiências anteriores na solução do mesmo problema, a eventual área mínima necessária (para casos de aluguéis e construção) etc. Apesar de essas informações já terem sido levantadas na fase anterior, pode ser necessário ter que voltar a elas (fase de estudo da necessidade), para complementar eventuais dados faltantes.

Continuando, observe que, conforme você avança nesta etapa, conseguirá identificar que há algumas possíveis alternativas que poderiam atender a necessidade da Administração e outras não. Nesse caso, devem-se registrar por escrito os motivos pelos quais algumas não atendem tal necessidade e/ou não são viáveis, e prosseguir aprofundando as análises técnicas e econômicas até se concluir qual será a alternativa final a ser adotada.

Nesse sentido, pode-se discutir com as áreas demandantes e/ou especialistas os resultados até então alcançados para ouvir contribuições sobre possíveis vantagens e desvantagens de cada alternativa.

Sob o ponto de vista econômico, pode-se seguir aprofundando as estimativas de custo para implantação, manutenção e operação de cada alternativa possível, de modo a aumentar a precisão delas, possibilitando, dessa forma, uma melhor tomada de decisão.

Caso ainda assim se tenha dificuldades em concluir definitivamente sobre a melhor alternativa, isso pode ser um forte indicativo para usar algumas das novidades da Lei nº 14.133/2021. Por exemplo: o Procedimento de Manifestação de Interesse (PMI), o Diálogo Competitivo ou a Contratação Integrada. Todas essas novidades, cada qual com as suas particularidades, possibilitam, em alguma medida, a participação do agente privado na definição do objeto a ser contratado.

> Nessa fase de avaliação de possíveis alternativas, são enfocados os elementos do ETP descritos nos seguintes incisos do art. 18, §1º, da Lei nº 14.133/2021:
> V - levantamento de mercado, que consiste na análise das alternativas possíveis, e justificativa técnica e econômica da escolha do tipo de solução a contratar;
> VI - estimativa do valor da contratação, acompanhada dos preços unitários referenciais, das memórias de cálculo e dos documentos que lhe dão suporte, que poderão constar de anexo classificado, se a Administração optar por preservar o seu sigilo até a conclusão da licitação; (obrigatório)

2.3 Desenvolvimento da melhor solução

Agora que conseguimos identificar a alternativa que melhor soluciona o problema proposto, o passo seguinte será continuar se aprofundando na solução escolhida. Deve-se descrever a solução como um todo e os resultados esperados em termos de economicidade e de melhor aproveitamento dos recursos humanos, materiais e financeiros disponíveis.

O objetivo aqui é definir, com maior precisão, informações essenciais que vão caracterizar o empreendimento (e que, por isso, deverão nortear a elaboração e/ou contratação de seus projetos) e o montante de recursos orçamentários a serem obtidos.

Vale destacar que estamos falando, nesta fase, em **empreendimento**, que tem relação com a funcionalidade do que se pretende construir. A obra está incluída no empreendimento e é, muitas vezes, a principal e mais cara etapa a ser executada, mas ele (o empreendimento) não se restringe à obra.

> **Exemplo:**
> Um município concluiu as obras de um posto de saúde, mas não possui recursos para comprar os equipamentos e pagar os médicos e demais profissionais necessários para colocar o posto de saúde em funcionamento. Nesse exemplo, dizemos que as obras foram concluídas, mas o empreendimento "posto de saúde" ainda não, pois depende de outros recursos para ter sua funcionalidade. Fica clara a diferença entre obra, que é a construção propriamente dita, e o empreendimento, que tem a ver com todos os recursos e demais contratos necessários para colocar a obra em operação ou funcionamento.

Também devem ser descritas as expectativas a serem atendidas, ou seja, o resultado esperado, que deve possuir correlação direta com o problema que se pretende solucionar. Seguem alguns exemplos:

- Quantidade de vagas para alunos do ensino fundamental ou médio, em tempo integral ou meio período (no caso de obras de educação);
- Necessidade de prover alimentação para X alunos (também no caso de obras de educação);
- Especialidades médicas e suas respectivas capacidades de atendimento (no caso de obras de postos de saúde); ou
- Quantidade de unidades habitacionais que serão abastecidas com água potável (no caso de obras de saneamento básico).

Note que, dessa descrição do empreendimento e seus resultados pretendidos, resultará a primeira versão do memorial descritivo da futura obra, que será explicado com mais detalhes no próximo capítulo.

Depois de ter definido toda essa ampla visão da necessidade da Administração e da solução escolhida, deve-se avaliar a possibilidade de parcelamento do objeto, bem como identificar as demais contratações correlatas e/ou interdependentes que serão necessárias para dar funcionalidade ao objeto construído. Por exemplo, outros materiais e equipamentos previstos, bem como serviços terceirizados que deverão ser contratados para que o empreendimento possa entrar em operação (vigilância, limpeza etc.).

Contratações correlatas: aquelas cujos objetos sejam similares ou correspondentes entre si.
Contratações interdependentes: aquelas que, por guardarem relação direta na execução do objeto, devem ser contratadas juntamente para a plena satisfação da necessidade da Administração.

Avalia-se, com isso, a viabilidade técnica e econômica de se fazer licitações independentes para a contratação:

- de equipamentos específicos;
- de partes da obra, no caso de construção em etapas ou módulos; e
- outras contratações necessárias à sua operação e manutenção.

Não se pode esquecer também das providências a serem adotadas pela Administração previamente à celebração do contrato, inclusive quanto à capacitação de servidores ou de empregados para fiscalização e gestão contratual, bem como a necessidade de contratação de empresa específica para auxílio à supervisão do contrato.

Atente que, nesse caso, podem ser necessárias outras licitações antes mesmo de contratar a execução da obra.

Em decorrência de todas essas análises, teremos, ao final, um cronograma de contratações necessárias, que constituirá o plano de licitações a ser cumprido pelo órgão público para que seja possível alcançar os resultados almejados.

Caso prático:

Vejamos agora uma situação com a qual o gestor pode se deparar.

Suponha que o município necessite construir uma escola com 12 salas de aula, porém só tenha recursos para construir uma com seis salas. Em outra situação, imagine que, atualmente, a escola necessária para o município seja uma com seis salas, no entanto, os estudos mostram que em cinco anos serão necessárias 12 salas.

Como proceder nessas situações?

Uma possível solução para esses problemas é projetar a obra para que seja construída em diferentes etapas ou ainda em módulos separados.

Na construção em etapas, a escola poderia ser dividida em dois blocos. Cada bloco poderia conter seis salas de aula. Assim, o município poderia construir em uma primeira etapa somente um bloco, e o restante seria construído em momento posterior, de acordo com a disponibilidade de recursos e com a sua necessidade.

Saiba que, além da construção em etapas, há no mercado diversas novas tecnologias que permitem a construção em módulos, o que também pode ser uma solução para os problemas relatados anteriormente. Os módulos são cômodos pré-fabricados – de materiais como concreto, chapas de aço ou até plástico reforçado – que permitem uma grande flexibilidade na construção, com ampliações e mudanças de *layout*.

As construções modulares possuem a vantagem de uma rápida execução quando comparadas a edificações convencionais de concreto e alvenaria.

As figuras abaixo mostram exemplos de algumas construções modulares em PVC:

Figura 4 – Construções modulares: exemplos

Fonte: http://www.modularis.com.br/ salas-de-aula-modularis.asp

Fonte: http://www.embraloc.com.br/ produtos/modulos-pre-fabricados/

 Não se deve confundir a construção em módulos com a construção parcelada. O parcelamento da contratação de serviços interdependentes (como fundações, estruturas, instalações elétrica e hidráulica etc.) deve ser evitado, pois gera riscos quanto às responsabilidades técnicas por vícios construtivos, além de não possibilitar a funcionalidade do empreendimento, caso não haja recursos suficientes para executar alguma parte restante.

Dando continuidade ao conteúdo do ETP, devem ser avaliados aspectos ambientais do objeto. Se possível, já descrever possíveis impactos ambientais e respectivas medidas mitigadoras. Um exemplo de impacto ambiental é a retirada de árvores do local onde será feita a obra.

Nem todas as obras necessitam da realização de estudos ambientais. Nas obras de edificações, estes são pouco comuns; mas, nas obras de saneamento, podem ser necessários. Por isso, a primeira providência a ser tomada pelos gestores é consultar o órgão ambiental da região, que pode ser a Secretaria Estadual de Meio Ambiente, o Conselho Municipal de Meio Ambiente ou outro.

Dessa forma, o conteúdo desses levantamentos vai depender das exigências desses órgãos.

Além dos aspectos do licenciamento ambiental propriamente dito, deve-se identificar também a necessidade de outros fatores de sustentabilidade ambiental a serem previstos, por exemplo requisitos de baixo consumo de energia e de outros recursos, logística reversa para desfazimento e reciclagem de bens e refugos, entre outros.

Nesta fase de desenvolvimento da melhor solução, são enfocados os elementos do ETP descritos nos seguintes incisos do art. 18, §1º, da Lei nº 14.133/2021:
VII - descrição da solução como um todo, inclusive das exigências relacionadas à manutenção e à assistência técnica, quando for o caso;
VIII - justificativas para o parcelamento ou não da contratação; (obrigatório)
IX - demonstrativo dos resultados pretendidos em termos de economicidade e de melhor aproveitamento dos recursos humanos, materiais e financeiros disponíveis;
X - providências a serem adotadas pela Administração previamente à celebração do contrato, inclusive quanto à capacitação de servidores ou de empregados para fiscalização e gestão contratual;
XI - contratações correlatas e/ou interdependentes;
XII - descrição de possíveis impactos ambientais e respectivas medidas mitigadoras, incluídos requisitos de baixo consumo de energia e de outros recursos, bem como logística reversa para desfazimento e reciclagem de bens e refugos, quando aplicável;

2.4 Parecer conclusivo

Chegamos à última etapa do nosso estudo técnico preliminar. Depois da compreensão do problema que se pretende solucionar, do estudo das várias possíveis formas de resolvê-lo, da escolha e desenvolvimento da melhor solução, resta, então, dar o pronunciamento conclusivo sobre a adequação da contratação para o atendimento da necessidade a que se destina.

Recomenda-se que isso seja feito sob a forma de parecer, de modo que seja fundamentado e faça remissão a todo esse conjunto de avaliações realizadas.

Observe que, nos tópicos anteriores, mencionamos todas as análises que deveriam ser realizadas na fase de estudos técnicos preliminares. Note que algumas delas são obrigatórias, como:

- descrição da necessidade da contratação, considerado o problema a ser resolvido sob a perspectiva do interesse público;

- estimativa do valor da contratação, acompanhada dos preços unitários referenciais, das memórias de cálculo e dos documentos que lhe dão suporte, que poderão constar de anexo classificado, se a Administração optar por preservar o seu sigilo até a conclusão da licitação;
- justificativas para o parcelamento ou não da contratação; e
- posicionamento conclusivo sobre a adequação da contratação para o atendimento da necessidade a que se destina.

Sempre que alguma das demais análises e elementos que apresentamos não puder ser elaborada, é obrigatório, no parecer, apresentar as devidas justificativas que a impossibilitaram.

De acordo com a Lei nº 14.133/2021, o estudo técnico preliminar deverá conter ao menos os elementos previstos nos incisos I, IV, VI, VIII e XIII do art. 18, acima descritos, e, quando não contemplar os demais elementos previstos, é obrigatório apresentar as devidas justificativas.

Vale dizer que, para a elaboração do ETP, o Governo Federal disponibiliza o **Sistema ETP Digital**, que é uma ferramenta informatizada integrante da plataforma do Sistema Integrado de Administração de Serviços Gerais (Siasg).

O uso desse sistema é obrigatório para toda a Administração Pública Federal direta, autárquica e fundacional. A Secretaria de Gestão da Secretaria Especial de Desburocratização, Gestão e Governo Digital do Ministério da Economia poderá ceder o uso do Sistema ETP digital, por meio de termo de acesso, a órgão ou entidade dos Poderes da União, dos estados, do Distrito Federal e dos municípios, conforme disposto na Portaria 355, de 9 de agosto de 2019.[22]

O Sistema ETP Digital fica disponível no endereço eletrônico www.gov.br/compras

Depois desse parecer, caberá ao órgão público colocar em prática o plano de licitações, de acordo com a ordem das contratações prevista,

---

[22] IN 58/2022, arts. 4º e 5º.

ou seja, iniciando pelas providências a serem adotadas previamente à celebração do contrato, depois as contratações relacionadas à elaboração dos correspondentes projetos e execução do objeto e, na sequência, as demais contratações correlatas e/ou interdependentes previstas, que devem ser compatibilizadas com o cronograma da obra.

Observe que boa parte das informações constantes no ETP elaborado servirá de base para a elaboração dos editais e termos de referência dessas futuras licitações. Por isso, é tão importante que tenham sido apropriadamente estudadas.

Contudo, cabe ressaltar que o objetivo do ETP é fazer esse amplo estudo do problema e de suas possíveis soluções, para identificar a que melhor atende à necessidade da Administração. Por tal razão, geralmente não contém todas as particularidades e especificações necessárias à respectiva contratação, tampouco é esperado que as contenha, pois isso cabe ao termo de referência ou projeto básico.

Logo, na ocasião da elaboração dos editais, as informações do ETP não devem ser meramente copiadas. Em vez disso, deverão ser atualizadas e melhor discriminadas, de acordo com o nível de especificação exigido para o termo de referência e/ou projeto básico, documentos que serão abordados de forma mais detalhada em outro capítulo.

Nesta última fase, é enfocado o elemento do ETP descrito no seguinte inciso do art. 18, §1º, da Lei nº 14.133/2021:
XIII - posicionamento conclusivo sobre a adequação da contratação para o atendimento da necessidade a que se destina. (obrigatório)

2.5 Situações em que o ETP não é obrigatório

A elaboração do ETP é **opcional** nas seguintes hipóteses:[23]

- para contratação que envolva valores inferiores a R$100 mil, no caso de obras e serviços de engenharia ou de serviços de manutenção de veículos automotores;
- para contratação que envolva valores inferiores a R$50 mil, no caso de outros serviços e compras;
- nos casos de guerra, estado de defesa, estado de sítio, intervenção federal ou de grave perturbação da ordem;

---

[23] IN 58/2022-SEGES, art. 14.

- nos casos de emergência ou de calamidade pública, quando caracterizada urgência de atendimento de situação que possa ocasionar prejuízo ou comprometer a continuidade dos serviços públicos ou a segurança de pessoas, obras, serviços, equipamentos e outros bens, públicos ou particulares; e
- para a contratação de remanescente de obra, de serviço ou de fornecimento em consequência de rescisão contratual.
- Além desses casos, a elaboração do ETP pode ser dispensada para contratação que mantenha todas as condições definidas em edital de licitação realizada há menos de 1 ano, quando se verificar que naquela licitação:
- não surgiram licitantes interessados ou não foram apresentadas propostas válidas; ou
- as propostas apresentadas consignaram preços manifestamente superiores aos praticados no mercado ou incompatíveis com os fixados pelos órgãos oficiais competentes.

2.6 Da teoria para a prática

Suponha que você esteja elaborando, com seus colegas de trabalho, o edital de uma licitação prevista para a contratação dos projetos básicos de uma obra. Dentre os documentos que vocês estão utilizando como base, para montar esse edital, consta um ETP que indica que a melhor solução é a execução de uma obra e descreve, suscintamente, as características dessa obra, em linhas gerais. No ETP também consta que deve ser licitada a contratação desse projeto, pois o órgão não conta com corpo técnico suficiente capaz de elaborar o projeto básico dessa obra.

Um dos seus colegas entende que o termo de referência para a licitação dos projetos é o próprio ETP desenvolvido. Além disso, na visão dele, o ETP estaria incompleto e inacabado, pois já deveria contemplar o projeto básico da obra.

Como você explicaria as diferenças entre o ETP, o Termo de Referência de uma licitação e o próprio projeto básico, de modo a esclarecer a confusão do seu colega?

É bastante comum a confusão entre esses três conceitos fundamentais nas licitações: os estudos técnicos preliminares, que conhecemos como ETP; o termo de referência; e o projeto básico.

Conforme aprendemos neste capítulo, apesar de a Lei nº 8.666/1993 fazer menção aos estudos técnicos preliminares, ela não trazia sua definição e também não especificava o que deveria conter esses estudos. Todo esse detalhamento foi feito pelo legislador agora, na Nova Lei de Licitações.

Como vimos, os estudos técnicos preliminares têm por objetivo estudar a necessidade da Administração Pública e as diversas formas possíveis de solucioná-la, para, ao final, possibilitar a escolha da alternativa mais apropriada e vantajosa para a Administração Pública.

Observe que, ao final do ETP, poderemos ter uma ou várias licitações sucessivas, por exemplo: licitação de projeto, licitação da obra, licitação de equipamentos e outras.

Sabemos que o termo de referência é utilizado, em regra, para a aquisição de bens ou a contratação de serviços, e o projeto básico, para a contratação de obras. Esses dois documentos compõem os anexos do edital e têm por objetivo detalhar, para as empresas licitantes, o que será contratado pela Administração Pública.

Por isso, tanto o termo de referência como o projeto básico são elaborados a partir do resultado final do ETP. Ou seja, o termo de referência e, se for o caso, o projeto básico, vão lapidar as informações constantes no ETP. Por exemplo, complementar as especificações técnicas do ETP, detalhar melhor os requisitos da contratação, especificar os critérios de medição e pagamento, servir de base para nortear a elaboração ou a contratação do projeto básico, entre outros detalhamentos que venham a ser necessários.

Falando mais especificamente sobre as obras públicas, as quantidades e demais informações levantadas no ETP servirão como diretriz para a elaboração do futuro projeto básico da obra. O orçamento estimativo do ETP servirá tão somente para fazer uma análise comparativa entre as possíveis alternativas que foram identificadas. Porém, só depois de desenvolver os projetos completos, será possível fazer o orçamento com o nível de detalhamento exigido pela legislação.

Da mesma forma, no caso da aquisição de bens ou contratação de serviços, inclusive de serviços de engenharia, ao elaborar o termo de referência, devem-se conferir as quantidades necessárias que constavam inicialmente no ETP. Além disso, devem-se adotar outras técnicas para atualizar e dar maior precisão às estimativas de custo previstas no ETP, uma vez que essas tiveram por objetivo fazer apenas a análise comparativa das possíveis alternativas. Ou seja, não tiveram a pretensão de servir como parâmetro de preços da licitação.

Assim, os estudos técnicos preliminares não se confundem com o termo de referência nem com o projeto básico, pois o ETP possui objetivos diferentes e, por consequência, um nível de detalhamento menor de informações sobre o objeto do que é efetivamente necessário para fundamentar um edital de licitação.

2.7 Teste o seu conhecimento

I. Nos Estudos Técnicos Preliminares (ETP), são avaliadas as alternativas possíveis para atender à demanda da Administração Pública, utilizando-se diversos parâmetros de análise. Com relação ao que deve ser levado em conta na elaboração de ETP, julgue Verdadeiro ou Falso cada aspecto abaixo relacionado.

A) Alternativas possíveis em vez da construção da obra, como ampliação de empreendimentos existentes, aluguéis de edifícios existentes, ou outras formas de satisfazer a necessidade pública.
B) Impactos que a obra causará no ambiente em que será implantada, como a retirada de vegetação existente, as alterações no trânsito local e/ou a poluição por ela produzida.
C) Custos envolvidos para a operação e manutenção da edificação (ou de outros tipos de obra, como estações de tratamento de esgoto e água).
D) Benefícios e melhorias que a obra trará para a comunidade.

II. Sabe-se que, em regra, os Estudos Técnicos Preliminares (ETP) são obrigatórios. Mas existem algumas situações excepcionais em que eles podem ser facultativos. Entre as alternativas descritas a seguir, NÃO constitui exceção à obrigatoriedade de elaboração de ETP a contratação de:

A) obras de pequeno valor, por exemplo, aquelas orçadas pela Administração Pública em valores menores que R$100.000,00.
B) obras emergenciais para evitar, por exemplo, desabamentos iminentes com risco à vida de pessoas.
C) remanescente de obra que teve seu contrato original rescindido.
D) obras custeadas com recursos de emendas parlamentares, em que o objeto é definido na ocasião da emenda.

III. Em regra, os Estudos Técnicos Preliminares (ETP) são obrigatórios, mas existem algumas situações excepcionais em que eles podem ser dispensados. Cada situação descrita a seguir deve ser julgada: Verdadeira, se for um caso de dispensa de ETP; ou Falsa, caso contrário.

A) Obras e serviços que o órgão público está acostumado a licitar.
B) Contratos de manutenção, tratando-se de serviços continuados.
C) Contratação que mantenha todas as condições definidas em edital de licitação realizada há menos de 1 ano, quando se verificar que, naquela licitação, todos os participantes foram inabilitados na fase de habilitação.
D) Contratação que mantenha todas as condições definidas em edital de licitação realizada há menos de 1 ano, quando se verificar que, naquela licitação, não surgiram licitantes interessados.

IV. Considerando o programa de necessidades e a possibilidade de contratação do objeto em etapas ou fases, assinale a alternativa INCORRETA.

A) A construção de uma obra em etapas ou em módulos é uma alternativa a ser considerada nos ETP, para situações nas quais a Administração Pública não disponha de recursos suficientes para construir toda a obra desejada ou, ainda, na situação em que se preveja uma necessidade de ampliações no futuro.
B) O programa de necessidades é a etapa destinada à determinação das exigências de caráter prescritivo ou de desempenho (necessidades e expectativas dos usuários) a serem satisfeitas. Essas informações devem constar nos Estudos Técnicos Preliminares (ETP).
C) A obra pode ser construída em duas ou mais etapas, com o objetivo de atender a demanda imediata e futura da população.
D) A contratação de uma obra por etapas ou fases bem como o parcelamento do objeto não devem ser avaliados na fase de ETP, pois ainda não se dispõe do projeto básico da obra.

V. Sobre os objetivos e os conteúdos dos Estudos Técnicos Preliminares (ETP), julgue Verdadeiro ou Falso os itens a seguir.

A) Ao final dos ETP de uma obra de edificação, é esperado que já se conte com os seguintes elementos: projeto arquitetônico, projeto estrutural e projeto de instalações hidráulicas e elétricas.
B) É desnecessário elaborar ETP quando o gestor público já sabe, de antemão, que precisa construir uma obra pública.
C) Nos ETP, devem ser descritas todas as demais contratações necessárias antes ou depois da construção da obra, para dar funcionalidade a esta.

D) Os ETP devem considerar quem e quantos serão os usuários do empreendimento.

VI. Os Estudos Técnicos Preliminares (ETP) que concluem pela execução de uma obra pública NÃO precisam conter:

A) o orçamento detalhado da obra, ou seja, um levantamento aprofundado de custos.
B) informações a respeito da solução/obra previamente definida, inclusive exigências quanto à sua manutenção.
C) avaliação das diversas alternativas possíveis para o atendimento de determinada demanda prioritária, e indicação de que a construção de uma obra é a mais viável.
D) descrição dos resultados esperados após a conclusão da obra.

VII. Os Estudos Técnicos Preliminares devem englobar vários elementos, EXCETO:

A) estudos sobre a necessidade da Administração Pública.
B) avaliação de possíveis alternativas capazes de satisfazer as necessidades da Administração Pública.
C) descrição da solução considerada que melhor satisfaz a necessidade da Administração Pública.
D) elaboração de anteprojeto.

VIII. Durante a elaboração dos Estudos Técnicos Preliminares, uma prefeitura levantou 4 terrenos que poderiam ser utilizados para a construção de uma creche, descritos no quadro a seguir.

TERRENO	CUSTO DE AQUISIÇÃO	ÁREA	CARACTERÍSTICAS AMBIENTAIS RELEVANTES	CONDIÇÕES DE ACESSO
1	R$80.000	950 m²	Área localizada ao lado do antigo lixão.	Acesso por estrada asfaltada. Cerca de 2km do centro da cidade.
2	R$110.000	700 m²	Área já se encontra limpa e desocupada, sem necessidade de desmatamentos.	Acesso por ruas asfaltadas. Cerca de 1km do centro da cidade.

TERRENO	CUSTO DE AQUISIÇÃO	ÁREA	CARACTERÍSTICAS AMBIENTAIS RELEVANTES	CONDIÇÕES DE ACESSO
3	R$100.000	600 m²	Área sofre com alagamentos constantes no período de chuvas.	Acesso por ruas asfaltadas. Cerca de 1km do centro da cidade.
4	R$80.000	2.000 m²	Área já se encontra limpa e desocupada, sem necessidade de desmatamentos.	Acesso por estrada de terra. Cerca de 15km do centro da cidade.

Considerados apenas os quesitos descritos, o terreno mais apropriado para a implantação da creche é:

A) o terreno 4, pois possui o menor custo de aquisição e a maior área disponível.
B) o terreno 1, pois apresenta baixo custo de aquisição e possui melhores condições de acesso.
C) o terreno 2, pois, embora seja mais caro, apresenta melhores condições de implantação que os demais terrenos.
D) o terreno 3, pois tem as melhores condições de acesso e possui menor custo de aquisição do que o terreno 2.

IX. Assinale a alternativa que contém informações que NÃO deveriam constar dos Estudos Técnicos Preliminares (ETP).

A) No caso de uma obra, deve-se considerar que o melhor período para a sua execução seria entre os meses de maio e outubro, quando a frequência e a intensidade das chuvas são menores.
B) Para a operação da obra, serão necessários: equipe médica especializada, conforme descrito no campo especialidades; servidores de apoio, conforme indicado em tabela; vigilância armada; contrato de manutenção para equipamentos específicos; e equipe de limpeza.
C) Na construção, serão utilizados 20.000 tijolos, 20 portas de madeira e 35 torneiras.
D) Considerando-se que a área estimada da edificação é de 300m², seu custo total estimado, utilizando-se como parâmetro o Custo Unitário Básico de Construção (CUB) de R$1.850,00/m², é de aproximadamente R$555.000,00. Esse valor referencial não inclui custos com terraplenagem, instalações especiais e outros.

X. Marque Verdadeiro ou Falso com relação ao que é obrigatório constar dos Estudos Técnicos Preliminares (ETP).

A) Descrição da necessidade da contratação, considerado o problema a ser resolvido sob a perspectiva do interesse público.
B) Justificativas para o parcelamento ou não da contratação.
C) Justificativas para os elementos previstos na legislação que não estiverem sendo contemplados pelos ETP.
D) Posicionamento conclusivo sobre a adequação da contratação para o atendimento da necessidade a que se destina.

XI. Considere a seguinte situação hipotética. Com a necessidade de melhorar o atendimento à saúde da população, a Secretaria de Saúde municipal elaborou um programa de necessidades para construção de Unidades de Pronto Atendimento (UPA). Com as informações obtidas, reuniram-se os dados descritos na tabela a seguir.

OBRA	CUSTO ESTIMADO DE CONSTRUÇÃO	CAPACIDADE DE ATENDIMENTO	LOCAL	POPULAÇÃO LOCAL	CUSTO POR HABITANTE (CUSTO) / (POPULAÇÃO LOCAL)	PERCENTUAL DA POPULAÇÃO LOCAL ATENDIDA COM A OBRA
UPA Tipo I	R$1,0 milhão	2 mil pessoas	Bairro A	5 mil pessoas	R$200,00	40%
UPA Tipo I	R$1,0 milhão	2 mil pessoas	Bairro B	10 mil pessoas	R$100,00	20%
UPA Tipo II	R$3,0 milhões	10 mil pessoas	Bairro A	5 mil pessoas	R$600,00	100%
UPA Tipo II	R$3,0 milhões	10 mil pessoas	Bairro B	10 mil pessoas	R$300,00	100%

Considerando somente os dados apresentados na tabela e supondo que não haja outras variáveis a serem consideradas (p. ex.: disponibilidade de recursos financeiros), indique a alternativa correta.

A) Caso o município fosse construir apenas uma UPA, ela deveria ser instalada no Bairro A.
B) A obra que beneficiará maior número de pessoas será a UPA Tipo I no bairro B.

C) Caso se decidisse construir, entre as obras relacionadas, apenas uma UPA Tipo I, o melhor critério para definição do local de construção seria o custo da obra por habitante do bairro.
D) Comparando-se o Custo de Construção e a Capacidade de Atendimento, a UPA Tipo II possui melhor relação custo/benefício que a UPA Tipo I.

XII. Indique a única alternativa correta

A) Cada Estudo Técnico Preliminar (ETP) somente pode indicar, ao final, uma única licitação, não pode indicar um conjunto de licitações para atender à necessidade da Administração Pública.
B) Os ETP são opcionais para obras custeadas por recursos de emendas parlamentares.
C) Os ETP podem dar origem a um cronograma de contratações necessárias, que constituirá o plano de licitações a ser cumprido pelo órgão público, para que seja possível alcançar os resultados almejados.
D) A lei traz uma série de elementos que podem constar do ETP, porém cabe ao gestor escolher, de acordo com sua discricionariedade, quais desses elementos ele abordará nos seus ETP.

RESPOSTAS	
Questão I:	a) Verdadeira
	b) Verdadeira
	c) Verdadeira
	d) Verdadeira
Questão II:	Alternativa D
Questão III:	a) Falsa
	b) Falsa
	c) Verdadeira
	d) Verdadeira
Questão IV:	Alternativa D
Questão V:	a) Falsa
	b) Falsa
	c) Verdadeira
	d) Verdadeira
Questão VI:	Alternativa A
Questão VII:	Alternativa D

RESPOSTAS	
Questão VIII:	Alternativa C
Questão IX:	Alternativa C
Questão X:	a) Verdadeira
	b) Verdadeira
	c) Verdadeira
	d) Verdadeira
Questão XI:	Alternativa D
Questão XII:	Alternativa C

CAPÍTULO 3

PROJETOS

Nos capítulos anteriores, tratamos das etapas iniciais de planejamento de uma obra pública, que envolvem a obtenção de recursos orçamentários, a caracterização das necessidades que serão atendidas pela obra, o estudo das alternativas possíveis para se atender a essas necessidades, entre outras questões.

Neste capítulo, estudaremos a etapa de elaboração de projetos, que corresponde ao passo seguinte para a concretização de uma obra pública.

A fase de projeto de uma obra pública é etapa fundamental para o sucesso do empreendimento. Ela não abarca apenas os projetos básico e executivo, mas todo um processo que começa na caracterização de demanda ou do problema a ser resolvido, passa pelos estudos técnicos preliminares, inclusive de viabilidade, análise de alternativas, até chegar aos projetos propriamente ditos (anteprojeto, projeto básico e projeto executivo).

As licitações de obras e serviços de engenharia devem respeitar algumas normas, em especial as relativas a:

I. disposições do resíduo/lixo gerado;
II. redução dos prejuízos causados ao meio ambiente;
III. economia de energia e de recursos naturais como a água, por exemplo;
IV. impacto gerado na cidade;
V. patrimônio histórico, como prédios antigos próximos à obra, por exemplo; e

VI. acessibilidade das pessoas com deficiência ou com mobilidade reduzida.[24]

É na fase de projeto que todas essas exigências são avaliadas e consideradas para definir como vai ser a obra. Veremos a seguir quais as principais características dessa fase do empreendimento, quais os itens fazem parte de um projeto completo e atualizado, como ele é elaborado e como é contratado.

3.1 Elaboração direta pelo órgão gestor

Uma dúvida comum entre os órgãos executores de obras públicas é como elaborar e contratar o projeto de uma obra, de modo que, ao final, haja um produto que atenda às exigências da lei e possibilite realizar com segurança a licitação e a execução da obra.

Quando a Administração identifica, a partir de levantamentos e estudos prévios, a necessidade de se desenvolver projetos para a futura execução de uma obra, deve avaliar, primeiramente, se dispõe de uma equipe profissional qualificada e capaz de desempenhar essa tarefa.

Exemplificando, caso uma prefeitura tenha em seu quadro de pessoal apenas um arquiteto, não será possível a esse profissional sozinho desenvolver todos os projetos necessários à construção de uma escola, pois esse trabalho demandará a participação de outros profissionais especializados como, por exemplo, um engenheiro eletricista para desenvolver os projetos de instalações elétricas ou um engenheiro civil para os projetos de estrutura. Nesse caso, uma alternativa possível seria elaborar o projeto de arquitetura e contratar os demais projetos.

Ainda que o órgão possua em seu quadro de pessoal todos os técnicos especializados necessários, é importante avaliar a disponibilidade desses profissionais para elaborarem o projeto, sem que essa tarefa comprometa o desempenho de outras atividades desenvolvidas por eles.

Falando sobre projetos, você sabia que existem alguns projetos padrão para obras? Entenda isso a seguir.

3.2 Uso de projetos padrão

Nos últimos anos, alguns órgãos federais, como o FNDE (Fundo Nacional de Desenvolvimento da Educação), elaboraram projetos padrão

---

[24] Lei nº 14.133/2021, art. 45.

para alguns tipos de obras, como a construção de creches, escolas e unidades básicas de saúde. Esses projetos podem facilitar a licitação e a posterior execução da obra, porque fornecem um bom referencial de custos e de especificações, sem que a prefeitura tenha que partir do zero.

Porém, é necessário avaliar a adequação desse projeto padrão às condições reais do local em que será implantado. Por melhor que seja o projeto padrão, sempre será necessário promover ajustes à realidade do local de implantação. Alguns aspectos do projeto merecem especial atenção:

a) características do solo: mesmo havendo projetos padrão, é necessário elaborar, ou ao menos validar, o projeto de fundações, a partir das características do solo no local de implantação, definida a partir de ensaios e sondagens. Pode ser que a capacidade de suporte do solo local seja diferente da considerada no projeto padrão, o que poderá exigir um novo projeto de fundações.

b) características de acesso, relevo, tamanho do terreno e eventuais interferências: é importante avaliar os afastamentos existentes entre a edificação e os limites do terreno. Há casos em que o projeto padrão simplesmente não cabe no terreno disponível. Em outros casos, o projeto é pensado para um terreno plano, e não vai funcionar bem se houver desníveis grandes no terreno real. O mesmo cuidado deve ser observado para vias de acesso, calçadas e edificações próximas, que podem interferir na implantação do projeto.

c) características do clima: um projeto adequado para o clima da região sul do país não funcionará bem se executado na região norte e vice-versa. As características das janelas, a orientação em relação ao sol, os materiais das paredes e telhados afetam as condições de conforto da edificação e devem ser adequadas ao local de implantação.

3.3 Contratação de empresa para elaboração de projetos

Já sabemos que os projetos de obras públicas podem ser desenvolvidos pelo próprio órgão, caso disponha de setor técnico capaz de elaborá-los de forma completa e adequada.

Contudo, em muitos casos, isso não é possível. Então, o gestor tem a opção de contratar um profissional ou empresa projetista para realizar o serviço. Mesmo nos casos de contratação, o órgão público permanece com a responsabilidade de fiscalizar a elaboração do projeto e atestar a sua qualidade, sendo recomendável que tenha em seu quadro de pessoal pelo menos um profissional, com experiência na área, para acompanhar esse desenvolvimento.

Observe que deve haver um procedimento licitatório específico, com vistas a contratar a empresa que será responsável pela tarefa. A Lei nº 14.133/2021 caracteriza esse tipo de trabalho como um serviço técnico profissional especializado de natureza predominantemente intelectual e indica que sua contratação deve ocorrer, preferencialmente, com critério de julgamento de técnica e preço,[25] devendo ser obrigatório o seu uso, na proporção de 70% para pontuação técnica, sempre que o custo estimado para esse projeto for superior a R$300 mil, ressalvados os casos em que a contratação se der por inexigibilidade. A estimativa do valor desse tipo de contratação, bem como a escolha da modalidade, do tipo de licitação a ser realizado e dos critérios de julgamento será tema de capítulos posteriores.

Já aprendemos que a primeira etapa do planejamento da contratação é o estudo técnico preliminar, que caracteriza o interesse público envolvido e dá base ao anteprojeto, termo de referência ou projeto básico, os quais serão elaborados caso se conclua que a contratação é viável.[26] Esse estudo deve mostrar o problema a ser resolvido, estimativas de quantidades e de custo, justificativas para parcelamento ou não em mais de uma contratação, entre outras informações, de modo que a empresa projetista possa compreender a expectativa do contratante em relação à obra e formular uma proposta adequada.

De acordo com o art. 93 da Lei nº 14.133/2021, o autor do projeto deve ceder à Administração os **direitos patrimoniais** relativos ao projeto.

Direitos patrimoniais: direitos relacionados à retribuição econômica ao autor de uma obra intelectual. Diz respeito ao direito exclusivo de utilizar, fruir e dispor da obra literária, artística ou científica de sua autoria. O direito patrimonial do autor lhe concede a possibilidade de ceder ou licenciar sua obra, podendo explorá-la economicamente como desejar. Os direitos patrimoniais do autor estão previstos nos artigos 28 a 45 da Lei nº 9.610/1998. Refere-se ao direito de o autor do projeto receber uma retribuição financeira todas as vezes em que ele for utilizado.

---

[25] Lei nº 14.133/2021, art. 36, §1º, inciso I.
[26] Lei nº 14.133/2021, art. 6, inciso XX.

Por fim, cabe esclarecer que, embora o autor do projeto possua o direito de acompanhar a obra com vistas a garantir que ela seja executada de acordo com as especificações originais, isso não obriga a Administração a contratá-lo para a supervisão do empreendimento, conforme enunciado pela jurisprudência na Súmula TCU 185/1982.

Súmula TCU 185: A Lei nº 5.194, de 24/12/1966, e, em especial, o seu art. 22, não atribuem ao autor do projeto o direito subjetivo de ser contratado para os serviços de supervisão da obra respectiva, nem dispensam a licitação para a adjudicação de tais serviços, sendo admissível, sempre que haja recursos suficientes, que se proceda aos trabalhos de supervisão, diretamente ou por delegação a outro órgão público, ou, ainda, fora dessa hipótese, que se inclua, a juízo da Administração e no seu interesse, no objeto das licitações a serem processadas para a elaboração de projetos de obras e serviços de engenharia, com expressa previsão no ato convocatório, a prestação de serviços de supervisão ou acompanhamento da execução, mediante remuneração adicional, aceita como compatível com o porte e a utilidade dos serviços.

A seguir, vamos entender quais as responsabilidades do gestor público em relação aos projetos.

3.4 Procedimento de Manifestação de Interesse

Uma novidade trazida inicialmente pela Lei das Estatais e incorporada também na nova Lei de Licitações foi a possibilidade de adoção do Procedimento de Manifestação de Interesse (PMI) para o recebimento de propostas e projetos de empreendimentos.[27]

O PMI deve ter por finalidade atender necessidades previamente identificadas no ETP.

Nele, a Administração solicita à iniciativa privada, mediante Procedimento aberto de Manifestação de Interesse a ser iniciado com a publicação de edital de chamamento público, a propositura e a realização de estudos, investigações, levantamentos e projetos de soluções inovadoras que contribuam com questões de relevância pública.

Depois de concluído, para aceitar os produtos entregues, a Administração deverá elaborar parecer fundamentado com a demonstração de que o produto ou serviço entregue é adequado e suficiente à

---

[27] Lei nº 13.303/2016, art. 31, §§4º e 5º, e Lei nº 14.133/2021, art. 81.

compreensão do objeto, de que as premissas adotadas são compatíveis com as reais necessidades do órgão e de que a metodologia proposta é a que propicia maior economia e vantagem entre as demais possíveis.

A realização, pela iniciativa privada, de estudos, investigações, levantamentos e projetos em decorrência do Procedimento de Manifestação de Interesse:

I - não atribuirá ao realizador direito de preferência no processo licitatório;

II - não obrigará o poder público a realizar licitação;

III - não implicará, por si só, direito a ressarcimento de valores envolvidos em sua elaboração;

IV - será remunerada somente pelo vencedor da licitação, vedada, em qualquer hipótese, a cobrança de valores do poder público.

Vale dizer que, no PMI, o edital deverá definir se o autor do projeto poderá ou não participar futuramente da licitação que vier a ser realizada para a execução do empreendimento.

Regras mais específicas de como pode ser realizado um PMI devem ser consultadas no regulamento específico da União, do estado, município ou do Distrito Federal em que esteja atuando o ente ou entidade contratante.[28]

3.5 Responsabilidades da Administração Pública pela completude, consistência e atualidade dos projetos

O projeto básico deve conter todos os elementos necessários e suficientes, com nível de precisão adequado para definir a obra ou o serviço.[29]

Infelizmente, ainda é comum encontrar projetos de obras públicas deficientes, incompletos e/ou desatualizados. Muitas vezes, essas deficiências conduzem à necessidade de mudanças no decorrer da obra. A concepção e a solução técnica da construção são itens que já deveriam ter sido avaliados, definidos e aprovados em etapa anterior, nos estudos técnicos preliminares e no anteprojeto.

Conforme já estudamos nos capítulos anteriores, a possibilidade de desenvolver projetos de boa qualidade dependerá, em grande parte, da qualidade desses estudos e das informações disponíveis para orientar

---

[28] O decreto regulamentador da Lei das Estatais no âmbito do Distrito Federal, por exemplo, é o Decreto nº 37.967/2017.
[29] Lei nº 14.133/2021, art. 6º, inciso XXV.

os projetistas. A nova Lei de Licitações trouxe, de modo mais detalhado, as informações que devem constar nas etapas iniciais de projeto.

Em complemento aos elementos definidos na lei, há outras normas importantes que definem o grau de detalhamento de determinados estudos de projeto, em especial a Instrução Normativa Seges/ME 58, de 8 de agosto de 2022, que dispõe sobre a elaboração dos Estudos Técnicos Preliminares. Ainda temos as normas técnicas, a exemplo da NBR 8036/83, que indica um número mínimo de sondagens de solo em razão da área a ser construída.

O gestor público, ao elaborar o termo de referência,[30] indicando todos os elementos e as diretrizes para a elaboração do projeto, deverá também informar a abrangência e amplitude dos estudos prévios realizados. Esse é um aspecto importante que impacta tanto no custo dos projetos quanto no custo da obra. Perceba que quanto maior a quantidade e qualidade das informações reunidas para orientar o projeto, maiores são as chances de escolher uma solução eficiente e econômica para a obra desejada.

 Diretrizes: são caminhos (modos de proceder/conduta) a serem percorridos para alcançar um objetivo.

Há casos em que os gestores optam por economizar na fase de projeto e exigem, nesta fase, estudos prévios simplificados ou com abrangência inferior à recomendada. Porém, essa economia inicial pode, durante a obra, resultar em custos muito mais elevados para a execução dos serviços necessários.

Um exemplo comum é a realização de um número de furos de sondagem do terreno menor do que o previsto na norma. Essa suposta economia resulta, muitas vezes, em uma caracterização incorreta do terreno, o que pode gerar transtornos e aumento dos custos durante a execução das obras ou mesmo depois de sua conclusão, com a necessidade de modificar projetos, de executar reforços na estrutura, de efetuar reparos, entre outros inconvenientes.

---

[30] Lei nº 14.133/2021, art. 6º, inciso XXIII.

A gravidade da falha está relacionada ao risco que ela traz para a Administração. Em projetos de grande vulto, por exemplo, em que a insuficiência de informações pode gerar impacto significativo sobre o resultado da obra, ou sobre o valor, certamente será considerada mais grave a irregularidade do que em um projeto de pequeno vulto e com baixo risco associado a essas informações.

A completude e a consistência de um projeto são reflexos da quantidade e qualidade dos elementos técnicos reunidos, bem como da coerência entre eles. Em outras palavras, todas as informações importantes para a execução da obra devem estar registradas no projeto. Além disso, os elementos mostrados nos desenhos devem corresponder aos indicados nos memoriais, nas especificações técnicas e no orçamento.

A atualidade do projeto também é muito importante para qualquer tipo de obra. Quanto maior for o tempo decorrido entre sua elaboração e sua execução, maior é a possibilidade de serem modificadas as condições de implantação originalmente previstas. Isso exige que se faça, antes da licitação das obras, uma revisão do projeto, para adequá-lo às novas condições existentes reduzindo, assim, o risco de prejuízos maiores durante a execução dos serviços.

Em obras de saneamento, em particular, a desatualização do projeto pode ter grande impacto em aumento de custos e atrasos da obra. O projeto desatualizado pode não levar em conta as eventuais mudanças urbanísticas (mudança de uso do solo e do perfil do bairro a ser atendido), demográficas (mudança no número e no perfil da população a ser atendida), ou outras que podem ter ocorrido.

O projeto de uma obra envolve diversas áreas de conhecimento, que costumamos chamar de disciplinas. Por exemplo, uma obra de edificação precisa de projetos de arquitetura; de estrutura; e de instalações hidrossanitárias, elétricas, lógicas, de combate a incêndio, além de outras instalações especiais.

Todos os profissionais envolvidos na elaboração dos projetos devem fazer o registro, junto ao conselho profissional competente, da responsabilidade técnica pelos trabalhos realizados. No caso dos engenheiros, temos o Conselho Regional de Engenharia e Agronomia (CREA), em que o documento de registro é chamado ART;[31] no caso

---

[31] Lei nº 6.496/1977, arts. 1º e 11.

dos arquitetos, temos o Conselho de Arquitetura e Urbanismo (CAU), em que o documento de registro é chamado RRT.³²

ART/RRT: sigla utilizada para Anotação de Responsabilidade Técnica/Registro de Responsabilidade Técnica. Instituída pela Lei nº 6.496/1977, a ART é o documento que define, para os efeitos legais, os responsáveis técnicos pelo empreendimento de engenharia, arquitetura e agronomia.

Nesse contexto, tendo em vista os repetidos casos detectados de ausência de registro da responsabilidade por projetos utilizados na execução de obras públicas, o TCU consolidou entendimento na Súmula TCU 260.

Súmula TCU 260: É dever do gestor exigir apresentação de Anotação de Responsabilidade Técnica – ART referente a projeto, execução, supervisão e fiscalização de obras e serviços de engenharia, com indicação do responsável pela elaboração de plantas, orçamento base, especificações técnicas, composições de custos unitários, cronograma físico-financeiro e outras peças técnicas.

O gestor público pode ser responsabilizado no caso de dar andamento ao processo de licitação sem que haja o registro de responsabilidade técnica dos projetos e do orçamento³³ Ou seja, mesmo que o gestor não possua conhecimentos técnicos para avaliar a qualidade do projeto com profundidade, deve verificar a existência de registro de responsabilidade técnica pela elaboração dessas peças antes de iniciar a fase externa da licitação.

A partir da LDO 2009 (Lei nº 11.768/2008 – art. 109, §5º), a legislação vem exigindo que seja realizada uma ART específica para o orçamento da obra. Essa exigência se repetiu nas LDO dos exercícios 2010, 2011 e 2012. Em 2013, foi editado o Decreto nº 7.983/2013, que previu em seu art. 10 essa mesma obrigação.

---
³² Lei nº 12.378/2010, art. 45.
³³ Acórdãos 141/2014 – TCU – Plenário e 625/2010 – TCU – 2ª Câmara.

Nos próximos tópicos, traremos mais detalhes sobre o anteprojeto, o projeto básico e o projeto executivo.

3.6 Anteprojeto

O anteprojeto é elaborado depois de concluídos os estudos técnicos preliminares e comprovada a viabilidade da obra. Ele define a concepção do objeto e as diretrizes a serem seguidas no projeto. Deve conter as seguintes informações mínimas:[34]

a) demonstração e justificativa do programa de necessidades, avaliação de demanda do público-alvo, motivação técnico-econômico-social do empreendimento, visão global dos investimentos e definições relacionadas ao nível de serviço desejado – no caso de uma escola ou um posto de saúde, por exemplo, devem ser indicados a quantidade de pessoas a serem atendidas, quantidade de salas, o tipo de atendimento, se há atendimento especializado para determinada idade, as regiões da cidade que serão atendidas, entre outras informações. Observe que, em boa medida, essas informações são extraídas do ETP e podem/devem ser atualizadas quando necessário. A visão global dos investimentos deve ser suficiente para permitir uma estimativa geral dos custos da obra.

b) condições de solidez, de segurança e de durabilidade – no caso de edificações, a vida útil estimada de projeto para o sistema estrutural costuma ser de 50 anos (NBR 15.575/2013). A vida útil dos demais componentes da edificação, como pisos, revestimentos, instalações, depende das características de uso e do nível de desempenho esperado. No caso de obras de pavimentação, essas condições também podem variar bastante, a depender do tipo de pavimento, do tipo de tráfego, das condições do local como clima, relevo etc. Tudo isso deve ser avaliado e definido, em linhas gerais, no anteprojeto;

c) prazo de entrega;

d) estética do projeto arquitetônico, traçado geométrico e/ou projeto da área de influência, quando cabível – a estética do projeto arquitetônico é a "cara" do projeto. No anteprojeto

---

[34] Lei nº 14.133/2021, art. 6º, inciso XXIV.

de um ginásio esportivo, por exemplo, já pode ser definido se o telhado será em arco ou um telhado plano. Traçado geométrico é o caminho a ser percorrido pela rua a ser pavimentada ou pelas tubulações da rede de esgoto ou de drenagem, por exemplo. A área de influência é a área atendida pelo projeto;

Figura 5 – Estética do projeto arquitetônico de uma residência – exemplo

http://www.freebievectors.com/pt/ pre-visualizacao-do-item/77671/ vetor-arquitectura-serie-desenho-de-linha-projecto-de-linha/

http://pro.casa.abril.com.br/photo/ desenho-1?context=location#!/photo/ desenho-1?context+location

Figura 6 – Exemplos de telhados em ginásio esportivo

Exemplo de ginásio com cobertura em arco

Fonte: http://www.telemacoborba.pr.gov. br/imprensa/noticias/obras-planejamento/ obras/8211-ginasio-da-vila-esperanca-sera-inaugurado-na-quinta-feira-foto-360.html

Exemplo de ginásio com cobertura plana

Fonte: https://www.marinha.mil.br/cefan/ gin%C3%A1sio

e) parâmetros de adequação ao interesse público, de economia na utilização, de facilidade na execução, de impacto ambiental e de acessibilidade – deve ser demonstrado que a solução proposta atende bem à necessidade identificada nos estudos preliminares, e que apresenta vantagens em relação a outras possíveis soluções. Nesse caso, o anteprojeto detalha um pouco melhor algumas soluções que já apareciam como possibilidade nos estudos preliminares e os fatores que demonstram a sua vantajosidade em relação a outras opções de projeto;

f) proposta de concepção da obra ou do serviço de engenharia – essa proposta de concepção é uma espécie de síntese da obra, um conjunto de desenhos, especificações e documentos que respondem a questões como: que tipo de edificação será construída? Ou que tipo de rede de drenagem? Quais dispositivos de micro e macrodrenagem deverão ser utilizados? Quais os principais parâmetros de dimensionamento da obra (número e tipo de salas, finalidade dos espaços, p. ex., no caso de edificações, ou área a ser drenada, tipo de sistema de drenagem, p. ex., no caso de obra de drenagem) que indicam como se pretende atender aos parâmetros indicados no subitem anterior;

g) projetos anteriores ou estudos preliminares que embasaram a concepção proposta;

h) levantamento topográfico e cadastral – é o registro das condições topográficas (com marcos, linhas demarcatórias e perfis de elevação) do local onde será feita a obra, indicando se há outras edificações por perto, se o terreno é inclinado, plano ou com irregularidades – tais representações são feitas por meio de curvas-de-nível (ver figura abaixo). Também é nesse registro que se indica a existência de redes, tubulações e outros tipos de instalação que podem ser afetadas pela obra e devem ser consideradas no projeto;

Figura 7 – Curvas de Nível: conceito

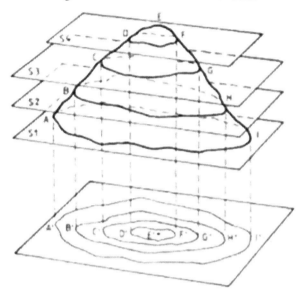

Fonte: http://noticias.r7.com/blogs/nicolau-marmo/2012/08/14/o-nivelamento-do-ensino/curvas-de-nivel/

i) pareceres de sondagem – são as análises das condições do terreno que receberá a obra. Indicam se o solo é mole ou resistente, se existe água superficial ou camadas de solo que precisarão ser removidas entre outras informações relevantes. As condições do solo podem gerar grande impacto sobre a obra, exigindo, em alguns casos, que o projeto preveja estruturas especiais ou, em casos extremos, que seja definido outro local para a obra. O TCU já identificou diversos casos em que obras públicas foram paralisadas ou tiveram seu orçamento aumentado muito acima do previsto inicialmente por causa de falhas nos estudos de sondagem. Isso destaca a importância de que os estudos sejam completos e realizados em conformidade com as normas;

j) memorial descritivo dos elementos da edificação, dos componentes construtivos e dos materiais de construção, de forma a estabelecer padrões mínimos para a contratação – é a descrição das características dos materiais, tanto daqueles que são adquiridos de fábrica, a exemplo de pisos cerâmicos, tijolos, torneiras, quanto daqueles que serão produzidos no canteiro de obras, como elementos estruturais e paredes;

Com as novidades na forma de contratação trazidas pela Lei nº 14.133/2021, a etapa do anteprojeto ganhou especial importância. Nesta etapa, alguns elementos principais do projeto já deverão estar definidos, porém é possível que haja ainda alguma flexibilidade no detalhamento de soluções, de acordo com a estratégia de contratação a ser definida. Há casos, por exemplo, em que haverá liberdade para que a empresa executora da obra adote soluções metodológicas e tecnológicas inovadoras. Nesses casos, é essencial que as partes flexíveis do projeto, assim como aquelas que devam ser seguidas exatamente como previstas, estejam bem definidas em uma matriz de riscos.

É possível, por exemplo, contratar a obra de uma escola, definindo no anteprojeto o tamanho das salas, das janelas e a posição, mas deixando a cargo do contratado optar por diferentes tipos de estrutura, como metálica, de concreto ou de alvenaria estrutural.

Como o anteprojeto não apresenta nível de detalhamento suficiente à quantificação de todos os serviços e materiais a serem aplicados nas obras, uma vez que será complementado posteriormente por um projeto básico, seu orçamento torna-se mais impreciso e sujeito a erros.

Especificamente no regime de contratação integrada e semi-integrada,[35] a lei proíbe a alteração dos valores contratuais causada por erros ou falhas do projeto, desenvolvido posteriormente pelo contratado, a partir das informações do anteprojeto. Isso não significa que as obras realizadas no modelo de contratação integrada não possam ter seus contratos aditivados. No caso de mudança de escopo por interesse da Administração, por exemplo, o aditivo é admitido, atendidas algumas condições.

3.7 Projeto básico

O projeto básico é um dos elementos mais importantes de uma obra pública, tanto para a licitação quanto para a contratação e a execução. Ele define, detalhadamente, o objeto a ser licitado/executado e seu respectivo custo.

As irregularidades causadas por projetos básicos incompletos, deficientes ou desatualizados são encontradas com frequência nas

---

[35] Lei nº 14.133/2021, art. 133, inciso II.

auditorias realizadas pelo TCU e podem causar uma série de problemas, seja durante a execução da obra ou após a sua conclusão, gerando prejuízo ao funcionamento e à durabilidade da construção, além de desperdício de recursos públicos.

3.7.1 Definição e importância

Por vezes, o termo "projeto básico" é interpretado inadequadamente. A palavra "básico", no dicionário, possui o seguinte significado: 1) que serve de base; 2) essencial, principal, fundamental.[36] Dessa forma, ao contrário do que seu nome possa sugerir, projeto básico não deve ser interpretado como um projeto simplório ou formado por poucos elementos, mas sim como um projeto essencial, que vai servir de base para a contratação e execução da obra.

Na nova Lei de Licitações, sua definição permaneceu praticamente idêntica: conjunto de elementos necessários e suficientes, com nível de precisão adequado para definir e dimensionar a obra ou o serviço, ou o complexo de obras ou de serviços objeto da licitação, elaborado com base nas indicações dos estudos técnicos preliminares, que assegure a viabilidade técnica e o adequado tratamento do impacto ambiental do empreendimento e que possibilite a avaliação do custo da obra e a definição dos métodos e do prazo de execução.[37]

A lei especifica, ainda, que os projetos básicos devem conter os seguintes elementos:

a) levantamentos topográficos e cadastrais, sondagens e ensaios geotécnicos, ensaios e análises laboratoriais, estudos socioambientais e demais dados e levantamentos necessários para execução da solução escolhida;

b) soluções técnicas globais e localizadas, suficientemente detalhadas, de forma a evitar, por ocasião da elaboração do projeto executivo e da realização das obras e montagem, a necessidade de reformulações ou variantes quanto à qualidade, ao preço e ao prazo inicialmente definidos;

c) identificação dos tipos de serviços a executar e dos materiais e equipamentos a incorporar à obra, bem como das suas especificações, de modo a assegurar os melhores resultados

---

[36] *Dicionário Michaelis*, disponível em http://michaelis.uol.com.br/.
[37] Lei nº 14.133/2021, art. 6º, inciso XXV. Lei nº 8.666/1993, art. 6º, inciso IX, e Lei nº 12.462/2011, art. 2º, inciso IV.

para o empreendimento e a segurança executiva na utilização do objeto, para os fins a que se destina, considerados os riscos e os perigos identificáveis, sem frustrar o caráter competitivo para a sua execução;

d) informações que possibilitem o estudo e a definição de métodos construtivos, de instalações provisórias e de condições organizacionais para a obra, sem frustrar o caráter competitivo para a sua execução;

e) subsídios para montagem do plano de licitação e gestão da obra, compreendidos a sua programação, a estratégia de suprimentos, as normas de fiscalização e outros dados necessários em cada caso;

f) orçamento detalhado do custo global da obra, fundamentado em quantitativos de serviços e fornecimentos propriamente avaliados, obrigatório exclusivamente para os regimes de execução previstos nos incisos I, II, III, IV e VII do *caput* do art. 46 desta Lei [todos os regimes, exceto contratação integrada e semi-integrada];

Informações do Projeto Básico:
É necessário que as informações do projeto básico permitam identificar, por exemplo, se a estrutura da edificação será de concreto armado, executado no local – o que demanda um determinado espaço, equipamentos e materiais disponíveis no canteiro de obras para a execução de formas, escoramentos, armaduras – ou ainda se seria uma estrutura pré-fabricada industrialmente e somente montada no canteiro de obras – o que demanda um conjunto diferente de materiais, além de equipamentos específicos de montagem.

O projeto básico deve conter informações detalhadas para que se compreenda perfeitamente o objeto que está sendo licitado, como ele se desenvolverá, em que prazo, em que ritmo, e ainda possibilite a identificação e quantificação de todos os serviços que serão executados, bem como a caracterização e quantificação de todos os insumos (mão de obra, materiais e equipamentos) e seus custos.

A palavra "projeto" deve ser interpretada de forma ampla, não se resumindo apenas aos desenhos técnicos (plantas). Engloba um conjunto de documentos que detalham o objeto da licitação (a obra) como, por exemplo, os memoriais descritivos, as especificações técnicas, a planilha orçamentária e o cronograma físico-financeiro. Todos esses elementos serão detalhados mais adiante.

É comum que projetos básicos deficientes, com informações incoerentes, desatualizadas ou faltantes precisem ser alterados ou complementados durante a execução da obra. Esse tipo de alteração, além de aumentar o preço e o prazo inicialmente previstos, abre espaço para a ocorrência de várias irregularidades, como o **superfaturamento**, a extrapolação dos limites legais de modificação contratual, o **desvirtuamento das condições iniciais do contrato** ou até mesmo a **transfiguração do objeto**. As falhas de projeto podem resultar ainda em atrasos significativos para a entrega da obra e, nos casos mais graves, inviabilizar a sua conclusão.

Superfaturamento: pagamento de valor maior do que o efetivamente devido para a execução de determinada obra ou serviço.

Desvirtuamento das condições iniciais avençadas: alteração das condições de execução contratual em desrespeito aos limites estabelecidos pela legislação, ocasionando prejuízos aos princípios fundamentais da contratação pública como, por exemplo, a isonomia, a escolha da proposta mais vantajosa, dentre outros.

Transfiguração do objeto: modificação excessiva do objeto originalmente contratado, alterando-se a natureza e/ou a finalidade do objeto original.

Devido à importância do tema e aos inúmeros casos de irregularidade em projetos básicos, o TCU pacificou entendimento na Súmula TCU 261/2010.

Súmula TCU 261: "Em licitações de obras e serviços de engenharia, é necessária a elaboração de projeto básico adequado e atualizado, assim considerado aquele aprovado com todos os elementos descritos no art. 6º, inciso IX, da Lei nº 8.666, de 21 de junho de 1993, constituindo prática ilegal a revisão de projeto básico ou a elaboração de projeto executivo que transfigurem o objeto originalmente contratado em outro de natureza e propósito diversos."

Embora essa súmula tenha tido por fundamento legal a Lei nº 8.666/1993, ela ainda tem pertinência em razão de a Lei nº 14.133/2021 contemplar definição de projeto básico semelhante.

Vale lembrar que o projeto básico de uma obra deve ser elaborado por profissional legalmente habilitado, com registro no conselho profissional, podendo ser contratada empresa específica de engenharia ou arquitetura para sua elaboração, nos casos em que o órgão não dispõe de uma quantidade suficiente de profissionais técnicos especializados. Mesmo no caso de contratação de empresa especializada, o administrador público permanece com a responsabilidade de avaliar se os documentos e projetos fornecidos são adequados, devendo exigir do contratado a realização de todos os ajustes necessários.

Além de exigir que o projeto seja feito por profissional habilitado e com o devido registro de responsabilidade técnica junto ao conselho profissional, é obrigatório que a obra só seja executada com projeto executivo.[38] Além disso, caso tenha havido opção pela utilização do regime de execução de Contratação Integrada, a elaboração e aprovação do projeto deve se dar previamente ao início da execução das obras e serve para avaliar se o projeto básico está conforme os parâmetros definidos no edital de licitação e nas normas técnicas aplicáveis.

Por fim, merece registro que, exceto nos casos de licitação na modalidade contratação integrada, é **vedada** a participação na licitação e/ou na execução da obra de qualquer pessoa física ou jurídica que tenha participado da elaboração do anteprojeto, do projeto básico ou do projeto executivo da obra, sendo permitido participar "no apoio das atividades de planejamento da contratação, de execução da licitação ou de gestão do contrato, desde que sob supervisão exclusiva de agentes públicos do órgão ou entidade".

Perceba que empresas integrantes do mesmo grupo econômico da empresa autora do projeto básico, executivo ou do anteprojeto se equipara a essa condição e igualmente estão impedidas de participar da licitação da obra. Em todos os casos é permitida a contratação do projeto executivo juntamente com a obra e, nas contratações integradas e semi-integradas, é permitido contratar o próprio projeto básico.[39]

3.7.2 Atualização/validade do projeto básico

O projeto básico deve ser o mais atual possível, de modo a evitar modificações após a contratação das obras. Nas fiscalizações do TCU, é comum encontrar irregularidades relacionadas à utilização de

---

[38] Lei nº 14.133/2021, art. 46, §1º.
[39] Lei nº 14.133/2021, art. 14; Lei nº 8.666/1993, art. 9º; e Lei nº 12.462/2011, art. 36.

projetos básicos desatualizados. Nesse contexto, os gestores costumam apresentar a seguinte dúvida:

Por quanto tempo um projeto básico permanece válido?

A resposta não é tão simples e varia em função de inúmeros fatores, como o tipo de empreendimento, as mudanças ocorridas no local das obras, a evolução das tecnologias envolvidas, as diretrizes políticas etc. O próprio programa de necessidades que originou o projeto pode ter perdido sua validade, por não atender adequadamente à demanda atual. Por esse motivo, antes da adoção de um projeto básico elaborado em anos anteriores, várias condicionantes devem ser verificadas.

A primeira delas diz respeito à sua concepção. Em projetos básicos antigos, especialmente quando elaborados sob a gestão de outros governantes, nem sempre as diretrizes que orientaram a sua concepção se encontram alinhadas com as do atual governo. Assim, quando isso acontece, o primeiro ponto a ser observado é se as necessidades que nortearam sua elaboração permanecem plenamente atendidas com aquele projeto, sem a necessidade de efetuar modificações nele.

Após essa verificação, é necessário comprovar se as características do local em que será implantada a obra permanecem as mesmas, ou seja, se não foram realizadas **obras de terra**, por exemplo, que possam ter promovido alterações nas condições do local, ou se não foram executadas novas construções no terreno, o que poderia acarretar aumento na quantidade de demolições e desapropriações, impactando tanto o custo como o prazo do empreendimento.

Outro aspecto a ser observado é a metodologia construtiva prevista, bem como os equipamentos originalmente especificados, que podem se tornar inadequados ou ultrapassados após algum tempo.

No caso de obras de saneamento, por exemplo, é comum que, ao se tentar executar um projeto de rede de esgoto 5 ou 10 anos após sua elaboração, as antigas condições do local de implantação já não sejam as mesmas. A modificação de loteamentos, das ruas, a presença de novas construções não registradas no projeto podem trazer problemas para a execução da obra. Em alguns casos, é preciso mudar o traçado da rede, as quantidades de serviços previstos e, eventualmente, até o tipo de solução que deverá ser adotada.

Também é importante verificar se as premissas adotadas no projeto para a população atendida pelo empreendimento permanecem válidas. Para dimensionamento de todo o sistema, o projetista adota a população de início de plano, que é aquela atual, no momento da elaboração do projeto, e prevê qual será a população de fim de plano, considerando o crescimento da população da cidade por período equivalente à vida útil do empreendimento (usualmente 20 anos).

Assim sendo, é imprescindível verificar se as populações, de início e de fim de plano, ainda se mantêm coerentes com as adotadas na concepção do projeto.

3.7.3 Componentes do projeto básico

O projeto básico é composto por desenhos, memorial descritivo, especificações técnicas, planilha orçamentária e cronograma físico-financeiro, bem como pelos estudos prévios que o amparam, tais como os geotécnicos, topográficos, geológicos, hidrológicos, a depender das necessidades de cada projeto.

Todas essas peças deverão possuir identificação que contenha, pelo menos, nome e local da obra, nome da entidade executora, tipo de peça/projeto, data das revisões, nome dos responsáveis técnicos, número de registro no conselho profissional e respectivas assinaturas.

a) Desenhos

Também denominados de plantas ou mesmo projetos. São a **representação gráfica** do objeto a ser executado, elaborada de modo a permitir sua visualização em tamanho adequado, demonstrando formas, dimensões, funcionamento e especificações, perfeitamente definidas em plantas, cortes, elevações, esquemas e detalhes, obedecendo às normas técnicas pertinentes.

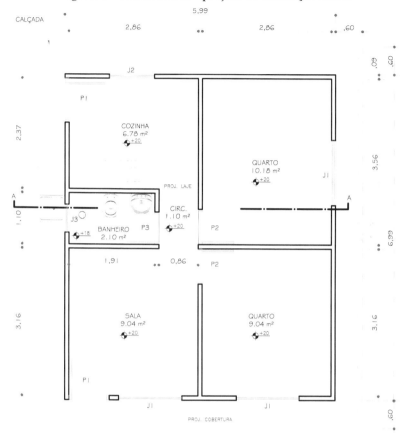

Figura 8 – Planta Baixa – projeto de habitação social

Fonte: https://www.caixa.gov.br/Downloads/banco-projetos-projetos-HIS/casa_42m2.pdf

b) Memorial descritivo

O memorial descritivo é um documento em formato de texto que deve conter a **descrição detalhada** do objeto projetado, levando-se em conta as informações definidas no programa de necessidades e nos estudos de viabilidade, detalhando as soluções técnicas adotadas, bem como suas justificativas, de modo a complementar as informações contidas nos desenhos e demais peças do projeto.

c) **Especificações técnicas**

O caderno de especificações técnicas é um documento em formato de texto que reúne todas as **regras e condições** que devem ser seguidas para a execução da obra e dos respectivos serviços, de acordo com as normas e práticas aplicáveis. Nele, são estabelecidas as características necessárias e suficientes para o desempenho técnico requerido pelo projeto, bem como para a contratação dos serviços e obras.

Neste documento deve estar descrito, em linguagem tão clara quanto possível, o detalhamento executivo de cada serviço, ou seja, o modo como deverão ser executados, as normas técnicas aplicáveis, e, principalmente, os critérios para a sua medição, de modo a evitar questionamentos futuros.

Além disso, deve conter descrição técnica dos materiais, equipamentos e sistemas construtivos a serem aplicados, inclusive as condições para aceitação dos produtos e os testes aplicáveis.

As especificações técnicas poderão conter informações de interesse, detalhes construtivos e outros elementos necessários à perfeita caracterização, inclusive catálogos e manuais que orientem a execução e inspeção dos serviços. No entanto, a fim de permitir alternativas de fornecimento, as especificações técnicas não poderão reproduzir catálogos de um determinado fornecedor ou fabricante.

É permitido que o edital contenha indicação de marca para materiais e equipamentos?

A indicação de uma ou mais marcas ou modelos é admitida como parâmetro de qualidade, desde que formalmente justificado, nas seguintes hipóteses:

I. necessidade de padronização do objeto;
II. necessidade de manter compatibilidade com plataformas e padrões já adotados;
III. quando determinada marca ou modelo for o único capaz de atender à necessidade do contratante; ou
IV. quando a descrição do objeto licitado puder ser mais bem compreendida pela identificação de marca ou modelo aptos a servir apenas como referência. Nesse caso, é recomendável, portanto, que a menção a marcas e modelos específicos seja acompanhada de expressões como "ou equivalente", "ou

similar", "ou de melhor qualidade", para evitar restrições injustificadas de marca.[40]

Cabe à fiscalização acompanhar a execução dos serviços e a aplicação dos materiais e equipamentos, conforme descrito nas especificações técnicas.

d) Planilha orçamentária

A **planilha orçamentária** é um documento em formato de tabela, contendo a relação de todos os serviços necessários à execução do objeto, com suas respectivas unidades de medida, quantidades e preços unitários. Seus valores são calculados a partir dos projetos e demais especificações técnicas, de modo a possibilitar a previsão do preço total de um empreendimento.

Figura 9 – Orçamento sintético global de obra fictícia

(continua)

Item	Discriminação	Unid.	Quantidade	Custo (R$) Unitário	Custo (R$) Total
1	Infraestrutura				
1.1	Raspagem e limpeza manual do terreno	m²	10.000,00	1,33	13.300,00
1.2	Escavação manual de vala em solo de primeira categoria	m³	1.000,00	21,22	21.220,00
1.3	Escavações em solo mole	m³	10,00	75,00	750,00
1.4	Estacas pré-moldadas de concreto protendido, carga 40t	m	500,00	36,36	18.180,00
1.5	Lastro de concreto	m³	100,00	212,46	21.246,00
1.6	Concreto	m³	40,00	197,61	7.904,40
1.7	Forma para fundação	m²	400,00	22,62	9.048,00
1.8	Armadura em aço - CA50	kg	3.800,00	3,49	13.262,00
1.9	Transporte e lançamento de concreto em fundação	m³	200,00	44,88	8.976,00
Total subitem					113.886,40
2	Estrutura				
2.1	Concreto	m³	100,00	197,61	19.761,00
2.2	Forma chapa compensada e=12mm, 3 reaproveitamentos	m²	1.000,00	36,10	36.100,00
2.3	Armadura em aço - CA50	Kg	10.000,00	3,49	34.900,00
2.4	Transporte e lançamento de concreto em estrutura	m³	100,00	19,28	1.928,00

---

[40] Lei nº 14.133/2021, art. 41, inciso I.

(conclusão)

Item	Discriminação	Unid.	Quantidade	Custo (R$) Unitário	Custo (R$) Total
2.5	Laje pré-fabricada	m²	300,00	49,02	14.706,00
Total subitem					107.395,00
3	Vedações				
3.1	Alvenaria de vedação com tijolo cerâmico e=9 cm	m²	2.000,00	19,21	38.420,00
Total subitem					38.420,00
4	Cobertura				
4.1	Estrutura de madeira para telha cerâmica	m²	1.000,00	34,40	34.400,00
4.2	Cobertura telha cerâmica	m²	1.000,00	32,26	32.260,00
Total subitem					66.660,00
5	Acabamentos				
5.1	Chapisco traço 1:3 em teto	m²	300,00	5,33	1.599,00
5.2	Emboço em teto	m²	300,00	11,91	3.573,00
5.3	Chapisco em parede	m²	4.000,00	2,52	10.080,00
5.4	Emboço em parede	m²	4.000,00	9,73	38.920,00
5.5	Azulejo c/ argamassa pré-fabricada	m²	300,00	16,17	4.851,00
5.6	Pintura latex PVA duas demãos	m²	4.300,00	6,11	26.273,00
Total subitem					85.296,00
Custo Total					R$ 411.657,40
BDI 30%					R$ 123.497,22
Preço total					R$ 535.154,62

Fonte: BRASIL. Tribunal de Contas da União. *Recomendações Básicas para Contratação e Fiscalização de Obras de Edificações Públicas*. 4. ed. TCU, Brasília, 2014.

O orçamento que acompanha o projeto básico também deve conter outras informações mais detalhadas, que serão abordadas no capítulo seguinte, como as composições de custo unitário (CPU) de todos os serviços da planilha, incluindo os detalhamentos do BDI (Benefícios e Despesas Indiretas) e dos encargos sociais.

BDI: sigla para Benefícios e Despesas Indiretas. É um percentual aplicado linearmente sobre todos os itens da planilha que representa o total dos custos indiretos mais o lucro do construtor.

Encargos sociais: são os custos incidentes sobre a folha de pagamentos de salários e têm sua origem na Consolidação das Leis do Trabalho (CLT), na Constituição Federal de 1988, em leis específicas e nas convenções coletivas de trabalho.

e) Cronograma físico-financeiro

O **cronograma físico** é a representação gráfica da execução da obra ao longo de um período de tempo. Ele informa a relação de todos os serviços a serem realizados e a indica o respectivo tempo de duração. Há várias formas de representar a execução dos serviços, uma das mais comuns é por meio de uma planilha com escala em formato de barras. Quanto maior o comprimento da barra, maior será a duração do serviço representado.

Já o **cronograma físico-financeiro** contém, além das informações do cronograma físico, os valores previstos para cada um dos serviços nos períodos de execução da obra.

Figura 10 – Exemplo de Cronograma Físico-Financeiro

Estado do Pará Prefeitura Municipal de Cametá												CRONOGRAMA FÍSICO - FINANCEIRO	
Valor da obra: R$-		344.735,50							Contrato: FUNASA / PREFEITURA				
OBRA: CONSTRUÇÃO DE UM SISTEMA DE ABASTECIMENTO DE ÁGUA COM CAPACIDADE PARA 25.000 LITROS													
Prazo de execução:		240 dias contados a partir da publicação no DOU							Localização das obras:			VILA CURUÇAMBABA	
		Tempo de execução (meses)											Valor do item
Item	SERVIÇOS	DEZ/15	JAN/16	FEV/16	MAR/16	ABR/16	MAI/16	JUN/16	JUL/16	AGO/16	SET/16	OUT/16	NOV/16	(R$)
01	INSTALAÇÃO PROVISÓRIA E SERVIÇOS PRELIMINARES		50% 12.955,88	50% 12.955,88										25.911,76
02	CONSTRUÇÃO DE ESTRUTURA EM CONCRETO - MOVIMENTO DE TERRA				100% 627,40									627,40
03	FUNDAÇÃO				50% 2.922,53	50% 2.922,53								5.845,06
04	ESTRUTURA (CONCRETO)						75% 7.046,25	25% 2.348,75						9.395,00
05	CASA DE OPERAÇÃO						100% 8.244,99							8.244,99
06	BARRILETE DE RECALQUE E RESERVAÇÃO						100% 20.168,23							20.168,23
07	CAPTAÇÃO			80% 74.610,60	20% 14.922,12									74.610,60
08	REDE DE DISTRIBUIÇÃO								100% 119.563,63					119.563,63
09	LIGAÇÕES DOMICILIARES								80% 35.571,93	20% 8.892,98				44.464,91
10	PISOS							100% 1.368,03						1.368,03
11	CERCADO / ESCADA DE ACESSO							100% 3.566,45						3.566,45
12	INSTALAÇÕES ELÉTRICAS (fornecimento e instalação)				70% 21.678,62	30% 9.290,84								30.969,45
Desembolso	simples	0,00	12.955,88	72.644,36	40.150,66	12.213,36	35.459,46	7.283,22	155.135,56	8.892,98	0,00	0,00	0,00	344.735,50
	cumulado	0,00	12.955,88	85.600,25	125.750,91	137.964,27	173.423,73	180.706,96	335.842,52	344.735,50	344.735,50	344.735,50	344.735,50	
Percentual	simples	0,00%	3,76%	21,07%	11,65%	3,54%	10,29%	2,11%	45,00%	2,58%	0,00%	0,00%	0,00%	100,00%
	cumulado	0,00%	3,76%	24,83%	36,48%	40,02%	50,31%	52,42%	97,42%	100,00%	100,00%	100,00%	100,00%	

Fonte: https://prefeituradecameta.pa.gov.br/wp-content/uploads/2018/08/ANEXO-II-CRONOGRAMA-CURU%C3%87AMBABA.pdf

O cronograma físico-financeiro é uma importante ferramenta para o planejamento, pois permite ao gestor público conhecer o montante de recursos que serão necessários em cada mês, para arcar com as despesas da obra. Além disso, possibilita efetuar o controle do andamento da obra. Para a empresa contratada, permite prever as quantidades de mão de obra, materiais e equipamentos a serem utilizados para construir a obra no prazo definido.

O cronograma físico-financeiro deve ser atualizado sempre que houver alterações no prazo da obra ou de uma de suas etapas, para que reflita as condições reais do empreendimento.

3.7.4 Elementos mínimos de um projeto básico

Uma dúvida recorrente entre os gestores é:
Quais os desenhos, projetos e detalhamentos que devem constar no projeto básico?

A dica para sanar essa dúvida é fazer a seguinte pergunta: se determinado desenho for deixado apenas para o projeto executivo, pode haver necessidade de modificação das quantidades e/ou dos serviços da planilha orçamentária?

Se a resposta for positiva, o tal desenho deve fazer parte do projeto básico. Se a reposta for negativa, esse desenho pode ser elaborado apenas no projeto executivo da obra.

A título de exemplificação, vamos analisar dois casos práticos comumente encontrados.

Caso Prático 1:

Em uma obra de edificação, o projeto de formas e armação pode ser elaborado apenas após a contratação da obra?

Primeiro vale destacar que os itens de forma, armação e concreto são alguns dos mais significativos financeiramente em obras de edificações.

É no projeto de formas que estão definidas as dimensões das peças da estrutura (lajes, vigas e pilares). Portanto, sem ele não é possível calcular com grau adequado de precisão a quantidade de formas nem de concreto necessária à execução da obra.

Da mesma forma, é no projeto de armação que estão os detalhamentos das armaduras de lajes, vigas e pilares, bem como a tabela resumo contendo a quantidade e as medidas utilizadas em cada um daqueles elementos. Essas informações são essenciais para calcular adequadamente a quantidade de aço que deve constar na planilha orçamentária da obra.

Caso Prático 1:

Existem índices para a quantificação de concreto, formas e aço, usualmente adotados quando não se dispõe dos projetos detalhados. Porém, esses índices não devem ser utilizados na fase de projeto básico, pois aumentam a imprecisão do orçamento e o risco de modificações posteriores. Nas etapas de estudos preliminares e anteprojeto é possível utilizar índices.

Outro dado importante definido nos projetos de forma e armação é a resistência do concreto. O custo do concreto varia bastante em função da sua resistência.

A adoção, na planilha, de uma determinada resistência para o concreto, sem a definição anterior em projeto, aumenta, da mesma forma, a imprecisão e o risco de alterações futuras no orçamento.

Diante dessas considerações, fica claro que tanto o projeto de formas como o de armação devem fazer parte do projeto básico e, portanto, devem ser elaborados antes de licitar a obra.

Caso Prático 2:

Em uma obra de saneamento, é necessária a realização de sondagens para reconhecimento do subsolo ainda na fase de projeto básico?

As sondagens são métodos de investigação do subsolo que têm por objetivo fornecer informações sobre o tipo de solo do local: a composição, espessura e resistência das diversas camadas, a profundidade do nível d'água, entre outras.

Os itens referentes à escavação e ao escoramento estão entre os mais significativos financeiramente em uma típica obra de saneamento. As características do solo que será escavado impactam bastante a forma de execução desses serviços (escavação manual ou com escavadeira, escoramento aberto, semiaberto ou fechado etc.) e, consequentemente, as composições dos seus preços.

Por exemplo: a escavação de solo em local com nível do lençol freático elevado pode exigir a consideração de custos para bombeamento da água; solos moles ou pouco compactos são mais fáceis de escavar (maior produtividade da equipe e, portanto, menores custos de escavação), em contraponto, requerem maior atenção com o escoramento (maiores custos de escoramento); solos compactos ou duros reduzem a produtividade da equipe de escavação e a necessidade de escoramento.

Como se pode observar, para viabilizar a previsão adequada dos custos da obra é fundamental a realização das sondagens ainda no projeto básico. Portanto, as sondagens devem ser realizadas antes da licitação da obra e suas informações serão importantes para definir as próprias características do projeto.

a) Elementos mínimos de um projeto básico de edificações

O TCU, por meio do Acórdão 632/2012-TCU-Plenário, aponta, com base na Orientação Técnica 1/2006 do Instituto Brasileiro de Auditoria de Obras Públicas (OT - IBR 001/2006), os seguintes elementos mínimos do projeto básico de obras de edificações:

Tabela 2 – Elementos Mínimos do Projeto
Básico de Obras de Edificações

Levantamento topográfico
Sondagens
Projeto arquitetônico
Projeto de terraplenagem
Projeto de fundações
Projeto estrutural
Projeto de instalações hidrossanitárias (água fria, água quente, esgotos sanitários, águas pluviais, irrigação e drenagem)
Projeto de instalações elétricas
Projeto de instalações telefônicas
Projeto de instalações de detecção e alarme e de combate a incêndio
Projeto de Instalações Especiais Obs: a depender da destinação da edificação, pode haver projetos para outras instalações especiais, tais como circuito interno de televisão, sonorização, antenas de TV, controle de acesso, automação predial, escadas rolantes, compactadores de resíduos sólidos, gás combustível, vácuo, ar comprimido, oxigênio etc.
Projeto de instalações de ar condicionado e calefação
Projeto de instalação de transporte vertical (elevadores)
Projeto de paisagismo
Orçamento detalhado
Cronograma físico-financeiro

b) Elementos mínimos de um projeto básico de pavimentação urbana

A OT - IBR 001/2006 detalha ainda qual seria o conteúdo mínimo de cada um desses projetos. Além da tabela para edificações (Tabela 6.1 da OT), há tabelas específicas para obras rodoviárias e obras de pavimentação urbana.

Tabela 3 – Elementos Mínimos do Projeto Básico de Obras de Pavimentação Urbana

Levantamento topográfico
Projeto geométrico
Projeto de pavimentação
Projeto de drenagem
Projeto de iluminação
Projeto de paisagismo
Projeto de sinalização viária
Orçamento detalhado
Cronograma físico-financeiro

Vale destacar que o detalhamento apresentado é apenas um referencial mínimo, ou seja, o projeto básico poderá conter elementos adicionais aos elencados, cabendo ao projetista, de acordo com as particularidades de cada empreendimento, produzir o conteúdo adicional necessário.

A íntegra da OT – IBR 001/2006, com os elementos e conteúdos mínimos previstos em cada especialidade do projeto, pode ser acessado no endereço: http://www.ibraop.org.br/media/orientacao_tecnica.pdf.

c) Elementos mínimos de um projeto básico de drenagem e saneamento

No quadro a seguir, são apresentados os elementos mínimos recomendados em projetos básicos de obras de drenagem, abastecimento de água e esgotamento sanitário. Essa tabela não consta da OT - IBR 001/2006, mas foi elaborada considerando-se as características específicas desse tipo de obra e tendo como referência as tabelas existentes para edificações, rodovias e pavimentação urbana.

Tabela 4 – Elementos Mínimos em Projetos Básicos de Obras de Drenagem, Abastecimento de Água e Esgoto Sanitário

Desapropriações
Levantamento topográfico
Sondagens
Projeto geral de concepção do sistema
Projeto da estação de tratamento, estações elevatórias e reservatórios, inclusive os de acumulação de cheias (bacias de detenção)
Projeto de rede drenagem urbana
Projeto da rede de abastecimento de água
Projeto da rede coletora de esgotamento sanitário
Projeto de adutoras, linhas de recalque, coletores tronco, interceptores e emissários
Projeto de repavimentação urbana
Projeto de interferências
Projeto de remanejamento viário
Orçamento detalhado
Cronograma físico-financeiro

3.8 Licenciamento ambiental

A lei determina que o projeto básico deve contemplar o adequado tratamento dos impactos ambientais do empreendimento,[41] concretizado pelo licenciamento ambiental,[42] que tem a seguinte definição:

> procedimento administrativo pelo qual o órgão ambiental competente licencia a localização, instalação, ampliação e a operação de empreendimentos e atividades utilizadoras de recursos ambientais, consideradas efetiva ou potencialmente poluidoras ou daquelas que, sob qualquer forma, possam causar degradação ambiental.[43]

---

[41] Lei nº 14.133/2021, art. 6º, inciso XXV. Lei nº 8.666/1993, art. 6º, inciso IX.
[42] Lei nº 6.938/1981, art. 10.
[43] Resolução Conama 237/1997, art. 1º, inciso I.

De um modo geral, a "licença" é um instrumento de controle da Administração Pública pelo qual ela autoriza o exercício de alguma atividade, desde que atendidas condicionantes e requisitos legais.

O licenciamento ambiental é composto por três tipos de licenças, que devem ser obtidas na seguinte sequência:

a) **Licença Prévia** - antes da conclusão do projeto básico;
b) **Licença de Instalação** - antes do início da execução das obras; e
c) **Licença de Operação** - antes do início do funcionamento do empreendimento.

A definição do órgão licenciador segue o critério da abrangência do impacto: se local, cabe aos municípios; se extrapola mais de um município dentro de um mesmo estado, cabe a esse estado o licenciamento; se ultrapassa as fronteiras do estado ou do país, cabe ao órgão federal. A Resolução Conama 237/1997 detalha a regra, que pode ser resumida no quadro a seguir:[44]

Tabela 5 – Resolução Conama 237/1997 – resumo

(continua)

Ente licenciador	Competência para licenciar
Órgãos ambientais municipais	Empreendimentos e atividades de impacto ambiental local e daqueles sobre os quais houve delegação pelo estado por instrumento legal ou convênio.
Órgãos ambientais estaduais	Empreendimentos e atividades: - localizados ou desenvolvidos em mais de um Município ou em unidades de conservação de domínio estadual ou do Distrito Federal; - localizados ou desenvolvidos nas florestas e demais formas de vegetação natural de preservação permanente relacionadas no artigo 2º da Lei nº 4.771, de 15 de setembro de 1965, e em todas as que assim forem consideradas por normas federais, estaduais ou municipais; - cujos impactos ambientais diretos ultrapassem os limites territoriais de um ou mais Municípios; - delegados pela União aos estados ou ao Distrito Federal, por instrumento legal ou convênio.

---

[44] Resolução Conama 237/1997, arts. 4º, 5º e 6º.

(conclusão)

Ente licenciador	Competência para licenciar
Ibama	Empreendimentos e atividades com significativo impacto ambiental de âmbito nacional ou regional, a saber:
	- localizadas ou desenvolvidas conjuntamente no Brasil e em país limítrofe; no mar territorial; na plataforma continental; na zona econômica exclusiva; em terras indígenas ou em unidades de conservação do domínio da União.
	- localizadas ou desenvolvidas em dois ou mais estados;
	- cujos impactos ambientais diretos ultrapassem os limites territoriais do país ou de um ou mais estados;
	- destinados a pesquisar, lavrar, produzir, beneficiar, transportar, armazenar e dispor material radioativo, em qualquer estágio, ou que utilizem energia nuclear em qualquer de suas formas e aplicações, mediante parecer da Comissão Nacional de Energia Nuclear (CNEN);
	- bases ou empreendimentos militares, quando couber, observada a legislação específica.
	Empreendimentos e atividades sujeitos a licenciamento pelo órgão ambiental estadual, nos casos de ausência ou omissão deste (atuação supletiva).

Fonte: elaboração própria

O licenciamento ambiental não é obrigatório para todo e qualquer empreendimento. O Anexo 1 da Resolução 237/1997 do Conselho Nacional do Meio Ambiente (Conama) lista as atividades e os empreendimentos sujeitos ao licenciamento ambiental, entre os quais se destacam os seguintes:

a) Empreendimentos relacionados a obras de urbanização e saneamento:
  i. estações de tratamento de água;
  ii. interceptores, emissários, estação elevatória e tratamento de esgoto sanitário;
  iii. tratamento e destinação de resíduos sólidos urbanos, inclusive aqueles provenientes de fossas;
  iv. tratamento e destinação de resíduos industriais (líquidos e sólidos);

v. tratamento/disposição de resíduos especiais tais como: de agroquímicos e suas embalagens usadas e de serviço de saúde, entre outros;
vi. recuperação de áreas contaminadas ou degradadas;
vii. parcelamento do solo;
viii. distrito e polo industrial; ou
ix. complexos turísticos e de lazer.

b) Empreendimentos relacionados a obras hídricas:
i. **dragagem** e derrocamentos em corpos d'água;
ii. **canais para drenagem**;
iii. retificação de curso de água;
iv. abertura de barras, embocaduras e canais; ou
v. transposição de bacias hidrográficas.

c) Atividades acessórias de obras:
i. extração e tratamento de minerais;
ii. usinas de produção de concreto; ou
iii. usinas de asfalto.

Observe que o Anexo 1 da Resolução 237/1997 do Conama relaciona apenas alguns exemplos, de modo que outros tipos de empreendimentos podem necessitar de licenciamento ambiental, desde que utilizem recursos ambientais e sejam considerados efetiva ou potencialmente poluidores, ou desde que sejam capazes de causar degradação ambiental.

Além disso, mesmo que não seja necessário obter esse licenciamento para o empreendimento em si, o órgão público deve se certificar de que **jazidas** e **bota-fora** utilizados pela executora da obra estão devidamente regularizados e possuem as licenças ambientais. Como a definição desses locais pode trazer impactos significativos para o custo global da obra e até para sua viabilidade, a escolha deve ser justificada, sendo recomendável o registro, tanto no projeto quanto durante a execução, de informações como coordenadas geográficas, imagens de satélite, simulações de trajetos/rotas etc. Falhas na escolha desses locais, e no respectivo licenciamento, podem trazer graves problemas para o empreendimento.

Jazida: Local de onde se extraem materiais para a obra como, por exemplo, terra, cascalho, brita etc.

Bota-fora: Local onde se depositam os materiais que foram retirados da obra como, por exemplo, a terra retirada na escavação e que não será reaproveitada dentro da própria obra.

A falha ou ausência de licenciamento ambiental é crime e pode ocasionar também o embargo de obra ou sua demolição, nos termos do art. 60 da Lei nº 9.605/1998 (Lei de Crimes Ambientais).

O não cumprimento das medidas necessárias à preservação ambiental ou à correção dos inconvenientes e danos causados ao meio ambiente pode acarretar também a aplicação de multa, conforme o art. 14 da nº Lei 6.938/1981 (Política Nacional do Meio Ambiente). Também responde pela conduta irregular a autoridade competente que deixar de promover as medidas tendentes a impedir essas práticas.

Caberá ao poluidor, independentemente da existência de culpa, indenizar ou reparar os danos causados ao meio ambiente e a terceiros.

Caso Prático 3:

A construção de uma escola necessita de licenciamento ambiental?

Em regra, a construção de empreendimentos escolares não necessita de licenciamento ambiental, pois não é considerado empreendimento potencialmente poluidor ou causador de dano ambiental. Apesar disso, esse tipo de obra pode necessitar de licenciamento ambiental, por exemplo, se sua implantação estiver prevista em terreno com alguma das seguintes particularidades: área de proteção ambiental; várzea de córregos ou rios; terreno com vegetação nativa etc.

Nesses casos, é importante consultar o órgão ambiental para verificar a necessidade de licenciamento, já que pode ser necessária a adoção de medidas ambientais compensatórias.

Na mesma linha, existem outras situações em que o órgão ambiental pode até mesmo se negar a conceder a licença ambiental, por exemplo, se sua implantação estiver prevista em local que tenha sido aterrado com material orgânico, pois sujeitaria a construção a riscos de explosões.

Como se pode observar, mesmo empreendimentos que, em princípio, não causem nenhuma forma de degradação do meio ambiente, podem estar sujeitos a licenciamento ambiental.

3.8.1 Licença Prévia

A Licença Prévia (LP) atesta a viabilidade ambiental do empreendimento ou atividade, aprovando sua localização e concepção e estabelecendo condicionantes e medidas a serem tomadas para reduzir os danos ambientais causados.

Sua finalidade é definir as condições para que o projeto fique compatível com a preservação do meio ambiente que afetará. É também um compromisso, assumido pelo empreendedor, de que seguirá o projeto de acordo com os requisitos determinados pelo órgão ambiental.

A Licença Prévia deve ser obtida antes da conclusão do projeto básico, pois todas as medidas exigidas na licença devem estar devidamente previstas nesse projeto. Além disso, há a possibilidade de o órgão ambiental manifestar-se pela inviabilidade ambiental da obra. Nesse caso, será necessário mudar a localização ou a concepção geral do projeto.

O prazo de validade da LP deverá ser, no mínimo, o estabelecido pelo cronograma de elaboração dos planos, programas e projetos relativos ao empreendimento, podendo ser prorrogado, desde que não ultrapasse o máximo de 5 anos.[45]

Obter a Licença Prévia pode depender da elaboração de Estudo de Impacto Ambiental (EIA) e respectivo Relatório de Impacto Ambiental (RIMA). A seguir, listamos as atividades que precisam do EIA/RIMA:[46]

i. Estradas de rodagem com duas ou mais faixas de rolamento;
ii. Ferrovias;
iii. Portos e terminais de minério, petróleo e produtos químicos;
iv. Aeroportos, [...];
v. Oleodutos, gasodutos, minerodutos, troncos coletores e emissários de esgotos sanitários;
vi. Linhas de transmissão de energia elétrica, acima de 230KV;
vii. **Obras hidráulicas para exploração de recursos hídricos**, tais como: barragem para fins hidrelétricos, acima de 10MW, **de saneamento ou de irrigação**, abertura de **canais para navegação, drenagem e irrigação**, retificação de cursos d'água, abertura de barras e embocaduras, transposição de bacias, diques;
viii. Extração de combustível fóssil (petróleo, xisto, carvão);
ix. Extração de minério, [...];

---

[45] Resolução Conama 237/1997, art. 18, inciso I e §1º.
[46] Resolução Conama 1/1986, art. 2º.

x. **Aterros sanitários**, processamento e destino final de resíduos tóxicos ou perigosos;
xi. Usinas de geração de eletricidade, qualquer que seja a fonte de energia primária, acima de 10MW;
xii. Complexo e unidades industriais e agroindustriais (petroquímicos, siderúrgicos, cloroquímicos, destilarias de álcool, hulha, extração e cultivo de recursos hídricos);
xiii. Distritos industriais e zonas estritamente industriais (ZEI);
xiv. **Exploração econômica de madeira ou de lenha**, em áreas acima de 100 hectares ou menores, quando atingir áreas significativas em termos percentuais ou de importância do ponto de vista ambiental;
xv. **Projetos urbanísticos, acima de 100ha ou em áreas consideradas de relevante interesse ambiental** a critério da SEMA e dos órgãos municipais e estaduais competentes; e
xvi. Qualquer atividade que utilize carvão vegetal em quantidade superior a dez toneladas por dia.

O Estudo de Impacto Ambiental (EIA) deve:

i. ser elaborado por equipe **multidisciplinar** habilitada;
ii. contemplar todas as alternativas tecnológicas e de localização de projeto, comparando-as com a hipótese de não execução do projeto;
iii. identificar e avaliar os impactos ambientais gerados nas fases de implantação (que é a obra propriamente dita) e operação (que corresponde ao uso posterior à conclusão das obras);
iv. definir os limites da área geográfica a ser direta ou indiretamente afetada pelos impactos, denominada área de influência do projeto; considerando, em todos os casos, a **bacia hidrográfica** na qual se localiza; e, por fim,
v. considerar os planos e programas governamentais, propostos e em implantação na área de influência, e sua compatibilidade com o projeto.

As seguintes atividades técnicas, no mínimo, devem ser desenvolvidas em um EIA:[47]

---

[47] Resolução Conama 001/1986, art. 6º.

a) **diagnóstico ambiental da área de influência do empreendimento**, contendo a descrição e análise dos recursos ambientais e suas interações, tal como existem, de modo a caracterizar a situação ambiental da área de influência do empreendimento, antes da implantação do projeto, considerando os meios físico (o subsolo, as águas, o ar e o clima, destacando os recursos minerais, o relevo, os tipos e aptidões do solo, os corpos d'água, o regime de chuvas etc.), biológico (animais e plantas) e socioeconômico (o uso e ocupação do solo, os usos da água e a socioeconomia, destacando os sítios e monumentos arqueológicos, históricos e culturais da comunidade, as relações de dependência entre a sociedade local, os recursos ambientais e a potencial utilização futura desses recursos);

b) **análise dos impactos ambientais do projeto e de suas alternativas**, por meio da identificação, previsão da extensão e interpretação da importância dos prováveis impactos relevantes, discriminando: os impactos positivos e negativos, diretos e indiretos, imediatos e a médio e longo prazos, temporários e permanentes; seu **grau de reversibilidade**; suas **propriedades cumulativas e sinérgicas**; a distribuição dos custos e benefícios sociais;

c) **definição das medidas mitigadoras dos impactos negativos**, entre elas os equipamentos de controle e sistemas de **tratamento de despejos**, avaliando a eficiência de cada uma delas; e

d) elaboração do programa de acompanhamento e monitoramento dos impactos positivos e negativos, indicando os fatores e parâmetros a serem considerados.

Reversibilidade: possibilidade de retornar às condições originais após a ocorrência de um impacto ambiental ou modificação.

Propriedades cumulativas: propriedades relacionadas à resultante adicional de impacto de determinada ação quando associada a outros impactos passados, presentes e/ou previsíveis no futuro, independentemente do causador do impacto.

Propriedades sinérgicas: propriedades relacionadas à associação simultânea de vários fatores que contribuem para uma ação coordenada.

O órgão responsável pelo licenciamento avaliará e indicará, conforme o caso, a necessidade de realização de audiências públicas para que a população afetada possa participar efetivamente do processo.[48]

Nos casos em que o impacto ambiental de determinada atividade for considerado não significativo, o órgão ambiental competente pode solicitar outros estudos ambientais mais simplificados[49] que o EIA, tais como:

- relatório ambiental;
- plano e projeto de controle ambiental;
- relatório ambiental preliminar;
- diagnóstico ambiental;
- plano de manejo;
- plano de recuperação de área degradada; e
- análise preliminar de risco.

O Relatório de Impacto Ambiental (RIMA), por sua vez, consiste em uma espécie de resumo do EIA, escrito em linguagem mais acessível, com o objetivo de atender à demanda da sociedade por informações a respeito do empreendimento e de seus impactos, devendo ser ilustrado por mapas, quadros, gráficos e outras técnicas de comunicação visual, de modo que se possam entender claramente as possíveis consequências ambientais do projeto e suas alternativas, comparando vantagens e desvantagens de cada uma delas.[50]

3.8.2 Licença de Instalação

A Licença de Instalação (LI) atesta a inclusão das medidas mitigadoras no projeto e, assim, permite que seja iniciada a obra propriamente dita. Nenhuma obra sujeita a licenciamento ambiental pode ser iniciada sem a respectiva Licença de Instalação.

---

[48] *Idem*, art. 11, §2º.
[49] Resolução Conama 237, art. 12, §1º.
[50] MILARÉ, Édis; BENJAMIN, Antonio Herman V. *Estudo prévio de impacto ambiental*: teoria, prática e legislação. São Paulo: Revista dos Tribunais, 1993, p. 47.

Ao conceder a LI, o órgão gestor de meio ambiente terá:

a) autorizado o empreendedor a iniciar as obras;
b) concordado com as especificações dos planos, programas e projetos ambientais, seus detalhamentos e cronogramas de implementação;
c) verificado o atendimento das condicionantes determinadas na licença prévia;
d) estabelecido medidas de controle ambiental para garantir que a fase de implantação do empreendimento obedecerá aos padrões de qualidade ambiental estabelecidos em lei ou regulamentos; e
e) fixado as condicionantes da licença de instalação (**medidas mitigadoras e/ou compensatórias**).

O licenciamento é um compromisso, assumido pelo empreendedor junto ao órgão ambiental, de atuar conforme o projeto aprovado. Portanto, alterações promovidas no projeto após a emissão da LP e/ou da LI, que possam ampliar sua área de influência ou modificar qualquer das formas de prejuízo ambiental originalmente previstas, devem ser levadas novamente ao conhecimento do órgão ambiental.

O prazo de validade da Licença de Instalação deverá ser, no mínimo, o estabelecido pelo cronograma de instalação do empreendimento, podendo ser prorrogado, desde que não ultrapasse o prazo máximo de 6 anos.[51]

A licença de instalação deve ser obtida antes do início efetivo das obras.

3.8.3 Licença de Operação

A Licença de Operação (LO) possibilita o funcionamento do empreendimento após a verificação do cumprimento de todas as condições previstas pelas licenças anteriores.

Sendo assim, a Licença de Operação possui três características básicas:

---

[51] Resolução Conama 237/1997, art. 18, inciso II e §1º.

a) é concedida após a verificação, pelo órgão ambiental, do efetivo cumprimento das condicionantes estabelecidas nas licenças anteriores (prévia e de instalação);

b) contém as **medidas de controle ambiental (padrões ambientais)**, que servirão de limite para o funcionamento do empreendimento ou atividade; e

c) especifica as condicionantes obrigatórias determinadas para a operação do empreendimento. Condicionantes que, caso não cumpridas, podem causar a suspensão ou cancelamento da operação.

O prazo de validade da Licença de Operação deverá considerar os planos de controle ambiental e será de, no mínimo, 4 anos e, no máximo, 10 anos, podendo o órgão ambiental competente estabelecer prazos de validade específicos para empreendimentos ou atividades que, por sua natureza e peculiaridades, estejam sujeitos a encerramento ou modificação em prazos inferiores.[52]

A renovação da Licença de Operação de uma atividade ou um empreendimento deverá ser requerida, no mínimo, 120 dias antes do término de seu prazo de validade, fixado na respectiva licença, ficando esse prazo automaticamente prorrogado até a manifestação definitiva do órgão ambiental.[53]

Nessa ocasião, o órgão ambiental poderá, mediante decisão motivada, aumentar ou diminuir o seu prazo de validade, após avaliação do desempenho ambiental da atividade ou do empreendimento no período de vigência anterior, respeitados os limites estabelecidos (de 4 a 10 anos).[54]

Por fim, merece registro que o órgão ambiental monitora, ao longo do tempo, o trato das questões ambientais e das condicionantes determinadas para o empreendimento.

3.9 Projeto executivo

A Lei nº 14.133/2021 complementou o conceito de projeto executivo contido na Lei nº 8.666/1993, mas sem alteração significativa. De acordo com o texto da nova lei, projeto executivo é:

---

[52] *Idem*, art. 18, inciso III e §2º.
[53] *Idem*, art. 18, §4º.
[54] *Idem*, art. 18, §3º.

o conjunto dos elementos necessários e suficientes à execução completa da obra, com o detalhamento das soluções previstas no projeto básico, a identificação de serviços, de materiais e de equipamentos a serem incorporados à obra, bem como suas especificações técnicas, de acordo com as normas técnicas pertinentes.[55]

A NBR 16.636-1/2017, por sua vez, define projeto executivo como uma etapa destinada à concepção e à **representação final** das informações técnicas dos projetos arquitetônicos, urbanísticos e de seus elementos, instalações e componentes, **completas, definitivas**, necessárias e suficientes à execução dos serviços de obra correspondentes.

Diante dessas definições e considerando que o projeto básico também deve conter todos os elementos necessários e suficientes à caracterização da obra, elaboração de seu orçamento e sua licitação, pode surgir a dúvida de quais seriam os elementos que diferenciam o projeto básico do executivo.

Podemos dizer que o projeto executivo seria o projeto básico complementado por informações que não acarretem impacto no orçamento ou que esse impacto seja mínimo e insignificante.[56] Apesar de existirem alguns referenciais sobre o tema, a exemplo das orientações técnicas do Ibraop, não há um parâmetro objetivo ou um percentual de variação de referência entre projeto básico e projeto executivo.

No projeto estrutural de uma edificação em concreto armado, por exemplo, as plantas de formas são peças constantes de um projeto básico. Nelas serão discriminadas as dimensões de todos os elementos estruturais da obra. A partir dessas plantas, o orçamentista pode calcular os quantitativos de forma para incluir o serviço na planilha orçamentária, considerando as dimensões de cada viga, pilar, laje, bem como o tipo de forma a ser utilizada para a confecção desses elementos.

Existe, entretanto, a possibilidade de melhor detalhar esses projetos. É possível elaborar o "projeto executivo de formas", no qual será definido, com mais detalhes, o procedimento executivo de cada peça estrutural, indicando a dimensão das chapas de madeirite e a posição dos cortes nessas chapas, de modo a otimizar o seu reaproveitamento, o posicionamento das peças para escoramento das lajes e o travamento das vigas e pilares etc.

São detalhes importantes à execução da obra, que melhoram a eficiência no uso dos recursos e reduzem o risco de erros construtivos,

---

[55] Lei nº 14.133/2021, art. 6º, inciso XXVI.
[56] Acórdão 1874/2007 – TCU – Plenário.

mas que não têm impacto no custo da obra, já que não se modificam as quantidades ou as dimensões dos elementos estruturais; nem a quantidade de aço ou as especificações do concreto.

Outro exemplo possível é um projeto hidrossanitário. Em ramais de esgoto pode ser necessário furar algum elemento estrutural para passar os tubos com o caimento especificado. O projeto executivo detalhará o exato posicionamento, dimensão e altura do furo, bem como a posição das emendas e das conexões, de acordo com a inclinação indicada no projeto básico. Sem modificar, todavia, o comprimento ou a **bitola** da tubulação.[57]

Bitola: medida padrão geralmente utilizada para identificar o diâmetro de materiais utilizados na construção como, por exemplo, tubos de água e esgoto, barras de aço, fios e cabos elétricos etc.

O projeto executivo, assim como o projeto básico, pode ser elaborado pela própria Administração, de acordo com a Nova Lei de Licitações. No entanto, no caso das Estatais, reguladas pela Lei nº 13.303/2016, a elaboração do projeto executivo deve ser realizada pela empresa contratada para execução da obra.[58]

3.10 Critérios importantes de concepção de projeto

Nos tópicos anteriores, vimos as características gerais dos projetos e as informações necessárias para caracterizar adequadamente a obra a ser executada, conforme os requisitos previstos nas normas técnicas e na legislação.

Foram abordados apenas os tipos de informação, sem maiores detalhes sobre as escolhas que o gestor deve fazer durante a elaboração dos projetos. Qual critério deve ser utilizado, por exemplo, para definir se o corredor de um prédio vai ter a largura de 1m ou de 2m?

Não seria possível detalhar todos os aspectos relacionados a essas escolhas, tendo em vista que as possibilidades são praticamente infinitas e os condicionantes são diferentes para cada projeto. Isso significa que o gestor público tem a responsabilidade de fazer as melhores escolhas

---

[57] Exemplos extraídos do livro CAMPELO, Valmir; CAVALCANTE, Rafael Jardim. *Obras públicas*: comentários à jurisprudência do TCU. 2. ed. Belo Horizonte: Fórum, 2013.
[58] Lei nº 13.303/2016, art. 44, §1º.

possíveis, visando atender ao interesse público, não existindo uma fórmula específica para se definir previamente qual escolha é a mais adequada.

Apesar de não existir uma fórmula, existem alguns requisitos que devem servir de orientação ao gestor público e aos profissionais responsáveis técnicos quando definem qual caminho seguir durante a elaboração de um projeto de obra pública. Iremos detalhar a seguir alguns desses requisitos.

3.10.1 Acessibilidade

Um aspecto fundamental a ser observado nos projetos de obras públicas é a acessibilidade, prevista expressamente, na lei de licitações, como uma das exigências a serem observadas.[59] A legislação define acessibilidade como a:

> possibilidade e condição de alcance para utilização, com segurança e autonomia, de espaços, mobiliários, equipamentos urbanos, edificações, transportes, informação e comunicação, inclusive seus sistemas e tecnologias, bem como de outros serviços e instalações abertos ao público, de uso público ou privados de uso coletivo, tanto na zona urbana como na rural, por pessoa com deficiência ou com mobilidade reduzida.[60]

As disposições federais que tratam do tema estão, em sua maior parte, abrangidas pelas Leis nºs 13.146/2015 (Estatuto da Pessoa com Deficiência), 10.048/2000 e 10.098/2000 – que tratam da inclusão da pessoa com deficiência, do atendimento prioritário (a idosos, gestantes etc.) e da promoção da acessibilidade –, e do Decreto nº 5.296/2004, que regulamenta as leis anteriores. Além disso, a Norma Brasileira NBR 9.050/2020, da Associação Brasileira de Normas Técnicas (ABNT), tem papel importante ao definir, em detalhes, uma série de parâmetros que devem ser observados.

A NBR 9.050/2020, que define em detalhe os requisitos de acessibilidade a serem observados e pode ser acessada no endereço: https://www.confea.org.br/midias/acessibilidade_abnt_2022.pdf

---

[59] Lei nº 14.133/2021, art. 45, inciso VI.
[60] Lei nº 13.146/2015, art. 3º, inciso I.

Quando se fala em acessibilidade, logo pensamos nas pessoas que utilizam cadeiras de rodas, mas vale lembrar que essa ideia não se limita aos cadeirantes. Ela inclui qualquer pessoa que tenha algum tipo de limitação, ainda que temporária, a exemplo de crianças, gestantes, idosos, pessoas com dificuldade de enxergar ou de ouvir, acidentados que estejam ainda em recuperação, entre outros.

O conceito de acessibilidade vai além do acesso físico e da locomoção, abrangendo a disponibilidade de informações em formato apropriado, de servidores qualificados para prestar adequado atendimento (com conhecimento da Língua Brasileira de Sinais, por exemplo) e de diversos outros meios que garantam o efetivo acesso aos serviços públicos prestados e o pleno exercício da cidadania por todos os cidadãos.

Considerando o enfoque da presente publicação na área de obras, abordaremos, com maior destaque, a eliminação de barreiras que impeçam as pessoas com deficiência ou com mobilidade reduzida de realizarem atividades simples do dia a dia, como chegar até a recepção de um órgão público ou utilizar o banheiro sem que seja necessário o auxílio de outra pessoa.

Você já ouviu falar em desenho universal?

O termo "desenho universal" é usado para o projeto de produtos, serviços e ambientes que possam ser usados por todos.

No caso de ambientes físicos, idealmente eles devem atender às necessidades de todas as pessoas que desejam usá-lo. Isso não significa que seja um espaço exclusivo, voltado apenas a uma minoria da população. Pelo contrário, como o nome já diz, "desenho universal" tem justamente como base a universalidade.

O princípio fundamental do desenho universal é permitir que o uso dos produtos, serviços e ambientes sejam feitos da maneira mais independente e natural possível, no maior número de situações, sem a necessidade de adaptação, modificação, uso de dispositivos de assistência ou soluções especializadas.

Ao se utilizar o desenho universal na concepção de um produto, serviço ou ambiente, o objetivo deve ser o de incluir o maior número possível de pessoas. Visto que, se houver mais de uma opção disponível, deve ser escolhida aquela que for mais inclusiva.

> **Exemplos:**
> Ao instalar maçanetas nas portas de um ambiente físico, deve ser dada preferência às do tipo alavanca em vez das do tipo bola. A maçaneta do tipo alavanca pode ser aberta com o cotovelo ou com o punho fechado, beneficiando pessoas que carregam objetos ou que têm força limitada nas mãos. Também deve ser dada preferência às torneiras do tipo monocomando, acionadas por alavancas ou por meio de sensor.
> Maçanetas e torneiras do tipo alavanca, monocomando ou com sensor facilitam o manuseio por pessoas com força ou destreza limitada das mãos.
> Outro exemplo de aplicação é a construção de entradas com rampas ou em nível. Isso é igualmente útil para alguém que faz o transporte de móveis, empurra um carrinho de bebê ou usa uma cadeira de rodas.

Qual seria o papel do gestor público para garantir que os requisitos de acessibilidade sejam cumpridos nos projetos sob sua responsabilidade?

As obras de reforma ou construção devem contemplar, obrigatoriamente, os requisitos de acessibilidade previstos nas normas técnicas da ABNT. Além disso, deve haver uma declaração expressa, dos profissionais responsáveis técnicos pelos projetos, informando que tais requisitos foram atendidos.[61]

Em 2012, o TCU realizou auditoria para avaliar as condições de acessibilidade nos edifícios dos órgãos e entidades públicos federais, que resultou no Acórdão 2.170/2012–TCU-Plenário. As conclusões do trabalho indicaram que parcela significativa das edificações não atende aos requisitos de acessibilidade, embora a legislação e as normas sobre o tema sejam suficientemente detalhadas para possibilitar a orientação dos gestores, o que reforça a necessidade de o gestor público agregar essa preocupação às suas diretrizes de ação governamental.

As determinações e recomendações foram monitoradas em 2018 (Acórdão 2.693/2018-TCU Plenário) e em 2022 (Acórdão 2.609/2022-TCU Plenário). Foram registrados alguns avanços no cenário da Administração Pública federal, mas ainda há muitas melhorias a serem implementadas para garantir o cumprimento dos requisitos legais e dos direitos das pessoas com deficiência. A consciência dos gestores tem papel preponderante nessa trajetória.

A auditoria do TCU mostrou que, na prática, essas exigências das normas não têm sido suficientes para garantir que as obras contribuam efetivamente para a inclusão social das pessoas com deficiências ou

---

[61] Decreto nº 5.296/2004, art. 11, §1º.

com mobilidade reduzida, uma vez que as normas previstas acabam sendo descumpridas. É preciso, portanto, que o gestor esteja atento à importância dessa questão e exija dos profissionais o cumprimento de tais requisitos, tratando-os como prioridade.

A NBR 9050/2020 prevê uma série de soluções que podem ser adotadas em projeto para eliminar barreiras. No entanto, não seria possível expor todas essas soluções e seus detalhes técnicos aqui. Por isso, listamos a seguir alguns exemplos dos principais elementos a serem observados, não somente em obras públicas, mas mesmo em obras particulares que possuam acesso público, como centros comerciais, teatros etc.:

Figura 11 – Vagas de estacionamento exclusivas

Fonte: https://thaisfrota.files.wordpress.com/2010/07/museu-do-futebol-vagas-acessiveis.jpg

Figura 12 – Rampas de acesso a calçadas e outros locais, em geral com inclinação adequada

Fonte: http://www.rhinopisos.com.br/_libs/imgs/final/631.jpg

Figura 13 – Porta acessível com dimensão adequada

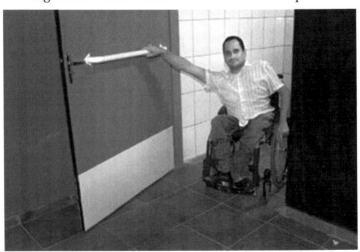

Fonte: http://assimcomovoce.folha.blog.uol.com.br/images/cine5.jpg

Figura 14 - Sanitário com barras de apoio adequadamente posicionadas junto à bacia sanitária

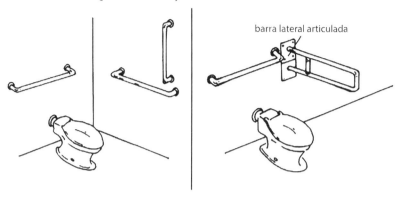

Fonte: https://crea-rn.org.br/wp-content/uploads/2021/05/Cartilha_Acessibilidade-1.pdf

Figura 15 – Balcões de atendimento com altura adequada

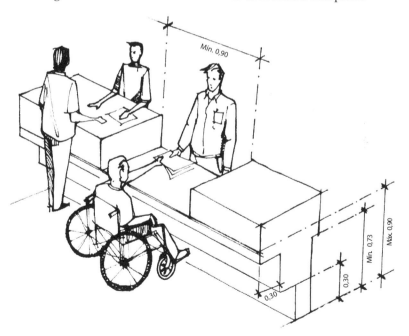

Fonte: http://primeacessibilidade.com.br/balcao_de_atendimento_adequacao.html

Figura 16 – Sinalização tátil no piso para orientação
das pessoas com deficiência visual

Fonte: http://www.cemear.com.br/wp-content/gallery/pisos-de-borracha/indicativo-de-alerta-e-direcao.jpg

Figura 17 – Sinalização em braile ou com dispositivo
sonoro, para orientar pessoas com deficiência visual

Fonte: https://lh6.googleusercontent.com/-46pfaxFgI84/TYvI7gRUldI/AAAAAAAA-RU/7ibXO-VBgQs/s1600/DSCN0471+red+50.jpg

Essas diretrizes de acessibilidade devem estar presentes desde as etapas iniciais de concepção do projeto, pois eventuais adaptações realizadas posteriormente costumam ser mais caras e apresentar resultados menos satisfatórios. Nesses casos, as possibilidades de solução tornam-se mais restritas. Por exemplo, se um edifício for projetado sem a previsão de rampas de acesso, a adaptação futura, com a inclusão das rampas pode ser impossível, por falta de espaço. Isso pode resultar na necessidade de colocação de elevadores, com custos maiores de implantação e manutenção do que as rampas.

Além disso, as soluções devem ser implantadas de maneira criteriosa e seguindo, rigorosamente, os parâmetros previstos na norma. Caso contrário, a segurança dos usuários e o próprio funcionamento da solução podem ficar comprometidos. A construção de uma rampa com inclinação excessiva, por exemplo, pode aumentar o risco de queda dos usuários, mesmo daqueles que não possuem mobilidade reduzida, além de impossibilitar a utilização por cadeirantes.

Figura 18 – Exemplo de rampa com inclinação inadequada

Fonte: elaboração própria.

3.10.2 Sustentabilidade

As atividades da construção civil são responsáveis por grande parte dos impactos gerados pelo homem sobre o meio ambiente, o que explica a necessidade de licenciamento ambiental, conforme comentamos em tópico anterior. No entanto, as obrigações do gestor público em relação aos cuidados com o meio ambiente, quando planeja e executa obras, não se limitam às exigências do licenciamento.

As obras são um modo importante de promover desenvolvimento sustentável, capaz de satisfazer as necessidades do presente sem comprometer a possibilidade de as gerações futuras atenderem a suas próprias necessidades.[62]

Alguns exemplos dos impactos mais comuns causados pelas obras são a geração de entulho e lixo, o impedimento de que as águas da chuva penetrem no solo, o desmatamento, a extração de recursos naturais como madeira, pedras e areia. A aplicação de princípios de sustentabilidade, na elaboração de projetos e na execução de obras públicas, pode reduzir bastante esses e outros impactos.

Mais do que um elemento que agrega valor ao projeto, o uso de critérios de sustentabilidade ambiental na concepção de obras públicas é um dever do gestor. Desde a década de 1980, a legislação brasileira já previa princípios para o desenvolvimento associado à preservação do meio ambiente, a exemplo da Lei nº 6.938/1981, que instituiu a Política Nacional de Meio Ambiente, e da própria Constituição Federal de 1988. Com a Lei Federal nº 12.349/2010, a "promoção do desenvolvimento nacional sustentável" passou a constar explicitamente como um dos objetivos fundamentais da licitação. Esse princípio está previsto também no art. 5º da Lei nº 14.133/2021.

Assim, o desenvolvimento de projetos para obras públicas deve contemplar elementos de sustentabilidade e redução do impacto ambiental. A avaliação de alternativas que contemplem tais requisitos deve levar em consideração, entre outras coisas, a disponibilidade de produtos no mercado, o custo de construção, a operação, a manutenção e a viabilidade econômica, envolvendo a ponderação dos custos e dos benefícios de cada alternativa.

Grande parte das soluções ditas sustentáveis podem apresentar custos mais elevados de implantação, os quais podem ser compensados pela maior durabilidade ou pela redução nos custos de manutenção e operação. Todos esses fatores devem ser ponderados nas escolhas de projeto e, caso a solução não se mostre viável, a alternativa deve ser descartada.

Os princípios de sustentabilidade aplicados às obras públicas podem ser exemplificados pelos seguintes tópicos:

a) concepção integrada dos projetos de modo a promover o melhor aproveitamento possível das condições ambientais de

---

[62] *Nosso Futuro Comum*. Relatório, elaborado pela Comissão Mundial sobre Meio Ambiente e Desenvolvimento da Organização das Nações Unidas – 1988.

implantação como entorno urbano, relevo, vegetação, clima, iluminação e ventilação naturais, entre outros. Um projeto que conserve a vegetação existente no lote anteriormente à obra, mantendo áreas de sombra ao redor da edificação, por exemplo, pode reduzir ou até mesmo eliminar a necessidade de se utilizar ventiladores e aparelhos de ar condicionado para garantir o conforto dos usuários;

b) gestão de resíduos, especialmente entulho e lixo, buscando reduzir a quantidade produzida e dar o adequado tratamento a esses materiais, com a separação e o máximo possível de reaproveitamento;

Figura 19 – Exemplo de gestão de resíduos

https://www.epo.com.br/wp-content/uploads/2010/12/101228_SITE_RA_PDZ_24.jpg

c) utilização de sistemas que reduzam o consumo de água como, por exemplo, torneiras automáticas e descargas com acionamento duplo;

d) utilização de materiais com certificação ambiental;

e) utilização de equipamentos com maior eficiência no consumo de energia elétrica; e

f) utilização de energias alternativas à elétrica como, por exemplo, a energia solar para aquecimento de água e suprimento da edificação como um todo.

O Senado Federal editou uma cartilha intitulada Edifícios Públicos Sustentáveis, que traz uma série de informações relevantes relacionadas ao tema da sustentabilidade em obras públicas. A publicação pode ser acessada no endereço: https://www2.senado.leg.br/bdsf/handle/id/562746

Existem várias soluções que podem e devem ser avaliadas e implantadas pelo gestor público na execução de obras. Essas soluções podem ser aplicadas a qualquer tipo de obra, seja de pequeno, médio ou grande porte. Para isso, é preciso que o gestor considere a questão da sustentabilidade ambiental como um componente fundamental dos seus projetos, transmitindo aos profissionais responsáveis técnicos as diretrizes necessárias, desde o momento da concepção e não apenas como um complemento. Isso significa que a necessidade de atendimento de quesitos de sustentabilidade deve ser registrada desde as etapas iniciais de contratação, nos editais de licitação dos estudos e projetos.

Considerando que a inclusão de quesitos de sustentabilidade ambiental às obras, e a qualquer produto, de modo geral, costuma ser considerado um fator positivo por todas as pessoas, vale fazer um alerta com relação à chamada "maquiagem verde" (*greenwashing*), que é a utilização indevida dessa boa imagem de sustentabilidade na promoção de ações e produtos que, em uma análise mais criteriosa, não poderiam ser considerados verdadeiramente como sustentáveis.

Exemplo desse tipo de solução seria um material produzido a partir de reciclagem, mas que possua baixa durabilidade e elevados custos de manutenção. O risco de adotar uma solução imprópria reforça a necessidade de que o gestor público esteja atento às alternativas disponíveis no mercado e que os profissionais forneçam informações corretas e completas para orientar as decisões de projeto.

Figura 20 – Charge "maquiagem verde"

Fonte:https://www.funverde.org.br/blog/o-que-significa-greenwashing/

3.10.3 Norma de desempenho – NBR 15575/2013

A NBR 15.575/2013 foi um avanço importante na indústria da construção civil. Uma norma da Associação Brasileira de Normas Técnicas (ABNT) que estabelece parâmetros e requisitos de desempenho para edificações habitacionais, a serem avaliados por meio de ensaios.

Essa norma trata apenas as edificações habitacionais. Porém, as obras de edificações administrativas, de escolas, hospitais e outras também podem utilizar os conceitos ali descritos para orientar seus projetos.

Observe que a norma não se aplica a: obras já concluídas; construções pré-existentes; e edificações habitacionais de curta permanência (hotéis).

Um conceito importante trazido pela norma é o de que o desempenho da obra tem relação direta com os componentes, elementos e sistemas da edificação. O componente é uma "unidade integrante de determinado sistema da edificação, com forma definida e destinada a atender funções específica (por exemplo, bloco de alvenaria, telha, folha de porta)".

O elemento, por sua vez, é um conjunto de componentes (por exemplo, uma parede de vedação de alvenaria, um painel de vedação pré-fabricado ou a estrutura da cobertura). Já o sistema é um "conjunto de elementos e componentes destinados a atender uma macrofunção que o define (por exemplo, fundação, estrutura, pisos, vedações verticais, instalações hidrossanitárias, cobertura)".[63]

Os requisitos de desempenho mais importantes que devem ser avaliados em cada um dos sistemas da edificação são:

I. desempenho estrutural, envolvendo, além da estabilidade da estrutura, a resistência de pisos, paredes e a capacidade desses elementos para suportar impactos e cargas;

II. segurança contra incêndio, abrangendo questões como barreiras ao início e à propagação do fogo, rotas de fuga, equipamentos extintores e acesso à edificação pelo corpo de bombeiros;

III. segurança no uso e na operação da edificação, incluindo critérios para diminuir a possibilidade de ferimentos nos usuários, causados, por exemplo, por choques elétricos, tropeções, quedas e queimaduras;

IV. funcionalidade e acessibilidade, envolvendo as dimensões adequadas dos ambientes para que sejam capazes de abrigar os equipamentos, os móveis e as atividades desempenhadas pelos usuários. A norma estabelece, por exemplo, a altura mínima entre o piso e o teto (pé-direito) de 2,50 m para áreas onde as pessoas permanecem por mais tempo como cozinha e sala; e de 2,30 m para banheiros e corredores. Há também várias disposições sobre disponibilidade mínima de espaços para uso e operação da casa;

V. conforto tátil e antropodinâmico, incluindo questões sobre a movimentação dos usuários e a operação de alguns dispositivos de modo confortável. Esses requisitos abordam, por exemplo, irregularidades nos pisos, a força necessária para a abertura e fechamento de trincos e torneiras, entre outros aspectos;

VI. desempenho térmico e lumínico, abrangendo itens sobre ventilação dos ambientes, incidência de sol, manutenção temperaturas adequadas, especialmente nos períodos de inverno e verão, níveis de iluminação artificial (luminárias, lâmpadas etc.) e natural (janelas);

---

[63] CBIC. Guia Orientativo para Atendimento à Norma ABNT NBR 15575/2013.

VII. desempenho acústico, envolvendo o emprego de componentes, elementos e sistemas que reduzam os níveis de barulho entre unidades vizinhas, ou mesmo o barulho externo que afeta o interior da edificação;

VIII. estanqueidade à água, considerando a capacidade dos diversos sistemas como paredes, telhado, instalações hidrossanitárias a resistir à infiltração da água, de modo a evitar que a umidade comprometa a durabilidade da obra e as condições de saúde dos usuários;

IX. durabilidade, levando em conta o período em que os diversos sistemas devem permanecer funcionando adequadamente sem que seja necessário a realização de obras de reforma. A norma estabelece padrões de durabilidade mínimo, intermediário e superior; e

IX. manutenibilidade, abrangendo critérios relacionados à manutenção predial, para que os componentes e sistemas permaneçam funcionando adequadamente.

Outro conceito previsto na norma é o de **Vida Útil de Projeto** (VUP), o período de tempo estimado em projeto durante o qual a obra consegue atender sua finalidade, considerando as manutenções periódicas a serem realizadas. De acordo com a NBR 15.575/2013, a VUP deve ser explicitamente registrada no projeto. Na ausência de indicação explícita em projeto, deverão ser adotados os parâmetros mínimos. O quadro a seguir indica os prazos de VUP para diversos sistemas:[64]

Tabela 6 – prazos de VUP

SISTEMA	VUP (anos)		
	Mínimo	Intermediário	Máximo
Estrutura	≥ 50	≥ 63	≥ 75
Pisos internos	≥ 13	≥ 17	≥ 20
Vedação vertical externa	≥ 40	≥ 50	≥ 60
Vedação vertical interna	≥ 20	≥ 25	≥ 30
Cobertura	≥ 20	≥ 25	≥ 30
Hidrossanitário	≥ 20	≥ 25	≥ 30

* Considerando periodicidade e processos de manutenção segundo a ABNT NBR 5674 e especificados no respectivo Manual de Uso, Operação e Manutenção entregue ao usuário elaborado em atendimento à ABNT NBR 14037.

---

[64] CBIC. Guia Orientativo para Atendimento à Norma ABNT NBR 15575/2013, p. 197.

A norma destaca que, antes de elaborar o projeto, devem ser realizados levantamentos detalhados das condições locais onde será implantado o empreendimento. A sondagem do solo e o estudo das condições climáticas são exemplos desses levantamentos prévios. Isso porque as condições do local de implantação afetam diretamente o desempenho da edificação. Ela também reforça a necessidade de as obras habitacionais serem acessíveis a pessoas com deficiência, obedecendo a requisitos de acessibilidade.

Para maiores informações sobre a norma de desempenho, sugere-se a leitura do guia orientativo produzido pela Câmara Brasileira da Indústria da Construção (CBIC), disponível no endereço https://cbic.org.br/wp-content/uploads/2017/11/Guia_da_Norma_de_Desempenho_2013.pdf

3.11 Da teoria para a prática

Suponha que você esteja elaborando, com seus colegas de trabalho, o edital de uma licitação prevista para a contratação de uma obra no regime de contratação integrada, ou seja, com base em um anteprojeto. Nesse anteprojeto, constavam os seguintes elementos/informações:

(i) cronograma geral de execução da obra, com prazo total de 1 ano.

(ii) desenhos de arquitetura indicando todos os espaços, seus elementos e dimensões gerais, incluindo plantas, cortes, elevações e imagens mostrando qual seria a "cara" daquela edificação depois de terminada.

(iii) documentação descrevendo a concepção geral da obra, com diretrizes para o sistema construtivo, solução de estrutura em concreto armado, esgotamento sanitário com uso de fossa séptica, entre outros componentes da edificação, inclusive os respectivos padrões de uso, qualidade, desempenho e durabilidade.

Não foram identificados, na documentação, projetos anteriores ou estudos preliminares que tenham embasado a concepção da proposta.

Você identificou algum outro elemento que deveria fazer parte do anteprojeto, mas que não foi mencionado acima? Informe quais são esses elementos e por que eles são importantes.

Uma característica muito importante do anteprojeto é a sua conexão com o problema que busca resolver e com o local em que será implantado. Esses fatores são fundamentais para que se tenha uma solução adequada ao interesse público e para minimizar problemas ou desperdícios.

O conteúdo do anteprojeto está descrito no art. 6º, inciso XXIV, da Lei nº 14.133/2021. No enunciado da situação dada é possível identificar elementos que se assemelham aos indicados nas alíneas "b" (condições de solidez), "c" (prazo de entrega), "d" (estética do projeto), "f" (proposta de concepção), "g" (projetos anteriores, nesse caso já identificados como ausentes) e "j" (memorial descritivo).

Por sua vez, ficaram faltando os itens mencionados nas seguintes alíneas:

Alínea "a", que se refere à demonstração e justificativa do programa de necessidades: nesse item teremos conteúdos sobre o problema que deve ser resolvido e a explicação sobre o porquê de o projeto prever, por exemplo, uma escola com 8 salas e não 4, ou uma unidade de saúde de pequeno porte, em vez de uma de médio ou grande porte;

Observe que faltou ainda o item da alínea "e", que são os parâmetros de adequação ao interesse público, de economia etc. Nesse item, o anteprojeto deve trazer informações que mostrem que a solução adotada é melhor do que outras possíveis. Por exemplo, a justificativa de que uma solução com custo maior de implantação seja vantajosa pelo aumento da durabilidade ou pelos baixos custos de manutenção, que vão fazer com que o custo final seja menor, considerando construção, manutenção e operação ao longo da vida útil da edificação.

Na questão, faltou citar também o que é especificado na alínea "h", ou seja, o levantamento topográfico e cadastral. Este item mostra as características do local em que será feita a obra. Você sabia que o TCU vem identificando muitos problemas em obras por causa da falta de informações desse tipo? Pois é, as medidas do terreno e sua inclinação, a existência de redes de energia, de água e de esgoto próximas são elementos que vão afetar diretamente os custos previstos e as condições de execução da obra. Algumas obras são paralisadas, logo no início, por problemas que deveriam ter sido identificados nesses levantamentos em fase anterior. Um exemplo típico é a descoberta de tubulações que passam no terreno e interferem no projeto, ou a descoberta de que não é possível fazer a ligação de energia elétrica na rede existente.

Por último, a questão também não tratou do item da alínea "i", que são os pareceres de sondagem. Esses documentos trarão informações sobre o tipo de solo existente, se ele suporta bem aquilo que será construído, se existe água superficial no terreno, o que demanda cuidados e serviços especiais no projeto e na obra. Um problema também identificado com frequência em processos do TCU, decorrente dessa falha de projeto, é a descoberta, posterior à contratação das obras, de solo mole e/ou demais características do subsolo que impliquem a necessidade de mudança dos projetos de fundação, o que atrasa o início efetivo da obra e traz grandes transtornos, aumento dos custos previstos e ineficiência na execução do contrato.

3.12 Teste o seu conhecimento

I. Requisitos de acessibilidade devem ser considerados na concepção de projetos e na execução de obras públicas. Com relação a esses dois temas, julgue Verdadeiro ou Falso cada item a seguir.

A) No Brasil, há legislação e normas técnicas que definem requisitos de acessibilidade a serem observados pelos gestores públicos na realização de obras, especialmente nos locais de atendimento ao público. Trabalho realizado pelo TCU em 2012, revisitado em 2018 e 2022, demonstrou que essas normas não costumam ser fielmente cumpridas.

B) Os parâmetros da NBR 9.050/2020 devem ser adaptados em cada projeto e não precisam ser cumpridos exatamente como a norma prevê.

C) Há diversas diretrizes previstas, tanto na legislação quanto na NBR 9.050/2020, para se garantir a acessibilidade em projetos de edificações, como a colocação de rampas e a disponibilização de vagas de estacionamento exclusivas. Essas diretrizes são aplicáveis a edificações públicas e também a prédios privados, como centros comerciais e cinemas.

D) De acordo com a legislação e as normas técnicas brasileiras, a acessibilidade em projetos de obras públicas pode ser garantida com a adoção de soluções localizadas internamente às edificações, independentemente das condições de acesso do meio urbano ao redor dessas edificações.

II. Em regra, NÃO está(ão) sujeito(s) ao licenciamento ambiental o(s) seguinte(s) empreendimento(s) (assinale verdadeiro ou falso):

A) Parcelamento do solo.

B) Tratamento/disposição dos resíduos de saúde.
C) Interceptor e/ou emissário de esgoto.
D) Empreendimento escolar.

III. Em regra, está(ão) sujeito(s) ao licenciamento ambiental o(s) seguinte(s) empreendimento(s) (assinale verdadeiro ou falso):

A) Unidade de pronto atendimento de saúde.
B) Estação de tratamento de água.
C) Aterro sanitário.
D) Estação elevatória de esgoto.

IV. Antes de utilizar o projeto básico em uma licitação, o gestor deve observar os seguintes aspectos (assinale verdadeiro ou falso):

A) Se o projeto possui todos os elementos mínimos que possibilitam caracterizar a obra.
B) Se todos os serviços da planilha estão previstos no projeto.
C) Se o projeto está atualizado e não necessitará de modificações durante a execução da obra.
D) Se as condições inicialmente previstas na elaboração do projeto não foram alteradas em virtude do tempo.

V. O projeto básico de uma obra de construção de escola deve conter os seguintes elementos (assinale verdadeiro ou falso):

A) Relatório de sondagens.
B) Projetos das instalações hidráulicas e elétricas.
C) Especificações dos acabamentos de piso e paredes.
D) Critérios de medição dos serviços.

VI. O projeto básico de uma obra deve conter as seguintes peças técnicas (assinale verdadeiro ou falso):

A) Cronograma físico-financeiro.
B) Planilha orçamentária.
C) Memorial descritivo.
D) Caderno de especificações técnicas.

VII. Em relação ao projeto executivo de uma obra, de acordo com a Lei nº 14.133/2021, julgue Verdadeiro ou Falso os itens a seguir.

A) O projeto executivo sempre deve ser elaborado pela empresa contratada como executora da obra.
B) O projeto executivo é elaborado no final da obra.
C) O projeto executivo deve complementar as informações do projeto básico, mas sem acarretar impacto no orçamento global.
D) Na elaboração do projeto executivo, em regra, a contratada não possui liberdade para alterar o método construtivo dos principais serviços da obra, que devem ser definidos no projeto básico.

VIII. Com relação aos critérios de acessibilidade utilizados na elaboração de projetos de obras públicas, assinale a alternativa correta.

A) Para simplificar o projeto, é recomendável que os requisitos de acessibilidade sejam incluídos apenas nas etapas finais, promovendo-se adaptações após a definição dos espaços da edificação, como salas, corredores, banheiros.
B) O conceito de acessibilidade diz respeito apenas ao acesso físico e à locomoção. Para compreendê-lo adequadamente, basta imaginar uma pessoa em cadeira de rodas.
C) A legislação já prevê a obrigatoriedade de que os profissionais responsáveis técnicos, na elaboração dos projetos, atendam aos requisitos de acessibilidade. Por isso, para se ter um projeto adequado do ponto de vista da acessibilidade, basta que o gestor público contrate um profissional habilitado.
D) Acessibilidade pode ser entendida como possibilidade e condição de alcance para utilização, com segurança e autonomia, de espaços, mobiliários, equipamentos urbanos, edificações, transportes, informação e comunicação, inclusive seus sistemas e tecnologias, bem como de outros serviços e instalações abertos ao público, de uso público, ou privados de uso coletivo, tanto na zona urbana como na rural, por pessoa com deficiência ou com mobilidade reduzida.

IX. De acordo com a Nova Lei de Licitações (Lei nº 14.133/2021) e a Lei das Estatais (Lei nº 13.303/2016), o anteprojeto de engenharia pode ser utilizado no seguinte regime de execução de obras:

A) Empreitada por preço unitário.
B) Empreitada por preço global.

C) Contratação integrada.
D) Qualquer regime de execução.

X. Uma prefeitura pretende licitar um empreendimento do Sistema Único de Saúde (SUS). Os projetos de parte desse empreendimento estão detalhados em nível de projeto básico, e outra parte somente em nível de anteprojeto de engenharia, cujos documentos contemplam os seguintes aspectos: a estética do projeto arquitetônico, nele já considerados os parâmetros de adequação à acessibilidade e aos impactos ambientais. Dessa forma, para definição do valor da obra, a prefeitura elaborou o orçamento todo com base em metodologia expedita ou paramétrica. Sobre esse caso hipotético, assinale a alternativa correta.

A) Ainda que utilize no edital o anteprojeto de engenharia, a prefeitura pode adotar qualquer um dos regimes de execução previstos na legislação.
B) Por ser um anteprojeto, não é obrigatório considerar, nos documentos técnicos, os parâmetros de adequação à acessibilidade e os impactos ambientais.
C) A prefeitura deve elaborar seu orçamento em nível sintético, o mais detalhado quanto permita o anteprojeto, utilizando metodologia expedita ou paramétrica apenas para a fração do empreendimento não detalhada suficientemente pelo anteprojeto.
D) A estética do projeto arquitetônico pode ser definida apenas na elaboração do projeto básico.

XI. Uma prefeitura municipal pretende captar recursos federais para executar um complexo educacional com vistas a atender demanda da população. O prefeito verificou que o município não possui, em seu quadro de servidores, pessoal qualificado para elaborar o projeto da obra. Dessa forma, decidiu lançar uma licitação para contratação de empresa para confeccionar o projeto básico da obra. Considerando essa situação hipotética, assinale a alternativa correta.

A) Como o objeto da licitação é exatamente contratar a elaboração do projeto básico da obra, não é necessário incluir, no edital, nenhum documento que caracterize quais são os parâmetros a serem seguidos e desenvolvidos no projeto.
B) Se o programa de necessidades apontar uma demanda consolidada de 1.000 alunos para esse empreendimento, num horizonte temporal

razoável, o termo de referência da licitação deve mencionar que a obra deverá ser projetada para 2.000 alunos, visto que a demanda pode aumentar ainda mais no futuro.
C) Caso ainda não tenham sido decididos o terreno e a localização do empreendimento, o termo de referência deve ser genérico, não especificando esses requisitos.
D) O termo de referência, que necessariamente acompanhará o edital, deverá ser minucioso e trazer informações completas que caracterizem, com precisão, quais são os parâmetros a serem respeitados na elaboração do projeto, entre os quais: número de alunos atendidos, número de salas de aula, padrão de acabamento, métodos construtivos.

XII. Uma prefeitura municipal recebeu como doação um projeto de saneamento de determinado bairro carente, elaborado pela empresa concessionária de água e esgoto da região. No termo de doação, a referida concessionária garantiu que o projeto é viável. No entanto, ao analisá-lo, o setor técnico da prefeitura verificou que o projeto foi concebido considerando a população e o uso do solo de 10 anos atrás. Sabe-se que, no decorrer dos anos seguintes a esse período, a dinâmica urbana do bairro sofreu mudanças consideráveis. Tendo em vista essa situação hipotética, é correto afirmar que a prefeitura:

A) deve pleitear recursos federais para a obra, apesar de o projeto estar desatualizado, haja vista ter sido elaborado pela concessionária, responsável por ele.
B) deve rejeitar o projeto desatualizado da concessionária e elaborar ou contratar um novo projeto completo e atualizado, antes de licitar as obras.
C) deve aprovar o projeto desatualizado da concessionária e, em seguida, licitar as obras com base nele, uma vez que, ao doá-lo, a concessionária garantiu que ele é viável.
D) deve deixar que o órgão federal responsável confirme a análise do projeto pelo setor técnico num eventual pedido de recursos federais para a obra. Caso o órgão considere o projeto adequado, o prefeito deve licitar a obra com base nesse projeto.

XIII. Assinale a alternativa INCORRETA acerca do momento em que devem ser obtidas cada uma das licenças ambientais.

A) A licença prévia deve ser obtida antes da conclusão do projeto básico.
B) A licença prévia deve ser obtida após a licitação, mas antes do início da execução da obra.
C) A licença de instalação deve ser obtida antes do início da obra.
D) A licença de instalação pode ser obtida antes da licitação.

XIV. A prefeitura de um pequeno município brasileiro contratou uma empresa especializada para desenvolver o projeto de uma escola. Durante a elaboração dos projetos, a empresa apresentou algumas opções para a avaliação do gestor em relação à inclusão de quesitos de sustentabilidade ambiental. Considerando essa situação hipotética, assinale a alternativa correta no que refere a tais quesitos.

A) Na escolha de soluções que agreguem quesitos de sustentabilidade ambiental, é necessário ter cautela, pois há produtos que, embora sejam oferecidos como se fossem ambientalmente mais adequados, utilizam esse fator apenas como uma "propaganda enganosa" e geram impactos ambientais iguais ou até piores do que outros produtos convencionais.
B) Foi identificado no mercado um revestimento composto de material reciclado que custa metade do revestimento convencional equivalente. No entanto, a durabilidade desse material reciclado é de apenas 10 anos, correspondentes também à metade do tempo que dura o revestimento comum. Considerando-se exclusivamente essas informações, pode-se afirmar que a adoção do revestimento composto de material reciclado é a alternativa mais adequada.
C) A melhor alternativa para a realização da obra é desconsiderar toda a vegetação existente no terreno original, prevendo sua retirada logo no início da obra, independentemente do projeto. Dessa forma, o projetista e o gestor público terão maior liberdade para definir a posição do prédio e, consequentemente, maiores chances de desenvolver um bom projeto.
D) Não é viável incluir itens que contemplem a preocupação com a sustentabilidade ambiental no projeto de uma escola pequena, pois esses itens custam mais caro do que os convencionais e são mais difíceis de serem executados.

XV. Considere que uma prefeitura municipal deseja executar um novo conjunto habitacional para população de baixa renda. A obra ainda está em fase de projeto e não foi iniciada. Nessas condições, considerando a NBR 15.575/2013, assinale a alternativa correta.

A) O projeto do conjunto habitacional não precisa indicar a vida útil de projeto estimada pelo projetista.
B) Como a obra terá padrão de acabamento mais baixo, não é necessário prever qualquer tipo de segurança contra incêndio no projeto.
C) O projeto deve se preocupar com aspectos de estanqueidade à água da edificação, para evitar problemas com infiltrações.
D) O projeto não precisa considerar as condições climáticas de temperatura, pluviosidade, entre outros aspectos, para que a casa/apartamento tenha um bom desempenho térmico.

XVI. Um conjunto habitacional destinado a vítimas de enchentes está sendo construído num determinado município da região sul. Com relação a essa situação, é correto afirmar que:

A) o projeto deve observar padrões de desempenho estrutural, de modo a não provocar sensação de insegurança nos usuários decorrentes de deformações excessivas da estrutura.
B) não é necessário considerar aspectos de desempenho térmico no projeto, já que a obra se localiza na região sul, caracterizada por um clima subtropical, mais propício ao conforto térmico da edificação.
C) A durabilidade dos componentes empregados na obra pode ser mais baixa em virtude de o padrão de acabamento para esse tipo de construção ser mais simples.
D) A vida útil de projeto do conjunto habitacional será preservada mesmo se não houver nenhum tipo de manutenção.

XVII. Assinale a única alternativa INCORRETA a respeito de projeto básico para obras de saneamento.

A) A realização de sondagens é desnecessária em obras de implantação de rede coletora de esgoto e/ou rede de abastecimento de água.
B) O projeto básico deve conter o memorial de cálculo de dimensionamento do diâmetro das tubulações.
C) Em projeto básico de rede coletora de esgoto e/ou de rede de abastecimento de água, é obrigatória a apresentação do projeto geral de concepção do sistema.

D) Para a elaboração de um projeto básico de rede coletora de esgoto e/ou de rede de abastecimento de água, é obrigatória a realização de levantamento topográfico.

XVIII. Considerando uma obra contratada a partir do projeto básico, assinale a única alternativa correta acerca do caderno de especificações técnicas.

A) O caderno de especificações técnicas pode ser apresentado somente após a contratação das obras.
B) É vedada a indicação de marca no caderno de especificações técnicas para servir como parâmetro de qualidade.
C) O referido caderno apresenta sugestões dos materiais a serem aplicados na obra, porém a contratada é livre para utilizar outro material que entender conveniente.
D) O caderno de especificações técnicas deve conter a descrição de todos os materiais, equipamentos e serviços da obra.

XIX. Assinale a única alternativa que NÃO completa corretamente a seguinte definição de projeto básico: projeto básico é o conjunto de elementos necessários e suficientes para caracterizar a obra ou serviço, devendo ser elaborado com base nas indicações dos estágios anteriores de desenvolvimento de projeto, como:

A) o projeto executivo.
B) os estudos técnicos preliminares.
C) o anteprojeto.
D) o programa de necessidades.

XX. A peça técnica que contém: (i) demonstração e justificativa do programa de necessidades; (ii) prazo de entrega; (iii) estética do projeto arquitetônico, traçado geométrico e/ou projeto da área de influência, quando cabível, além dos subsídios necessários à elaboração do projeto básico, é denominada:

A) estudo de viabilidade técnica e econômica.
B) projeto básico.
C) anteprojeto.
D) projeto executivo.

RESPOSTAS	
Questão I:	a) Verdadeira
	b) Falsa
	c) Verdadeira
	d) Falsa
Questão II:	a) Falsa
	b) Falsa
	c) Falsa
	d) Verdadeira
Questão III:	a) Falsa
	b) Verdadeira
	c) Verdadeira
	d) Verdadeira
Questão IV:	a) Verdadeira
	b) Verdadeira
	c) Verdadeira
	d) Verdadeira
Questão V:	a) Verdadeira
	b) Verdadeira
	c) Verdadeira
	d) Verdadeira
Questão VI:	a) Verdadeira
	b) Verdadeira
	c) Verdadeira
	d) Verdadeira
Questão VII:	a) Falso
	b) Falso
	c) Verdadeira
	d) Verdadeira
Questão VIII:	Alternativa D
Questão IX:	Alternativa C
Questão X:	Alternativa C
Questão XI:	Alternativa D
Questão XII:	Alternativa B
Questão XIII:	Alternativa B
Questão XIV:	Alternativa A
Questão XV:	Alternativa C
Questão XVI:	Alternativa A

RESPOSTAS	
Questão XVII:	Alternativa A
Questão XVIII:	Alternativa D
Questão XIX:	Alternativa A
Questão XX:	Alternativa C

CAPÍTULO 4

ORÇAMENTAÇÃO

A fase de orçamentação demanda bastante atenção da parte do gestor, tanto pela sua complexidade quanto pela sua responsabilidade, isso porque erros no orçamento podem tanto inibir participantes na licitação, no caso de haver subestimativa do valor, quanto ensejar prejuízos à Administração, no caso de haver superestimativas do valor.

Lembre que as Leis nºs 14.133/2021 e 13.303/2016 estipulam que uma licitação de obras públicas pode ser feita mediante um anteprojeto, um projeto básico ou um projeto executivo, a depender do caso concreto e do regime de execução a ser empregado.

Relembrando conceitos vistos anteriormente, o anteprojeto pode ser utilizado em licitações de obras efetuadas sob o regime de contratação integrada. Na contratação semi-integrada, nas empreitadas por preço unitário, por preço global ou integral, deverá ser utilizado o projeto básico ou o projeto executivo.

O anteprojeto se fundamenta nos estudos técnicos preliminares, os quais constituem a primeira etapa do planejamento da licitação e buscam caracterizar o interesse público envolvido que pode vir a ser atendido mediante a execução do objeto. O anteprojeto antecede o projeto básico e precisa conter todos os elementos necessários à elaboração desse projeto.

Tendo em conta que o anteprojeto ainda não contempla todas as definições técnicas da obra, a Lei nº 14.133/2021 indica que o valor da obra será calculado, tanto quanto possível, mediante as técnicas tradicionais de orçamentação de obras, balizado em sistemas oficiais de preços. Menciona ainda que a utilização de metodologia expedita ou paramétrica e de avaliação aproximada baseada em outras obras similares deve ser utilizada apenas na parte do empreendimento que não tenha sido suficientemente detalhada no anteprojeto.

Em outras palavras, nas eventuais etapas ou parcelas da obra em que o anteprojeto tenha sido mais detalhado, é preciso quantificar e detalhar, em planilha orçamentária, os serviços a serem executados, extraindo-se os custos unitários dos serviços a partir dos sistemas referenciais, sempre que possível.

> *Sistemas referenciais de custos de obras públicas:* sistemas que registram informações sobre o custo de materiais, equipamentos, mão de obra e outros parâmetros necessários à elaboração de orçamentos de obras e serviços de engenharia, e que devem ser utilizados na orçamentação de obras públicas. São exemplos de sistemas referenciais de obras públicas o Sinapi, o Sicro, o Orse, dentre outros.

Já nas parcelas em que o anteprojeto não seja suficientemente detalhado, poderão ser utilizadas metodologias expeditas ou paramétricas, ou ainda avaliações aproximadas baseadas em outras contratações similares. Uma das metodologias disponíveis, e que será abordada adiante, é o chamado Custo Unitário Básico (CUB) de construção, previsto na norma técnica ABNT NBR 12.721/2006.

Já no caso dos regimes de execução em que deve haver projeto básico, a Lei nº 14.133/2021 indica que o projeto básico deve indicar todas as soluções técnicas da obra, de modo a adequadamente defini-la e dimensioná-la, o que permite fazer uma avaliação do custo da obra e definir seus métodos e prazo de execução. Desse modo, o projeto básico inclui, necessariamente, um orçamento detalhado do custo global da obra, o qual deve estar baseado num adequado levantamento de quantitativos dos serviços que compõem o objeto.

A contratação semi-integrada tem uma particularidade. Embora seja necessário que licitações sob esse regime de contratação contenha o projeto básico da obra, a Lei nº 14.133/2021[65] faz uma exceção no sentido de que o projeto básico de contratações semi-integradas não necessariamente precisa conter um orçamento detalhado, como ocorre nos contratos de empreitadas por preço unitário, por preço global ou integral.

Em complemento a esse dispositivo, a mesma lei[66] traz que sempre que o projeto assim permitir, a estimativa de preço deverá ser baseada em orçamento sintético, balizado em sistema de custo.

---

[65] Lei nº 14.133/2021: art. 23, §5º.
[66] Lei nº 14.133/2021: art. 23, §5º.

Orçamento sintético: é a própria planilha orçamentária, ou seja, é a relação de todos os serviços da obra com as respectivas unidades de medida, as quantidades e os preços unitários, calculados a partir dos projetos, do cronograma e das demais especificações técnicas, apresentando ainda os preços totais de cada serviço e o preço total da obra.

Orçamento analítico: é a planilha orçamentária (orçamento sintético) acrescida das Composições de Custos Unitários de todos os serviços.

Orçamento detalhado: o mesmo que orçamento analítico.

Sendo assim, considerando, como vimos anteriormente, que o projeto básico deve possibilitar o levantamento de todos os custos aplicáveis à obra, logo chegamos à conclusão de que, mesmo nas contratações semi-integradas, será necessário o orçamento completo, baseado num levantamento adequado de quantitativos dos serviços que compõem o objeto.

A definição de projeto executivo da Lei nº 14.133/2021 indica que ele contempla o detalhamento de todas as soluções técnicas previstas no projeto básico. Assim, levando em conta que o projeto básico inclui dados e informações necessárias e suficientes para definir e dimensionar a obra, bem como um orçamento detalhado, e que o projeto executivo avança com mais detalhes sobre as soluções técnicas da obra, podemos afirmar que o orçamento detalhado também é parte integrante do projeto executivo.

Portanto, recapitulando, no anteprojeto é preciso quantificar e detalhar os serviços a serem executados em uma planilha orçamentária, sempre que isso for total ou parcialmente possível. Quando isso não puder ser feito para uma parte da obra, em razão de o anteprojeto não ter sido suficientemente detalhado, pode ser feita uma estimativa de custos dessa parcela da obra, por meio de metodologias expeditas ou paramétricas ou ainda uma avaliação aproximada baseada em outras obras similares.

No projeto básico, como estudamos, é preciso haver um orçamento detalhado, com serviços e quantitativos corretamente apropriados, a partir das soluções técnicas definidas cujos custos unitários estejam especificados em composições de custos unitários extraídas de fontes de custos de obras públicas indicadas pela Lei nº 14.133/2021,[67] as quais se assemelham às indicadas pela Lei nº 13.303/2016.[68]

4.1 Estimativa de custos *versus* orçamento

Antes de iniciarmos o estudo dos orçamentos, é importante demonstrar a diferenciação entre os termos (i) **estimativa de custos**, também denominado orçamento expedito ou paramétrico, e (ii) **orçamento propriamente dito**, conforme legislação e literatura técnica pertinente.

Enquanto em uma estimativa se utilizam analogias (comparações) entre informações verificadas em projetos anteriores, um orçamento tende a demonstrar cada passo do raciocínio para se chegar ao preço final de uma obra, calculando-se as quantidades de cada serviço e seus respectivos preços.

Elaborar uma estimativa não requer informações muito detalhadas. Por isso, o tempo despendido na sua elaboração e, por consequência, o seu custo de produção são menores do que para elaborar um orçamento completo. Aí reside uma vantagem de sua aplicação, especialmente quando ainda se está numa etapa de estudos de viabilidade, analisando várias alternativas técnicas/construtivas para uma mesma obra.

Conforme vimos anteriormente, é com base na estimativa de custos que se determina a viabilidade econômica dos empreendimentos. Escolhida a alternativa mais vantajosa, entre aquelas consideradas viáveis do ponto de vista econômico, esta deve ser mais bem desenvolvida na etapa de detalhamento dos projetos, os quais subsidiarão a elaboração do orçamento.

Em contrapartida, as estimativas exigem:

i. muita experiência do estimador naquele objeto sob investigação;
ii. sensibilidade para as devidas analogias (comparações); e
iii. informações atualizadas, de modo a avaliar os custos o mais próximo da realidade.

---

[67] Lei nº 14.133/2021: art. 23, §2º.
[68] Lei nº 13.303/2016: art. 31, §2º.

Afinal, ainda que realizada de forma expedita, tal estimativa subsidiará importantes decisões, vinculadas a elevados investimentos públicos.

Segundo a nova Lei de Licitações, Lei nº 14.133/2021, assim como na Lei das Estatais (Lei nº 13.303/2016), as contratações de obras sob o regime de contratação integrada podem ser efetuadas com base em anteprojetos de engenharia, o que significa dizer que estimativas de custos expeditas ou paramétricas podem ser utilizadas para calcular o valor das partes da obra em que o anteprojeto não tenha sido detalhado o bastante para permitir a elaboração de um orçamento preciso.[69]

A seguir, veremos algumas metodologias expeditas existentes na literatura técnica.

4.1.1 Custo Unitário Básico (CUB)

Para estimativas de custos envolvendo edificações, o método mais usual é o Custo Unitário Básico (CUB), que nada mais é do que um valor por unidade de área construída (R$/m²), o qual deve ser multiplicado pela área equivalente total a ser edificada, a fim de se obter a estimativa de custos de uma obra.

O CUB foi criado pela Lei nº 4.591/1964, para servir como parâmetro na determinação dos custos dos imóveis, obrigando os Sindicatos Estaduais da Indústria da Construção Civil (Sinduscon) a divulgarem, **mensalmente**, os custos unitários da construção do respectivo estado.

Atualmente, a Norma Brasileira que estabelece a metodologia de cálculo do CUB é a ABNT NBR 12721/2006.

 Para aprofundamento do assunto, recomendamos a leitura da Cartilha do Sinduscon/MG *Custo Unitário Básico (CUB/m2): Principais Aspectos*, disponível em https://www.sinduscon-mg.org.br/wp-content/uploads/2016/11/cartilha_cub.pdf

Há que se ressaltar que o CUB/m² representa um custo parcial da obra e não o global (total), pois não leva em conta os custos relacionados com a execução de várias etapas importantes de uma obra, dentre as quais se destacam:

---

[69] Lei nº 14.133/2021: art. 23, §5º.

- aquisição de terrenos;
- projetos;
- impostos, taxas e emolumentos cartoriais;
- remuneração/lucro do construtor;
- fundações especiais, paredes-diafragma e/ou muros enterrados;
- rebaixamento de lençol freático;
- elevadores;
- equipamentos e instalações (bombas de recalque, ar-condicionado e outros); e
- obras e serviços complementares (urbanização, recreação, ajardinamento etc.).

Outro aspecto relevante é que o CUB é calculado com base em projetos padrão de variadas tipologias, todos definidos na norma ABNT NBR 12721/2006.

Projetos padrão: Projetos selecionados para representar os diferentes tipos de edificações, que são usualmente objeto de incorporação para construção em condomínio e conjunto de edificações, definidos por suas características principais:
- número de pavimentos;
- número de dependências por unidade;
- áreas equivalentes à área de custo padrão privativas das unidades autônomas;
- padrão de acabamento da construção; e
- número total de unidades.

Estas características servem de base aos Sindicatos da Indústria da Construção Civil para o cálculo dos custos unitários básicos.

Conforme essa norma, os projetos padrão são caracterizados quanto ao acabamento como baixo, normal e alto, correspondentes a diferentes projetos arquitetônicos. Eles fazem parte dos anexos da norma, que apresenta detalhadamente tais especificações nos orçamentos dos projetos padrão residenciais, comerciais, galpão industrial e residência popular. A cartilha do Sinduscon/MG (citada acima) fornece algumas indicações de quais materiais e serviços fazem parte de cada um dos padrões de acabamento.

Um conceito importante para a correta utilização do CUB é o de "área equivalente de construção". A área equivalente de construção é a área virtual de construção da edificação, calculada por meio da multiplicação das áreas reais de construção por coeficientes de adaptação ao projeto padrão.

A norma técnica ABNT NBR 12721/2006 traz alguns exemplos de coeficientes médios, por exemplo:

a) garagem (subsolo): 0,50 a 0,75;
b) área privativa (unidade autônoma padrão): 1,00;
c) área privativa (salas com acabamento): 1,00;
d) área privativa (salas sem acabamento): 0,75 a 0,90;
e) área de loja sem acabamento: 0,40 a 0,60;
f) varandas: 0,75 a 1,00;
g) terraços ou áreas descobertas sobre lajes: 0,30 a 0,60;
h) estacionamento sobre terreno: 0,05 a 0,10;
i) área de projeção do terreno sem benfeitoria: 0,00;
j) área de serviço – residência unifamiliar padrão baixo (aberta): 0,50;
k) barrilete: 0,50 a 0,75;
l) caixa d'água: 0,50 a 0,75;
m) casa de máquinas: 0,50 a 0,75;
n) piscinas: 0,50 a 0,75; e
o) quintais, calçadas, jardins etc.: 0,10 a 0,30.

Com esses coeficientes, é preciso multiplicar as respectivas áreas de cada uma das partes da edificação que se enquadrem nessas tipologias, e depois somar, para calcular a área equivalente.

Por exemplo, uma residência de 1 pavimento, que conte com 50m² de estacionamento não coberto, 300m² de área construída e uma piscina de 15m², terá uma área equivalente para fins de cálculo do CUB de:

$$50 \text{ m}^2 \times 0,05 + 300 \text{ m}^2 \times 1,00 + 15 \text{ m}^2 \times 0,50 = 310 \text{ m}^2 \text{ de área equivalente.}$$

Projetos padrão: Projetos selecionados para representar os diferentes tipos de edificações, que são usualmente objeto de incorporação para construção em condomínio e conjunto de edificações, definidos por suas características principais:

a) número de pavimentos;
b) número de dependências por unidade;
c) áreas equivalentes à área de custo padrão privativas das unidades autônomas;
d) padrão de acabamento da construção; e
e) número total de unidades.

Fonte: ABNT (2006)[70]

Estas características servem de base aos Sindicatos da Indústria da Construção Civil para o cálculo dos custos unitários básicos.

Exemplo:

No estado da Bahia, um gestor pretende construir um conjunto habitacional com 20 unidades de 32m² de área equivalente cada uma, em uma obra em que incide o regime de desoneração da mão de obra. Calcule o custo médio de cada unidade habitacional (adotar data-base janeiro/2022).

Resposta: No site do CUB (www.cub.org.br), podemos encontrar os seguintes custos unitários básicos para o mês de janeiro/2022:

Tabela 7 – CUB Projetos-Padrão Galpão Industrial (GI) e Residência Popular (RP1Q) – estado BA, data-base janeiro/2022

Tipologia	CUB (R$/m²)
RP1Q	R$1.804,17
GI	R$1.021,92

Adotamos, então, o valor referente à residência popular (RP1Q), qual seja: R$1.804,17/m². Multiplicando esse custo pela área equivalente das unidades habitacionais (32m²), temos que a construção de cada residência custará, em média, R$57.733,44, devendo-se acrescer ainda o valor do terreno, dos projetos, o lucro da contratada, os impostos e outros custos não contemplados pelo CUB.

4.1.2 Parâmetros para obras de saneamento

Em 2010, o Ministério das Cidades produziu informações de custos parciais e globais para implantação de infraestrutura de abastecimento

---

[70] ASSOCIAÇÃO BRASILEIRA DE NORMAS TÉCNICAS. NBR 12.721/2006: Critérios para avaliação de custos de construção para incorporação imobiliária e outras disposições para condomínios edilícios – procedimento. Rio de Janeiro, ABNT, 2006, p. 2.

de água e esgotamento sanitário.[71] Os dados foram obtidos com base nos contratos de saneamento financiados pelo próprio Ministério.

São informações referentes ao custo de obras de adução, estação de tratamento de água e esgoto, reservação, rede de distribuição de água, rede coletora de esgoto, ligações domiciliares de água, entre outras, todas na data-base de dezembro/2010.

Observe que essa estimativa de custos de saneamento não tem atualizações periódicas e, portanto, antes de utilizá-la, deve-se promover o reajuste dos preços a partir da data-base.

(continua)

Exemplo 2:

No estado do Pará, um gestor pretende implantar um sistema de abastecimento de água para 1,5 mil domicílios. Calcule o custo médio para implantar esse sistema.

Resposta: No documento do Ministério das Cidades (Nota técnica SNSA 492/2010[?]), podemos encontrar os seguintes custos médios para sistemas de abastecimento de água:

Tabela 8 – Referências de custos globais – Sistema de abastecimento de Água (data-base 1/2010)

INDICADOR	ESPECIFICAÇÃO	R$/HABITANTE						ATENDIMENTO
		Centro-Oeste	Nordeste	Norte	Sudeste	Sul	BRASIL	Demanda por intervenção/SAA
		3,1 hab/dom	3,3 hab/dom	3,5 hab/dom	3,0 hab/dom	2,9 hab/dom	3,1 hab/dom	Número de domicílios
IAA_CG	Composição do Custo Global de Sistema de Abastecimento de Água por habitante como ocupante domiciliar (IBGE; 2008)	993,00	809,00	543,00	920,00	.196,00	904,00	1.000 < D < 2.000
		739,00	526,00	429,00	556,00	723,00	575,00	2.001 < D < 4.000
		392,00	349,00	360,00	389,00	511,00	393,00	4.001 < D < 10.000
		289,00	289,00	286,00	340,00	442,00	333,00	10.001 < D < 20.000
		235,00	269,00	224,00	323,00	366,00	300,00	20.001 < D < 34.000
		198,00	252,00	208,00	343,00	437,00	307,00	34.001 < D < 64.000
IAA_CGm	Custo Global Médio	474,00	416,00	342,00	479,00	612,00	469,00	-

Fonte: BRASIL, 2010, p. 8.[?]

---

[71] BRASIL. Ministério das Cidades. *Nota Técnica da Secretaria Nacional de Saneamento Ambiental – NT SNSA nº 492/2010*: indicadores de Custos de Referência e de Eficiência Técnica para análise técnica de engenharia de infraestrutura de saneamento nas modalidades abastecimento de água e esgotamento sanitário. Disponível em: https://antigo.mdr.gov.br/images/stories/ArquivosSNSA/Arquivos_PDF/Referencias_Custos_Globais_Sistemas_Saneamento_Basico.pdf. Acesso em: 24 out. 2022.

(conclusão)

Exemplo 2:

Sabendo que a obra se localiza na Região Norte, teremos, portanto, um custo médio do sistema de R$543,00/ habitante. Para se chegar a uma estimativa do valor total, este valor deve ser multiplicado por 3,5 habitantes (quantidade extraída da Tabela 2) e depois por 1.500 (quantidade de domicílios atendidos pelo sistema), ou seja, todo o sistema custaria em torno de R$2.850.750,00.

Se depois disso o gestor quiser saber quanto gastaria, em média, só para fazer a rede de abastecimento de água, ele pode adotar as seguintes distribuições de custo:

Tabela 9 – Referência de composição porcentual do custo global para sistema de abastecimento de água

INDICADOR	ESPECIFICAÇÃO	REGIÃO	Captação	E.E.	Adução	ETA	Reservação	Rede	Ligação	Global
IAA_CG%	Composição porcentual do custo de sistema de abastecimento de água	Centro-Oeste	7	8	15	24	7	18	21	100
		Nordeste	10	6	16	19	11	21	17	100
		Norte	7	10	14	17	10	23	19	100
		Sudeste	11	7	18	8	21	12	23	100
		Sul	19	3	16	17	27	11	7	100
Média	Composição média do custo global	BRASIL	11	7	16	17	15	17	17	100

Fonte: *Ibid.*, p. 9.

Vê-se que, na Região Norte, o custo da rede de abastecimento é, em média, 23% do custo total do sistema. Logo, estima-se que o gestor gaste em torno de R$655.672,50 na execução da rede de abastecimento de água.

Vale observar que as estimativas acima se referem à data-base de janeiro/2010, devendo o gestor reajustá-la para uma data mais atual.

Verifica-se que essa nota técnica do Ministério das Cidades já está significativamente desatualizada e não teve novas edições.

Vale lembrar que, para períodos muito longos, o reajuste de preços causa distorções significativas nos valores. Por isso, convém buscar referências com data-base o mais próxima possível da data do orçamento da obra. Ex.: Não é adequado reajustar os valores dessa nota técnica do Ministério das Cidades para 2023, já que, em períodos superiores a 10 anos, é provável que distorções significativas ocorram. Nesse exemplo, convém buscar referências com data-base em 2021 ou 2022.

Há um estudo ainda mais antigo, de 2003, efetuado pelo Ministério das Cidades, que também trouxe estimativas paramétricas para custos de obras de saneamento. Tal estudo fez parte do Programa de Modernização do Setor Saneamento (PMSS) e embasou as estimativas de investimento que foram, depois, incorporadas ao Plano Nacional de Saneamento Básico (PLANSAB[72]).

O PMSS também tem um canal com diversos documentos publicados, que podem ser utilizados como apoio a estados e municípios.[73]

Há também publicações científicas efetuadas em periódicos especializados com dados de estimativas de custos sobre implantação de sistemas de esgotamento sanitário (rede, coletores e estações elevatórias).[74] Por exemplo, os dados de Pacheco *et al.* (2015) estão na data-base de maio/2011 e foram atualizados pelo Índice Nacional de Custos de Construção (INCC), para o primeiro semestre de 2013. Os modelos calculados por Pacheco *et al.* (2015) utilizam equações que variam de acordo com a vazão em L/s, conforme você pode ver na tabela a seguir:

---

[72] Maiores informações podem ser vistas no *link*: https://www.gov.br/mdr/pt-br/assuntos/saneamento/pmss/estudos-nacionais-e-regionais/dimensionamento-das-necessidades-de-investimentos. Acesso em: 2 set. 2022.

[73] Maiores detalhes no *link*: https://www.gov.br/mdr/pt-br/assuntos/saneamento/pmss/assistencia-tecnica. Acesso em: 2 set. 2022.

[74] PACHECO, R. P. et al. Estimativa de Custos visando orientar a tomada de decisão na implantação de redes, coletores e elevatórias de esgoto. *Revista Brasileira de Recursos Hídricos*, Porto Alegre, v. 20, n. 1, p. 73-81, 2015. Disponível em: https://abrh.s3.sa-east-1.amazonaws.com/Sumarios/176/a023f074993348f50df78ce94ab13663_987f735a1178b4b718b7490b657ab4f9.pdf. Acesso em: 2 set. 2022.

Tabela 10 – Equações para cálculo de estimativa de custos de componentes de sistemas de abastecimento de água (data-base 6/2013)

Componente	Equação	Limites da Equação	Nota:
Coletores e Interceptores	$y = 0,0014\ x^{2,3}$	DNs 200 a 400 mm	DNs próximos a 400 mm não são financeiramente viáveis, pois o material classificado desta equação foi o PVC – menos competitivo que o concreto armado da EQ 2
	$y = 0,0017\ x^{2,1}$	DNs 400 a 800 mm	------
Estações Elevatórias de Esgoto	$y = 98.000\ \ln(x) + 250.000$	H_{man} de até 15 m.c.a	Vazões entre 0 a 40 L/s
	$y = 191.000\ \ln(x) + 50.000$	H_{man} de 15 até 30 m.c.a	Vazões entre 0 a 380 L/s
	$y = 290.000\ \ln(x) + 140.000$	H_{man} de 30 até 45 m.c.a	Vazões entre 0 a 200 L/s
	$y = 775.000\ \ln(x) - 1.200.000$	H_{man} acima de 45 m.c.a	Vazões entre 0 a 260 L/s
Linhas de Recalque	$y = 4,3\ x^{0,8}$	Material em PEAD	DN 75 à 400 mm
	$y = 2,6\ x^{0,8}$	Material em PVC DeFoFo	DN 75 à 300 mm
			Mais econômico até DN 300 mm
	$y = 170\ \ln(x) - 470$	Material FoFo	DN 80 à 400 mm
	$y = 0,7\ x + 78$	Materiais PRFV e RPVC	DN 75 à 600 mm

Nota: y é custo em reais e x é vazão em L/s;

Fonte: PACHECO et al., 2015, p. 80.

Um estudo mais recente é o produzido por Pessoa (2019),[75] o qual ainda abarca uma comparação de estimativa de custos *per capita* (R$/hab) de implantação de redes de coleta de esgoto, conforme tabela a seguir:

Tabela 11 – Referências para estimativa de custos de componentes de sistemas de abastecimento de água (data-base 8/2017)

Fonte	Infraestrutura	N° de dados	Média simples	Q1 (25%)	Q2 (mediana)	Q3 (75%)
Presente estudo	Rede de coleta	113	1.947,56	972,40	1.257,28	2.680,91
	Rede de coleta + EEE	80	2.819,45	1.287,08	1.664,45	3.780,38
Colossi (2002)	Rede de coleta	18	309,68	171,72	244,27	360,94
SNSA (2010)	Rede de coleta	s/d	797,00	s/d	s/d	s/d

Fonte: PESSOA, 2019, p. 90.

Os dados do estudo de Pessoa (2019) se encontram na data-base de agosto de 2017 e abarcam outras análises, como estimativa de custos de estações de tratamento de esgoto (ETE) e de operação do sistema de coleta e tratamento de esgoto.

Nesse cenário, para pequenos municípios, vale lembrar que a Fundação Nacional de Saúde (Funasa) dispõe de um banco de dados com valores de obras de saneamento básico em pequenos municípios brasileiros, cujas informações podem ser solicitadas para consulta e eventual comparação com o objeto a ser contratado.

4.1.3 Avaliações baseadas em outras contratações similares

A legislação permite que, em casos específicos, como contratações integradas ou semi-integradas, além de metodologias expeditas ou paramétricas como as exemplificadas acima, sejam utilizadas

---

[75] PESSOA, Lucas M. *Análise de custos de implantação e operação de sistemas de esgotamento sanitário, considerando a modicidade tarifária.* 2019. 141 p. Dissertação de (Mestrado em Saneamento, Meio Ambiente e Recursos Hídricos) – Escola de Engenharia, UFMG, Belo Horizonte, 2019. Disponível em: https://www.smarh.eng.ufmg.br/defesas/1344M.PDF. Acesso em: 2 set. 2022.

avaliações aproximadas baseadas em contratações similares.[76] Tanto as metodologias expeditas como as avaliações aproximadas baseadas em contratações similares somente podem ser utilizadas nas frações do empreendimento não suficientemente detalhadas no anteprojeto.

Saiba que esse tipo de avaliação baseada em obras semelhantes requer alguns cuidados, sendo necessário ter atenção para a:

i. data-base do orçamento dos contratos de onde serão extraídos os dados – datas-bases muito distantes ou orçamentos muito desatualizados tendem a produzir estimativas pouco confiáveis ou distorcidas; e

ii. tipologia de obra que está sendo comparada – p.ex.: construção de rede de coleta de esgoto é uma tipologia de obra distinta da construção de uma estação de tratamento de esgoto.

De todo modo, vale lembrar que determinadas tipologias de obras, como creches e escolas, contam com algumas opções de projetos padrão elaborados pelo Fundo Nacional de Desenvolvimento da Educação (FNDE), as quais possuem orçamento detalhado. Obras de Unidades de Pronto Atendimento (UPA) e Unidades Básicas de Saúde (UBS) também têm projetos padrão desenvolvidos pelo Ministério da Saúde.

Além disso, esses órgãos possuem dados de outras obras de mesma tipologia que permitem fazer avaliações comparativas mais precisas do que a adoção de métodos genéricos, tais como o CUB.

Enfim, agora que conhecemos as possibilidades de estimativa de custos, vamos iniciar nossos estudos sobre o orçamento propriamente dito.

4.2 Orçamento

O orçamento é uma etapa mais avançada do que uma estimativa de custos. A elaboração de um orçamento só é possível quando o projeto já se encontra definido, permitindo o levantamento de todos os serviços necessários e suas respectivas quantidades e preços.

Nesse sentido, o orçamento é um documento técnico, no qual se registram as operações de cálculo de todos os custos da construção. Deve-se obedecer ao projeto aprovado e ao estabelecido nas especificações

---

[76] Lei nº 14.133/2021, art. 23, §5º.

técnicas, não omitindo nenhum dos serviços necessários à construção do empreendimento.

Os procedimentos adotados na elaboração do orçamento diferem consideravelmente dos que se adotam na estimativa de custos. Em linhas gerais, em um orçamento, para se chegar ao preço final da obra, o orçamentista deve discriminar, quantificar e precificar todos os serviços, lançando mão de consultas a:

- tabelas oficiais de preços (por exemplo, o Sinapi);
- pesquisas publicadas em mídia especializada;
- tabelas de referência formalmente aprovadas pelo Poder Executivo federal;
- sítios eletrônicos especializados ou de domínio amplo (desde que contenham data e hora de acesso);
- contratações similares feitas pela Administração Pública (em andamento ou concluídas no período máximo de 1 ano antes da data de pesquisa de preços, utilizando o índice de atualização de preços adequado);
- pesquisas na base nacional de notas fiscais eletrônicas; e
- fornecedores, solicitando-lhes cotação para equipamentos, materiais e serviços já perfeitamente definidos.

A Lei nº 14.133/2021[77] trouxe para o texto da lei de licitações regras e definições antes previstas em decretos (a exemplo do Decreto nº 7.983/2013) ou na jurisprudência do TCU, relativos à elaboração do **orçamento de referência** de obras e serviços de engenharia.

Orçamento de referência: peça técnica que traz o detalhamento do preço global a ser adotado pelo órgão público (preço de referência), e que expressa a descrição, as quantidades e os custos unitários de todos os serviços, incluídas as respectivas composições de custos unitários, necessários à execução da obra e compatíveis com o projeto que integra o edital de licitação.

Um aspecto importante é que o Decreto nº 7.983/2013 continua aplicável às licitações regidas pela Lei nº 14.133/2021 no âmbito da Administração Pública federal direta, autárquica e fundacional, por

---

[77] Lei nº 14.133/2021, art. 23.

força da Instrução Normativa da SEGES do Ministério da Economia (SEGES/ME) nº 72, de 12 de agosto de 2021[78].

Esse "orçamento de referência" da obra serve como a peça técnica que traz o detalhamento do preço global a ser adotado como referência na licitação e que expressa a descrição, as quantidades, os custos e preços unitários de todos os serviços, incluídas as composições de custos unitários, o detalhamento dos encargos sociais e da taxa de benefícios e despesas indiretas (BDI), ou seja, todos os valores necessários à execução da obra e compatíveis com o projeto que integra o edital de licitação.

A palavra "orçar" tem origem no latim popular do século XV, ORTiA, ORZARE (na língua italiana), e significa "aproximar o navio da linha do vento". Ou seja, remete à ideia de dar uma direção, um rumo a ser seguido, de forma a otimizar os esforços empreendidos.

As Leis nºs 14.133/2021[79] e 13.303/2016[80] trazem um importante conceito: o valor de referência da licitação deve ser compatível com os valores praticados no mercado, considerados os preços constantes de bancos de dados públicos e as quantidades a serem contratadas. O texto da lei ainda chama a atenção para que seja observada a eventual economia de escala e as peculiaridades do local de execução da obra, isto é, para as eventuais reduções de preço de materiais, equipamentos ou mão de obra decorrentes de uma possível grande quantidade a ser empregada no objeto ou para condições específicas do local de execução da obra que impactem no seu orçamento.

Antes de estudarmos o passo a passo de como é elaborado o orçamento de uma obra, devemos entender alguns conceitos importantes, a saber: diferença entre preço e custo de uma obra e classificação dos custos de uma obra (diretos e indiretos). Então, vamos começar por esses assuntos!

---

[78] Disponível em: https://www.gov.br/compras/pt-br/acesso-a-informacao/legislacao/instrucoes-normativas/instrucao-normativa-seges-me-no-72-de-12-de-agosto-de-2021. Acesso em: 24 out. 2022.
[79] Lei nº 14.133/2021, art. 23.
[80] Lei nº 13.303/2016, art. 31, §2º.

4.2.1 Diferença entre o preço e o custo de uma obra

O conhecimento dos conceitos de preço e custo é fundamental tanto para quem elabora um orçamento como para quem, de algum modo, vai utilizar suas informações. Confusões sobre estes conceitos podem acarretar grandes erros na interpretação de um orçamento de obras.

 Custo é tudo aquilo que onera o construtor; representa a soma dos insumos necessários à realização de um serviço. **Preço** é o valor final pago ao contratado pelo contratante; é o custo acrescido da remuneração do construtor (também denominado de benefício, bonificação ou lucro) e das despesas indiretas.

A expressão matemática que ilustra o método adotado para o cálculo do preço de venda de uma obra pode ser apresentada da seguinte forma:

$$PV = CD\ (1 + \%\ BDI)$$

Em que:
PV = Preço de Venda;
CD = Custos Diretos; e
BDI = Benefícios e Despesas Indiretas.

O preço de venda deve ser sempre compatível com os valores praticados no mercado, o que, por conseguinte, exige também que os custos estimados e a remuneração desejada estejam, obrigatoriamente, compatíveis com os valores de mercado.[81]

A forma de obter os custos de mercado para obras e serviços de engenharia está baseada nos parâmetros especificados na Lei nº 14.133/2021 (do Sinapi, Sicro, dados de pesquisas publicadas em mídia especializada, tabela de referência formalmente aprovada pelo Poder Executivo federal, sítios eletrônicos especializados ou de domínio amplo, desde que contenham data e hora de acesso, contratações similares feitas pela Administração Pública – em execução ou concluídas no período máximo de 1 ano antes da data de pesquisa de preços e pesquisas na base nacional de notas fiscais eletrônicas).[82]

---

[81] Lei nº 14.133/2021, art. 23.
[82] Lei nº 14.133/2021, art. 23, §2º.

Mais à frente, falaremos mais sobre o BDI, mas já cabe deixar como principal dica de leitura sobre o tema o Acórdão 2.622/2013-TCU-Plenário, especialmente seu relatório e voto.

4.2.2 Classificação dos custos da obra: diretos e indiretos

De um modo geral, os custos de uma obra são classificados em diretos ou indiretos. Essa classificação depende, essencialmente, da:

i. viabilidade técnica e conveniência de identificar, associar e mensurar um custo em relação a cada objeto de custeio; e
ii. viabilidade de se proceder à sua mensuração.

Os **custos diretos** compreendem os componentes de preço que devem ser devidamente identificados, quantificados e mensurados na planilha orçamentária da obra, de forma objetiva, por meio de alguma unidade de medida (quilogramas de materiais consumidos, horas de mão de obra utilizadas etc.).

São exemplos de custos diretos todos os serviços necessários à execução da obra (forma, armação, concreto, alvenaria, pintura etc.).

Perceba que **todos os serviços da planilha devem ser embasados em composições de custo unitário**, as quais devem listar cada um dos insumos (mão de obra, material e equipamentos) necessários à execução do respectivo serviço, seus coeficientes, que representam o consumo (no caso de materiais) ou a produtividade (no caso de mão de obra e equipamentos), o preço do insumo e seu preço total por unidade de serviço.

Os **custos indiretos**, por sua vez, são custos gerais não atribuíveis a determinado(s) serviço(s) ou custos comuns a diversos objetos de custeio alocados indiretamente por meio de critérios de rateios e, por isso, não são medidos individualmente. São calculados por meio de estimativas e aproximações, cuja precisão da mensuração pode conter algum grau de subjetividade.

São exemplos de custos indiretos: seguros de obra, alguns impostos, custos de manutenção da sede da construtora, o lucro da contratada etc. Ainda podemos incluir:

a) administração local da obra: corresponde aos gastos com a mão de obra para gerenciar a obra (engenheiros, encarregados, técnicos, estagiários), para efetuar o controle tecnológico de qualidade da obra (laboratoristas) e de segurança (vigias, porteiros, seguranças etc.);
b) equipamentos de proteção da integridade física dos trabalhadores, individuais (os EPI normalmente são apropriados por meio dos encargos sociais complementares) e coletivos (bandeja salva-vidas, sinalização etc.);
c) máquinas e equipamentos que não são específicos de determinado serviço, como equipamentos de transporte horizontal e vertical;
d) custos de mobilização e desmobilização: correspondem aos gastos com transporte de equipamentos, ferramentas, utensílios e pessoal para o canteiro de obras. Normalmente, o orçamentista não sabe o local da sede da licitante vencedora e o pessoal que será deslocado para a obra, impossibilitando a estimativa exata dos custos com mobilização e desmobilização. Como solução, adota alguma hipótese ou premissa sobre a origem dos equipamentos e do pessoal a ser mobilizado, devendo sempre justificar suas escolhas por meio de relatório técnico circunstanciado;
e) instalação do canteiro de obras: são os custos para montagem da infraestrutura física necessária ao perfeito desenvolvimento da execução da obra, composta de construções provisórias, compatíveis com a utilização, para escritório da obra, sanitários, oficinas, centrais de fôrma, armação, instalações industriais, cozinha/refeitório, vestiários, alojamentos, tapumes, estradas de acesso, placas da obra e ligações provisórias de água, esgoto, telefone e energia, devendo-se considerar também os custos para desmanche do canteiro ao término da obra; e
f) manutenção do canteiro de obras: telefonia e transmissão de dados, água e energia elétrica, materiais de consumo, aluguéis de contêineres, e demais equipamentos administrativos do canteiro, como o veículo usado para a fiscalização da obra em suas várias frentes ou o caminhão-pipa usado para a umectação das vias.

Dentre os custos indiretos da obra, cabe destaque a administração local, a manutenção do canteiro de obras e a mobilização e desmobilização. Embora sejam custos indiretos, a jurisprudência do TCU (cf. Acórdão 2.622/2013-TCU-Plenário) indica que essas rubricas devem estar discriminadas na planilha orçamentária de custos diretos, em razão de serem despesas passíveis de identificação, mensuração e discriminação e pelo fato de poderem ser medidas e pagas de forma individualizada.

Acerca disso, a jurisprudência do TCU também traz um importante entendimento acerca dos critérios de medição e pagamento para administração local, manutenção do canteiro de obra e mobilização e desmobilização. Esses serviços não devem ser medidos e pagos com base em parcelas fixas mensais, já que isso aumenta o risco de descolamento entre o avanço físico e o avanço financeiro da obra e de desembolsos indevidos de administração local, em casos de atrasos ou prorrogações injustificadas do prazo de execução da obra.

Ao receber parcelas fixas mensais de administração local, por exemplo, a partir do momento em que a obra começar a registrar atrasos em sua execução, a rubrica de administração local passará a ter saldo inferior ao que efetivamente será necessário para concluir a obra. Assim, a empresa contratada provavelmente iniciará pedidos de aditivos de acréscimo dessa rubrica, mesmo que já tenha recebido mais do que realmente deveria.

Uma medida que mitiga esses riscos é fazer com que o pagamento desses serviços ocorra com base em critérios de medição e pagamento que guardem correlação com a realidade da execução da obra, como, por exemplo, de forma proporcional à execução financeira global da obra (subitem 9.3.2.2 do Acórdão 2.622/2013-TCU-Plenário).

Compreendida a diferença entre preço e custo e a classificação dos custos de uma obra, vamos conhecer os passos para a elaboração do orçamento.

O desenho a seguir ilustra quais são essas etapas:

Figura 21 – Etapas para a elaboração de um orçamento de referência

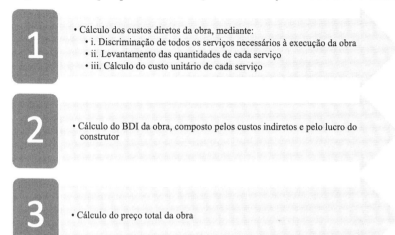

4.3 Elaboração do orçamento – 1º passo: discriminação dos serviços

O orçamento não deve omitir nenhum dos gastos que, em cada caso concreto, forem necessários para a execução do objeto. Para tanto, o orçamento é elaborado em estrita obediência aos demais elementos técnicos constituintes do projeto aprovado, isto é, de acordo com o estabelecido nos desenhos, nos memoriais descritivos, nas especificações técnicas e nas demais cláusulas contratuais que regem direitos e obrigações de ambas as partes.

Deve o gestor público ter a exata noção do escopo da contratação de elaboração do orçamento, ou seja, quais são os produtos a serem entregues pela empresa projetista/orçamentista.

Os projetos de construção civil possuem, na maior parte dos casos, grau de complexidade elevado em sua estrutura de produtos. Portanto, para permitir um gerenciamento eficaz, é necessário fragmentar esse ambiente complexo em estruturas menores.

Dessa forma, relacionam-se, em uma planilha, os grupos de serviços necessários à execução da obra. Por exemplo:

a) fundações – transmitem a carga de toda a estrutura ao terreno;
b) estruturas – recebem a carga de seu peso próprio e dos móveis e pessoas do interior da edificação, transmitindo às fundações;
c) vedações – paredes, que isolam ambientes externos e interno, ou dois ambientes internos de funções distintas;
d) cobertura – proteção contra chuva e sol;
e) revestimentos e acabamentos – protegem as estruturas e vedações contra intempéries, além de exercer função estética; e
f) instalações elétricas, hidráulicas, de esgoto sanitário, de combate a incêndio, de proteção contra descargas atmosféricas, e especiais (ar condicionado, elevadores etc.).

Após isso, é importante relacionar todos os serviços a serem realizados em cada grupo de serviços.

Chamamos de Estrutura Analítica de Projetos (EAP; ou *Work Breakdown Structure* – WBS, em inglês) essa "decomposição hierárquica" da obra em etapas. Cada nível descendente na hierarquia da EAP representa uma definição cada vez mais detalhada dos trabalhos, facilitando sobremaneira o gerenciamento e a cobrança de metas (qualidade, prazos e custos).

Figura 22 – Esquema gráfico de uma estrutura analítica de projeto (EAP) de uma obra pública hipotética

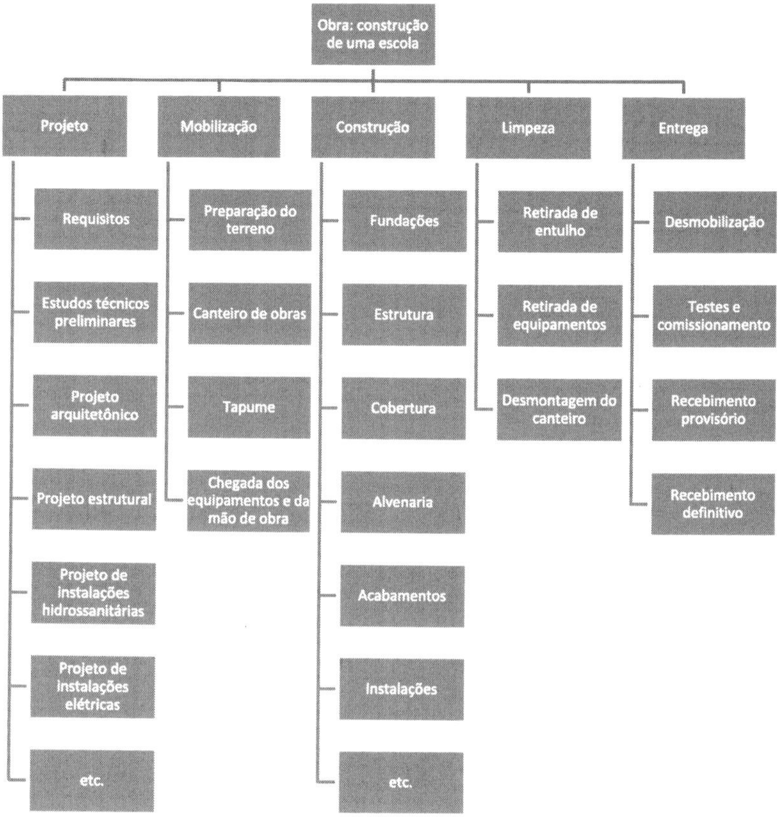

[Diagrama EAP: Obra: construção de uma escola, dividida em Projeto, Mobilização, Construção, Limpeza e Entrega]

- **Projeto**: Requisitos; Estudos técnicos preliminares; Projeto arquitetônico; Projeto estrutural; Projeto de instalações hidrossanitárias; Projeto de instalações elétricas; etc.
- **Mobilização**: Preparação do terreno; Canteiro de obras; Tapume; Chegada dos equipamentos e da mão de obra.
- **Construção**: Fundações; Estrutura; Cobertura; Alvenaria; Acabamentos; Instalações; etc.
- **Limpeza**: Retirada de entulho; Retirada de equipamentos; Desmontagem do canteiro.
- **Entrega**: Desmobilização; Testes e comissionamento; Recebimento provisório; Recebimento definitivo.

Fonte: elaboração própria.

Súmula TCU 177: A definição precisa e suficiente do objeto licitado constitui regra indispensável da competição, até mesmo como pressuposto do postulado de igualdade entre os licitantes, do qual é subsidiário o princípio da publicidade, que envolve o conhecimento, pelos concorrentes potenciais das condições básicas da licitação [...].

Apesar de cada projeto ser exclusivo, a EAP de um projeto anterior semelhante, com os mesmos requisitos de desempenho, pode ser utilizada como modelo inicial para a EAP de um novo projeto. Por esse motivo, atualmente é muito comum que as empresas projetistas já tenham um banco de dados informatizado para a EAP, com níveis de detalhamento e responsabilidades bem definidas, inclusive com controle de tempos e recursos, o que promove ganhos de produtividades relevantes, conforme figura a seguir:

Figura 23 – Níveis de uma estrutura analítica hipotética

Fonte: elaboração própria.

4.4 Elaboração do orçamento – 2º passo: levantamento de quantidades

A quantificação dos serviços se dá com base no levantamento das suas quantidades (áreas, volumes, perímetros, unidades etc.), obedecendo-se as respectivas especificações técnicas e os critérios de medição e pagamento.

 O levantamento de quantidades é ainda um excelente mecanismo de verificação de potenciais inconsistências, incoerências ou deficiências do projeto da obra. Um projeto realmente completo permite levantar e definir, com nível de precisão adequado, todas as quantidades de todos os serviços que compõem a obra.

O Sinapi possui um documento denominado *Cadernos Técnicos*,[83] onde podem ser encontradas especificações técnicas e critérios de medição e pagamento para os serviços mais usuais encontrados em obras de edificação e de saneamento.

Outra possível fonte para tais informações é o *Manual de Obras Públicas – Edificações – Práticas da Seap*.[84] De todo modo, a Lei nº

---

[83] Os cadernos técnicos do Sinapi podem ser encontrados no *link*: https://www.caixa.gov.br/poder-publico/modernizacao-gestao/sinapi/Paginas/default.aspx. Acesso em: 24 out. 2022.

[84] Disponíveis em: https://www.gov.br/compras/pt-br/acesso-a-informacao/manuais/manual-obras-publicas-edificacoes-praticas-da-seap-manuais. Acesso em: 24 out. 2022.

14.133/2021[85] estipula que se utilize, nos orçamentos de obras públicas de edificação e de saneamento, quando custeadas com recursos federais, a referência do Sinapi, passando para outros sistemas apenas quando este se mostrar inviável. Mais adiante, conheceremos mais detalhes sobre o Sinapi.

 O critério de medição deve estar explícito no edital de licitação!

Outro ponto importante a se considerar no levantamento de quantitativos é a escolha da unidade de medida, que deve ser coerente com as práticas de mercado, e devidamente explicitada no caderno de encargos ou especificação técnica sobre a forma de medição e pagamento de cada item da planilha.

Para melhor entendimento do assunto, vamos realizar o levantamento das quantidades de alguns serviços para o projeto do posto de saúde a seguir apresentado. Trata-se de exemplo adaptado de uma demonstração de uso do Sinapi, feita pela Caixa Econômica Federal, num projeto de um Centro de Referência Especializado de Assistência Social (CREAS):[86]

---

[85] Lei nº 14.133/2021, art. 23.
[86] Disponível em: https://www.caixa.gov.br/Downloads/sinapi-demonstracoes-de-uso-fichas-tecnicas/Ficha_Tecnica_10619.pdf. Acesso em: 1 set. 2022.

Figura 24 – Planta baixa do projeto arquitetônico – sem escala

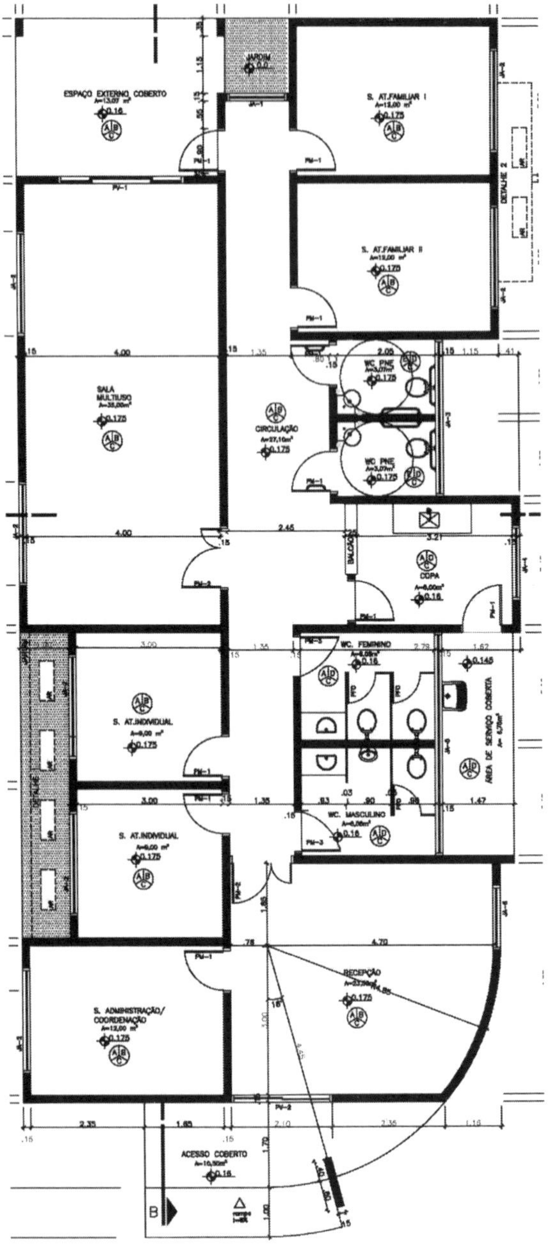

Fonte: www.caixa.gov.br

Qual a área do piso em cerâmica que deve constar da planilha orçamentária?

Resolução do Problema:

No caso hipotético, o projeto especificou piso em cerâmica com placa esmaltada padrão popular de 35 x 35 cm. O critério de medição estipulado pelos cadernos técnicos do Sinapi é o seguinte: "4. Critérios para quantificação dos serviços. Utilizar a área de revestimento cerâmico efetivamente executada. A área de projeção das paredes e todos os vazios na laje devem ser descontados."[87]

Portanto, é possível obter a área do piso de cerâmica diretamente da soma das áreas dos diversos cômodos da edificação:

Ambiente	Área(m²)
Espaço externo coberto	13,07
Sala de atendimento familiar I	12,00
Sala de atendimento familiar II	12,00
Circulação	27,10
WC 1 PNE	3,07
WC 2 PNE	3,07
Sala Multiuso	35,00
Copa	8,00
Área de serviço coberta	6,75
Sala de atendimento individual I	9,00
Sala de atendimento individual II	9,00
WC Feminino	6,08
WC Masculino	6,08
Recepção	23,30
Sala administração/coordenação	12,00
Acesso coberto	10,50
Total	196,02

Como já informado, a referência oficial para obras de edificação é o Sinapi. Sendo assim, o critério de medição deve ser o constante

---

[87] Cadernos Técnicos do Sinapi para o grupo Revestimento Cerâmico Interno – Lote 1, versão 8, última atualização: 10/2018, p. 406. Disponível em: https://www.caixa.gov.br/Downloads/sinapi-composicoes-aferidas-lote1-habitacao-fundacoes-estruturas/SINAPI_CT_LOTE1_REVESTIMENTOS_v008.pdf. Acesso em: 1 set. 2022.

naquele sistema. Consultando o caderno técnico de pisos do Sinapi,[88] há uma árvore de fatores para utilização das composições de preços unitários desse serviço, a saber:

Figura 25 – Árvores de fatores da composição do Sinapi referente a piso cerâmico interno

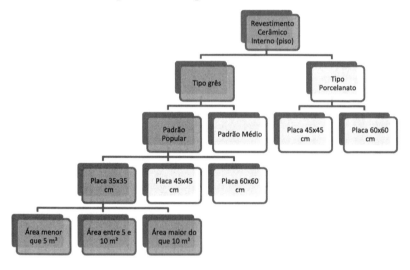

Fonte: www.caixa.gov.br

Portanto, é preciso segregar quais ambientes têm área inferior a 5 m² e quais possuem área entre 5 e 10 m² e área maior do que 10m², a fim de calcular corretamente a quantidade de cada item da planilha desse serviço, conforme exemplificado a seguir.

a) Ambientes com área inferior a 5 m²:

Ambiente	Área (m²)
WC 1 PNE	3,07
WC 2 PNE	3,07
Total	6,14

---

[88] Adaptado do Caderno Técnico do Sinapi do grupo Revestimentos Cerâmicos – *link*: https://www.caixa.gov.br/Downloads/sinapi-composicoes-aferidas-lote1-habitacao-fundacoes-estruturas/SINAPI_CT_LOTE1_REVESTIMENTOS_v008.pdf. Acesso em: 1 set. 2022.

b) Ambientes com área entre 5 e 10 m²:

Ambiente	Área (m²)
Copa	8,00
Área de serviço coberta	6,75
Sala de atendimento individual I	9,00
Sala de atendimento individual II	9,00
WC Feminino	6,08
WC Masculino	6,08
Total	44,91

c) Ambientes com área superior a 10 m²:

Ambiente	Área (m²)
Espaço externo coberto	13,07
Sala de atendimento familiar I	12,00
Sala de atendimento familiar II	12,00
Circulação	27,10
Sala Multiuso	35,00
Recepção	23,30
Sala administração/coordenação	12,00
Acesso coberto	10,50
Total	144,97

Feita essa segregação dos quantitativos, agora, basta alocar cada uma dessas quantidades para a respectiva tipologia de serviço do Sinapi, por exemplo:

Código	Ambiente	Área (m²)
93389	REVESTIMENTO CERÂMICO PARA PISO COM PLACAS TIPO ESMALTADA PADRÃO POPULAR DE DIMENSÕES 35X35 CM APLICADA EM AMBIENTES DE ÁREA MENOR QUE 5 M2. AF_06/2014	6,14
93390	REVESTIMENTO CERÂMICO PARA PISO COM PLACAS TIPO ESMALTADA PADRÃO POPULAR DE DIMENSÕES 35X35 CM APLICADA EM AMBIENTES DE ÁREA ENTRE 5 M2 E 10 M2. AF_06/2014	44,91
93391	REVESTIMENTO CERÂMICO PARA PISO COM PLACAS TIPO ESMALTADA PADRÃO POPULAR DE DIMENSÕES 35X35 CM APLICADA EM AMBIENTES DE ÁREA MAIOR QUE 10 M2. AF_06/2014	144,97

Na sequência, deve-se buscar o custo unitário (sem o BDI) de cada um dos serviços para a data-base do orçamento e calcular os preços unitários (incluindo o BDI) e total de cada item.

Vale lembrar que a etapa de levantamento das quantidades de cada item de serviço possibilita não apenas levantar a quantidade de insumos (materiais) a serem adquiridos, mas efetuar também o dimensionamento das equipes da obra (mão de obra e equipamentos).

O exemplo do levantamento de quantidades de piso em cerâmica também mostra outro aspecto importante. Observe como, para realizar o levantamento de quantidades, foi necessário consultar vários dados e informações do projeto da obra:

a) Especificação técnica do serviço: piso interno em revestimento cerâmico de placa esmaltada padrão popular 35x35 cm;
b) Planta baixa do projeto arquitetônico: para identificação das áreas de cada ambiente da edificação; e
c) Cadernos técnicos do Sinapi, a fim de escolher a composição que esteja de acordo com o projeto da obra.

A falta de qualquer uma dessas informações, como por exemplo a ausência de indicação de áreas de ambientes em uma planta baixa do projeto arquitetônico da edificação, pode indicar uma possível inconsistência ou deficiência do projeto básico, o que costuma ser uma irregularidade grave e que pode acarretar consequências negativas para a conclusão da obra, como atrasos, dificuldades na licitação e discussões de aditivos com a empresa contratada.

a) Responsabilidade técnica do orçamentista

No caso de contratação de empresa específica para elaborar o orçamento da obra, o gestor deve proceder à revisão dos produtos entregues pela contratada, a fim de realizar a conferência dos principais quantitativos de serviços das obras.

Quando o orçamentista, ou mesmo o gestor público, revisando um orçamento de obras, não consegue quantificar algum item da planilha, a partir das informações apresentadas no projeto básico, é necessário revisar/complementar esse projeto.

Caso o projeto não seja revisto, as licitantes (construtoras) provavelmente irão se deparar com o mesmo problema e questionarão a comissão de licitação. Ou, pior, não perceberão o erro ao elaborar suas propostas de preços e poderão reivindicar correções no decorrer da execução contratual, alegando que a Administração deveria ter fornecido um projeto adequado, a fim de que todos os licitantes tivessem, de forma isonômica, o conhecimento adequado do objeto licitado.

O orçamentista e o gestor revisor devem fazer uma leitura cuidadosa das plantas, identificando eventuais inconsistências em níveis de piso, dimensões de paredes, simbologias de esquadrias etc.

Por vezes, uma simples omissão de uma cota (dimensão do projeto) inviabiliza a conferência de um quantitativo. Outras vezes, falta algum detalhamento ao projeto ou, simplesmente, não há indicação no projeto dos serviços que se pretende quantificar (ex.: falta do projeto de paginação do revestimento da fachada).

No projeto do posto de CRAS citado anteriormente, por exemplo, os seguintes problemas prejudicaram uma melhor precisão do orçamento:

- Não dispomos de projeto estrutural, impossibilitando o cálculo exato da área de alvenaria, além de impossibilitar o levantamento dos quantitativos dos serviços relacionados à estrutura, como forma, armação e concretagem;
- Nas áreas molhadas, não foi especificado se existirá algum tipo de revestimento, influindo no cálculo da área de pintura; e
- Não há indicação clara da largura das calçadas frontal e posterior. No canto inferior esquerdo do desenho, é possível inferir que a largura da calçada frontal é de aproximadamente 1,00 m.

DICAS
A seguir, apresentam-se particularidades de alguns serviços que devem ser observadas para se evitar problemas na quantificação:
• Serviços de escavação, corte, aterro, carga e transporte de terra (m^3): o critério de medição deve deixar claro se o volume medido será calculado em projeto ou o solo solto, pois este solo sofre o fenômeno do "empolamento", isto é, o aumento do volume total do solo, em virtude do acréscimo de vazios, após este ser removido do seu estado natural, em que se encontrava compactado.
• Serviços de transporte de terra ou entulho: é importante avaliar a documentação de suporte às premissas adotadas para se estabelecer as chamadas Distâncias Médias de Transporte (DMTs) para os diversos materiais movimentados durante a execução da obra (aterro vindo da jazida, ou refugo da escavação sendo levado ao bota-fora).
• Serviço de execução de coberturas (telhados): o critério de medição deve deixar claro se considera a área de projeção horizontal do telhado ou a área de telhado inclinada, efetivamente executada, a qual sofre influência do grau de inclinação do telhado e do número de águas executadas.

4.5 Elaboração do orçamento – 3º passo: composições de custo

O custo de cada serviço da planilha é calculado por meio da sua composição de custo unitário, que é uma planilha em que constam discriminados todos os insumos (materiais, mão de obra e equipamentos) e respectivas quantidades necessárias à execução de uma unidade do serviço (1 m, 1 m², 1 m³, 1 kg, 1 unidade etc.), bem como seus preços.

A seguir, apresentamos um exemplo de uma composição de custo unitário do Sinapi para o serviço concreto fck = 15 MPa, preparado na obra com betoneira:[89]

Figura 26 – Detalhamento coeficientes de produtividade composição Sinapi de concreto fck 15 Mpa preparado em betoneira

Código / Seq.	Descrição da Composição	Unidade
01.FUES.CONC.002/01	CONCRETO FCK = 15MPA, TRAÇO 1:3,4:3,5 (EM MASSA SECA DE CIMENTO/ AREIA MÉDIA/ BRITA 1) - PREPARO MECÂNICO COM BETONEIRA 400 L. AF_05/2021	M3
Código SIPCI		
94963		
	Vigência: 07/2016 Última Atualização: 05/2021	

COMPOSIÇÃO					
Item	Código	Descrição	Unidade	Quant.
C	88831	BETONEIRA CAPACIDADE NOMINAL DE 400 L, CAPACIDADE DE MISTURA 280 L, MOTOR ELÉTRICO TRIFÁSICO POTÊNCIA DE 2 CV, SEM CARREGADOR - CHI DIURNO. AF_10/2014	CHI	0,7131
C	88830	BETONEIRA CAPACIDADE NOMINAL DE 400 L, CAPACIDADE DE MISTURA 280 L, MOTOR ELÉTRICO TRIFÁSICO POTÊNCIA DE 2 CV, SEM CARREGADOR - CHP DIURNO. AF_10/2014	CHP	0,7563
C	88377	OPERADOR DE BETONEIRA ESTACIONÁRIA/ MISTURADOR COM ENCARGOS COMPLEMENTARES	H	1,4695
C	88316	SERVENTE COM ENCARGOS COMPLEMENTARES	H	2,3275
I	4721	PEDRA BRITADA N. 1 (9,5 a 19 MM) POSTO PEDREIRA/FORNECEDOR, SEM FRETE	M3	0,5792
I	1379	CIMENTO PORTLAND COMPOSTO CP II-32	KG	273,0630
I	370	AREIA MEDIA - POSTO JAZIDA/FORNECEDOR (RETIRADO NA JAZIDA, SEM TRANSPORTE)	M3	0,8046

---

[89] Extraído do Caderno Técnico do Sinapi para o grupo "Produção de concreto em obra", última atualização: 5/2021. Disponível em: https://www.caixa.gov.br/Downloads/sinapi-composicoes-aferidas-lote1-habitacao-fundacoes-estruturas/SINAPI_CT_PRODUCAO_CONCRETO_05_2021.pdf. Acesso em: 1 set. 2022.

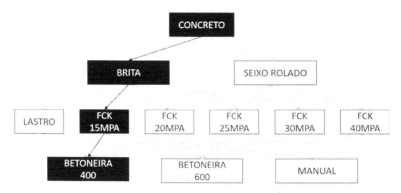

Fonte: Caderno Técnico do Sinapi.

De acordo com o Caderno Técnico do Sinapi, a composição acima remunera desde o carregamento dos materiais e sua colocação na betoneira até o tempo de mistura e tempo de descarregamento. Veja que, para o preparo de 1m³ desse concreto, é necessária 1 hora e 28 minutos (1,4695 hora) de operador de betoneira, 273,06 kg de cimento, 0,8046 m³ de areia e 0,5792 m³ de brita. Vemos ainda que, nesse ciclo de 1 hora e 28 minutos, em 45 minutos (0,7563 hora) a betoneira está efetivamente produzindo (CHP – Custo Horário Produtivo), e no restante do tempo, ela está aguardando os demais tempos da jornada, seja para carregamento ou descarregamento (CHI – Custo Horário Improdutivo). Por fim, são previstas 2 horas e 19 minutos de servente (2,3275 horas), ou seja, utilizam-se mais de um servente nesse ciclo, para ajudar no carregamento e descarregamento da betoneira.

Ao final da composição, podemos observar a "árvore de composições de concreto", que foi o modo adotado pelo sistema para possibilitar a visualização rápida de todas as possíveis composições desse serviço.

Como visto, as composições apresentam o consumo dos materiais e a produtividade dos equipamentos e da mão de obra necessários à execução de uma unidade de serviço.

Existem várias circunstâncias e eventos que podem causar um declínio no nível de produtividade, tais como a maior facilidade e/ou dificuldade de execução de cada serviço, o absenteísmo (falta ao trabalho), a rotatividade da mão de obra, excesso de horas extras, escassez de mão de obra, tipos de equipamentos ou materiais, baixa qualificação dos trabalhadores, retrabalho, condições climáticas adversas etc.

Perceba que, quando desenhos ou especificações estão com erros, com ambiguidade ou apenas não estão claros o suficiente, é provável haver declínio de produtividade, pois os integrantes da equipe não estarão certos sobre a forma exata de desenvolver suas atribuições ou simplesmente vão gastar mais tempo interpretando os projetos.

4.5.1 Principais sistemas de custos para obras públicas

As Leis de Diretrizes Orçamentárias federais, desde a Lei nº 10.524/2002 (LDO/2003) até a Lei nº 12.708/2012 (LDO/2013), e depois o Decreto Federal nº 7.983/2013, determinam que, no caso de orçamentos de referência de obras públicas, devem ser adotadas as produtividades e os consumos utilizados pelos sistemas referenciais oficiais de custos, sempre tomando o cuidado de buscar aquele serviço que mais se assemelha às condições particulares da obra a ser orçada.

Dentre as principais fontes para a definição dos custos diretos nos orçamentos de obras públicas, merecem destaque:

i. o Sistema Nacional de Pesquisa de Custos e Índices da Construção Civil (Sinapi), para obras de edificações e/ou realizadas em ambiente urbano; e

ii. o Sistema de Custos Rodoviários (Sicro), para obras rodoviárias.

As Leis nºs 14.133/2021[90] e 13.303/2016[91] reforçaram a necessidade de adoção do desses sistemas de custos.

Para saber mais:
Sinapi: disponível para consulta no link: www.caixa.gov.br/sinapi
Sicro: disponível para consulta no link: www.dnit.gov.br

a) Sicro

O Sicro é mantido pelo DNIT como referencial oficial de preços para obras rodoviárias. Ele possui atualização bimestral para 23 unidades da federação. De 2000 até abril/2017, o DNIT mantinha o sistema em sua versão denominada Sicro 2. De abril/2017 em diante, o sistema passou a ser denominado de Sistema de Custos Referenciais de Obras (Sicro). No Sicro atualizado após 2017, houve a introdução de composições de serviços relacionadas à execução de obras hidroviárias e de túneis.

---

[90] Lei nº 14.133/2021, art. 23.
[91] Lei nº 13.303/2016, art. 31, §2º.

Em razão do enfoque desta obra estar voltado a obras de edificações e de saneamento, traremos mais detalhes sobre o Sinapi. De todo modo, vale conhecer o Sicro e sua detalhada metodologia de cálculo de custos horários de equipamentos. O Sicro traz dados valiosos para obras de infraestrutura de transporte, inclusive para obras de pavimentação.

 Recomenda-se a leitura do manual do Sicro, principalmente seu volume 1 – Metodologias e conceitos – disponível em: https://www.gov.br/dnit/pt-br/assuntos/planejamento-e-pesquisa/custos-e-pagamentos/custos-e-pagamentos-dnit/sistemas-de-custos/copy_of_sicro

b) Sinapi

O Sinapi, por sua vez, é um banco de dados de composições de serviços alimentado por meio de pesquisa mensal de custos dos insumos da construção civil. As entidades que gerenciam e mantêm o Sinapi são a Caixa Econômica Federal e o Instituto Brasileiro de Geografia e Estatística (IBGE).

Os principais relatórios gerados pelo Sinapi são:

a) Relatório de custos de insumos;
b) Relatório sintético do custo de serviços;
c) Relatório composições analíticas com a discriminação dos insumos utilizados e dos coeficientes previstos por unidade de serviço, disponibilizado apenas para os órgãos conveniados;
d) Relatório conjuntura – evolução de custo e indicadores da construção civil; e
e) Relatório custos de projetos – residenciais, comerciais, equipamentos comunitários, saneamento básico, emprego e renda, baseados em projetos-padrão desenvolvidos pela Caixa.

Desses relatórios, merece destaque o **relatório de composições analíticas**, pois ele irá mostrar as composições dos serviços, as quais poderão ser apropriadas no orçamento da obra.

Além disso, a Caixa também disponibiliza os Cadernos Técnicos, onde constam as composições, as metodologias construtivas e os critérios de medição de cada serviço, além das Fichas de Insumo, onde constam as especificações técnicas dos materiais e equipamentos considerados nas composições.

Outros documentos de consulta relevantes para conhecer melhor o Sinapi são seus manuais de "Metodologias e conceitos", de "Cálculos e parâmetros" e suas Fichas de Especificações Técnicas de Insumos. Quando houver dúvida sobre o que abarca uma determinada composição do Sinapi ou quais insumos, equipamentos e materiais estão sendo contemplados, é sempre importante consultar a respectiva ficha de especificação técnica.

A formação de preços de insumos do Sinapi é feita mediante a organização em "famílias" homogêneas para as quais é selecionado o insumo mais recorrente no mercado brasileiro. Esse insumo é denominado "representativo" e seu custo é coletado periodicamente pelo IBGE no mercado. Já os demais insumos, denominados de "representados", têm seus custos calculados a partir da multiplicação do custo do insumo representativo por coeficientes de representatividade.

Há, ainda, insumos cujo preço é atribuído com base no preço do insumo para a localidade de São Paulo. Isso ocorre nos insumos em que não é possível definir o preço para a localidade do relatório, em razão de eventual insuficiência dos dados coletados na pesquisa.

O Sinapi adota algumas siglas nos relatórios de insumos para identificar cada tipo de insumo e sua respectiva fonte de preços:

C – insumo cujo preço é coletado pelo IBGE no mês de referência do relatório (insumo representativo);

CR – insumo cujo preço é obtido por meio de coeficiente de representatividade (metodologia família homogênea de insumos – insumo representado); e

AS – insumo cujo preço é atribuído com base no preço do insumo para a localidade de São Paulo.

Em decorrência da origem dos preços dos insumos, as composições também recebem classificações no relatório de composições. Quando todos os itens utilizados na composição têm custo unitário coletado pelo IBGE ou pela Caixa no mês de referência do relatório, a composição recebe a sigla "C"; quando ao menos um item tem seu custo obtido por meio de coeficiente de representatividade e não há nenhum item com custo atribuído com base no preço de São Paulo, a composição recebe a sigla "CR"; e, por fim, quando ao menos um item tem seu custo atribuído com base no custo para a localidade de São Paulo, a composição recebe a sigla "AS".

Os insumos de mão de obra também formam "famílias", com insumos representativos e representados. Vale lembrar que os custos de mão de obra são pesquisados junto a construtoras ou a entidades representantes das categorias profissionais. Os dados correspondem a custos de equipes próprias, não sendo considerados custos de regimes de empreitada ou de terceirização.

Vale lembrar também que, nos relatórios das composições analíticas do Sinapi, já estão incluídos os encargos sociais da mão de obra direta discriminada na composição. Os denominados "encargos complementares", como alimentação, equipamentos de proteção individual (EPI), ferramentas, exames admissionais/demissionais, seguro de vida, transporte dos empregados etc., também estão contemplados e aparecem como insumos extras nas composições, a exemplo do insumo "37370 – Alimentação (Encargos complementares)" ou "37371 – Transporte (Encargos complementares)".

É importante registrar que as composições do Sinapi não trazem em seu bojo as parcelas listadas a seguir:

- BDI do construtor;
- Mobilização e desmobilização;
- Equipamentos de proteção coletiva (bandejas, sinalização, extintores, guarda-corpo etc.); e
- Horas extras e adicional noturno no caso de obras executadas em mais de um turno.

Portanto, esses custos deverão ser apropriados separadamente pelo orçamentista.

Note que tanto a Lei nº 14.133/2021[92] quanto a Lei nº 13.303/2016[93], além de ratificar as disposições das citadas LDOs de que os custos de obras e serviços de engenharia deverão ser obtidos a partir do Sinapi e do Sicro, ainda estimulam que sejam desenvolvidos novos sistemas de referência de custos pelos órgãos e pelas entidades da Administração Pública Federal.

Conforme vimos, as composições de serviço do Sinapi agora estão organizadas em formato de árvore de fatores, a partir dos quais deve ser escolhida a composição apropriada ao caso concreto. Além dos exemplos já vistos, menciona-se o seguinte:[94]

---

[92] Lei nº 14.133/2021, art. 23.
[93] Lei nº 13.303/2016, art. 31.
[94] Extraído do Caderno Técnico do Sinapi do Grupo de Assentamento de Tubos de Concreto em Rede de Drenagem e Esgoto – Lote 3, última atualização: 11/2016, disponível em: https://

Figura 27 – Detalhamento da composição de fornecimento e assentamento de tubos de concreto para redes de coletoras de águas pluviais – Sinapi

Código / Seq.	Descrição da Composição	Unidade
03.ASTU.CONC.001/01	TUBO DE CONCRETO PARA REDES COLETORAS DE ÁGUAS PLUVIAIS, DIÂMETRO DE 300 MM, JUNTA RÍGIDA, INSTALADO EM LOCAL COM BAIXO NÍVEL DE INTERFERÊNCIAS - FORNECIMENTO E ASSENTAMENTO. AF_12/2015	M
Código SIPCI		
95565		
Vigência: 12/2015	Última atualização: 11/2016	

COMPOSIÇÃO					
Item	Código	Descrição	Unidade	Coeficiente	
C	88277	MONTADOR (TUBO AÇO/EQUIPAMENTOS) COM ENCARGOS COMPLEMENTARES	H	0,273	
C	88316	SERVENTE COM ENCARGOS COMPLEMENTARES	H	0,545	
C	5631	ESCAVADEIRA HIDRÁULICA (CAPACIDADE DA CAÇAMBA: 0,8 M³ / POTÊNCIA: 105 HP) - CHP	CHP	0,058	
C	5632	ESCAVADEIRA HIDRÁULICA (CAPACIDADE DA CAÇAMBA: 0,8 M³ / POTÊNCIA: 105 HP) - CHI	CHI	0,122	
C	88629	ARGAMASSA TRAÇO 1:3 (CIMENTO E AREIA MÉDIA), PREPARO MANUAL. AF_08/2014	M3	0,001	
I	40334	TUBO CONCRETO ARMADO, CLASSE PA-1, PB, DN 300 MM, PARA AGUAS PLUVIAIS (NBR 8890)	M	1,030	

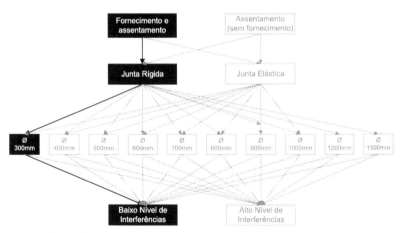

Fonte: Caderno Técnico do Sinapi.

Para escolher a composição de serviço adequada, é preciso saber se a contratada fornecerá e assentará ou se apenas assentará o tubo da

---

www.caixa.gov.br/Downloads/sinapi-composicoes-aferidas-lote3-saneamento-infraestrutura-urbana/SINAPI_CT_LOTE3_TUBOS_DE_CONCRETO_v003.pdf. Acesso em: 1 set. 2022.

rede coletora de águas pluviais, o material do tubo a ser usado, o tipo de junta dos tubos, seu diâmetro e as condições locais de implantação da obra (se há baixo ou alto nível de interferências).

O Caderno Técnico do Sinapi sobre essa composição traz algumas definições sobre como identificar se há baixo ou alto nível de interferências.

As composições do Sinapi também trazem a sigla "AF", a seguir explicada:

AF - Algumas composições tiveram seus coeficientes de produtividade aferidos em campo mediante metodologia própria feita pela Caixa Econômica Federal em parceria com instituições acadêmicas. Essas composições recebem a sigla AF e uma data ao lado, significando em que período a composição foi aferida em campo. Essa informação é importante, pois é comum o mercado de construção civil sofrer transformações tecnológicas que melhoram sua produtividade.

Outras siglas (C, CR e AS) já foram explicadas anteriormente.

Caso Prático:

Suponha que, em um orçamento de reforma de uma edificação hipotética, uma parcela relevante do preço da obra se refere à pintura. Na composição do Sinapi para o citado serviço consta que é necessária 0,4 hora de pintor para cada 1m². Contudo, por uma falha do orçamentista, a composição de pintura do orçamento de referência registrou 4,0 horas/m², ou seja, dez vezes mais. Somente uma empresa foi habilitada na concorrência e, em sua proposta, ela simplesmente copiou todos os preços unitários que constavam no orçamento de referência, sagrando-se vencedora com o mesmo preço do orçamento de referência. Com base nesta situação hipotética, seria correto solicitar à empresa a devolução dos valores recebidos indevidamente por causa de um erro no orçamento de referência do órgão licitante?

Resposta: Sim. O Acórdão 117/2014-TCU-Plenário confirmou que o regime jurídico-administrativo, a que estão sujeitos os particulares contratantes com a Administração, não lhes dá direito adquirido à manutenção de erros observados nas composições de preços unitários, principalmente quando em razão de tais falhas estiver ocorrendo o pagamento de serviços acima dos custos necessários e realmente incorridos para a sua realização. Constatada a sua presença de sobrepreço no ajuste, o controle do TCU deve incidir para promover a adequação necessária. Sendo materializado o enriquecimento sem causa da contratada, a saída é a devolução dos valores pactuados em excesso.

O mesmo raciocínio seria aplicado caso um imposto hipotético constante do BDI tivesse sua alíquota alterada após a contratação. A Administração deveria alterar a alíquota no BDI e, consequentemente, alterar o valor do contrato, de forma a contemplar a variação do imposto, não cabendo argumentar que o valor antigo estava previsto no contrato ou teria sido utilizado na licitação.

A leitura do volume "Metodologias e conceitos" é primordial para a compreensão e uso adequado das referências do Sinapi, disponível em: https://www.caixa.gov.br/Downloads/sinapi-composicoes-aferidas-sumario-composicoes-aferidas/SUMARIO_DE_PUBLICACOES_E_DOCUMENTACAO_DO_SINAPI.pdf

4.5.2 Salários e encargos sobre a mão de obra

Primeiramente, vamos relembrar que a Lei nº 14.133/2021[95] determina que os encargos sociais sejam incluídos no orçamento da obra.

As principais fontes de valores referenciais de salários são os sistemas referenciais de preços de obras (Sicro e o Sinapi) e os Acordos e Convenções Coletivas de Trabalho, disponíveis no sistema Mediador do Ministério do Trabalho e Emprego (http://www2.mte.gov.br/sistemas/mediador/).

 A Caixa Econômica Federal também publica uma memória de cálculo dos encargos sociais incluídos no Sinapi (disponível no link: https://www.caixa.gov.br/Downloads/sinapi-encargos-sociais-memorias-de-calculo/MEMORIA_DE_CALCULO_ENC_SOCIAIS_A_PARTIR_DE_NOVEMBRO_2019.pdf

Além do pagamento dos salários propriamente ditos, o empregador deve arcar ainda com os custos dos encargos sociais.

Encargos sociais são os custos incidentes sobre a folha de pagamentos de salários e têm sua origem na Consolidação das Leis do Trabalho (CLT), na Constituição Federal de 1988, em leis específicas e nas convenções coletivas de trabalho. Por este motivo, devem ser considerados nas composições de custo unitário, sendo usual já considerá-los no custo horário de cada profissional (engenheiro, pedreiro, servente, carpinteiro etc.).

Os encargos sociais são tratados de duas formas diferentes:

i. sobre a folha de pagamento, no caso de profissionais do quadro permanente da empresa, chamados mensalistas; ou
ii. sobre o custo operacional de mão de obra nas diversas frentes de trabalho da obra, chamados profissionais horistas (com apropriação das horas tomadas por apontadores).

---

[95] Lei nº 14.133/2021, art. 23, §2º.

A lei não determina quais profissionais devem ser horistas e quais devem ser mensalistas. Na prática, os trabalhadores dedicados aos serviços propriamente ditos, tais como pedreiro, servente, eletricista, encanador, carpinteiro, armador, entre outros, são considerados horistas; e os que não são atribuíveis a serviços específicos da obra, tais como, engenheiro, estagiário, mestre de obra, encarregados, laboratoristas, entre outros, são considerados mensalistas.

Os encargos sociais podem ser classificados em quatro grandes grupos, a seguir discriminados:

Grupo A – Encargos Sociais Básicos: são as contribuições sociais obrigatórias por lei, que incidem sobre a folha de pagamento;

Grupo B – São aqueles que sofrem incidência dos encargos sociais básicos;

Grupo C – São aqueles que não sofrem incidência dos encargos sociais básicos;

Grupo D – Taxa de Reincidência; e

Grupo E – Encargos complementares (EPI, ferramentas etc.).

Para a mão de obra horista, não existe nenhum encargo incluído no salário hora. Portanto, no percentual dos encargos sociais deve ser considerado tanto o repouso semanal remunerado quanto os feriados, pois essas parcelas não constam do valor da hora de trabalho, sendo pagas aos empregados complementarmente.

Para a mão de obra mensalista, os valores dos salários já englobam certos itens do custo, a exemplo do repouso semanal remunerado e dos feriados considerados como leis sociais.

Veja a seguir um exemplo de detalhamento dos encargos sociais, extraído do Sinapi, para o Distrito Federal referente ao período de outubro/2020 a setembro/2021.

Figura 28 – Detalhamento dos Encargos sociais incluídos no Sinapi para obras no DF entre 10/2020 e 9/2021

DISTRITO FEDERAL — DE 10/2020 A 09/2021

CÓDIGO	DESCRIÇÃO	COM DESONERAÇÃO HORISTA %	COM DESONERAÇÃO MENSALISTA %	SEM DESONERAÇÃO HORISTA %	SEM DESONERAÇÃO MENSALISTA %
	GRUPO A				
A1	INSS	0,00%	0,00%	20,00%	20,00%
A2	SESI	1,50%	1,50%	1,50%	1,50%
A3	SENAI	1,00%	1,00%	1,00%	1,00%
A4	INCRA	0,20%	0,20%	0,20%	0,20%
A5	SEBRAE	0,60%	0,60%	0,60%	0,60%
A6	Salário Educação	2,50%	2,50%	2,50%	2,50%
A7	Seguro Contra Acidentes de Trabalho	3,00%	3,00%	3,00%	3,00%
A8	FGTS	8,00%	8,00%	8,00%	8,00%
A9	SECONCI	1,00%	1,00%	1,00%	1,00%
A	Total	17,80%	17,80%	37,80%	37,80%
	GRUPO B				
B1	Repouso Semanal Remunerado	17,75%	Não incide	17,75%	Não incide
B2	Feriados	3,41%	Não incide	3,41%	Não incide
B3	Auxílio - Enfermidade	0,86%	0,67%	0,86%	0,67%
B4	13º Salário	10,62%	8,33%	10,62%	8,33%
B5	Licença Paternidade	0,07%	0,06%	0,07%	0,06%
B6	Faltas Justificadas	0,71%	0,56%	0,71%	0,56%
B7	Dias de Chuvas	1,31%	Não incide	1,31%	Não incide
B8	Auxílio Acidente de Trabalho	0,11%	0,08%	0,11%	0,08%
B9	Férias Gozadas	13,55%	10,63%	13,55%	10,63%
B10	Salário Maternidade	0,03%	0,03%	0,03%	0,03%
B	Total	48,42%	20,36%	48,42%	20,36%
	GRUPO C				
C1	Aviso Prévio Indenizado	4,12%	3,24%	4,12%	3,24%
C2	Aviso Prévio Trabalhado	0,10%	0,08%	0,10%	0,08%
C3	Férias Indenizadas	0,46%	0,36%	0,46%	0,36%
C4	Depósito Rescisão Sem Justa Causa	3,77%	2,96%	3,77%	2,96%
C5	Indenização Adicional	0,35%	0,27%	0,35%	0,27%
C	Total	8,80%	6,91%	8,80%	6,91%
	GRUPO D				
D1	Reincidência de Grupo A sobre Grupo B	8,62%	3,62%	18,30%	7,70%
D2	Reincidência de Grupo A sobre Aviso Prévio Trabalhado e Reincidência do FGTS sobre Aviso Prévio Indenizado	0,35%	0,27%	0,37%	0,29%
D	Total	8,97%	3,89%	18,67%	7,99%
	TOTAL(A+B+C+D)	83,99%	48,96%	113,69%	73,06%

Fonte: Caixa Econômica Federal, Sinapi, disponível em: https://www.caixa.gov.br/Downloads/sinapi-encargos-sociais-sem-desoneracao/ENCARGOS_SOCIAIS_OUTUBRO_2020_A_SETEMBRO_2021.pdf, Acesso em: 26 maio 2022.

Observe que a Lei nº 12.546/2011 (modificada pelas Leis nºs 12.844/2013 e 14.288/2021) instituiu nova regra que visa desonerar as empresas dos encargos previdenciários. Até a última redação dada pela

Lei nº 14.288/2021, o referido regime de desoneração de contribuições previdenciárias deverá viger até dezembro/2023.

De acordo com a referida lei, deve-se excluir dos encargos sociais a rubrica de 20% referente à Contribuição Previdenciária e, como medida compensatória, deve-se incluir diretamente no BDI uma alíquota sobre o lucro bruto relativo à Contribuição Previdenciária sobre a Renda Bruta (CPRB), que pode ser de 2 a 4,5%, a depender do ramo de atuação da empresa, conforme art. 7º-A da Lei nº 12.546/2011.

Essa regra é válida apenas para os Cadastros Específicos do INSS (CEI) criados posteriormente à vigência da lei. Contudo, sua aplicabilidade, atualmente, é opcional. Assim, cabe ao orçamentista avaliar qual alternativa é mais vantajosa, se incluindo a alíquota no cálculo do BDI ou se mantendo a rubrica de 20% nos encargos sociais. A tabela com o detalhamento dos encargos sociais desonerados é apresentada na figura anterior (Tabela 6 – observe que nos encargos sociais com desoneração a contribuição previdenciária é de 0%). Na prática, a desoneração tem se mostrado vantajosa quando o valor da mão de obra é relevante, se comparado ao valor dos materiais e equipamentos.

Por fim, um último ponto que costuma causar bastante discussão diz respeito aos chamados "encargos complementares": (i) transporte de empregados, (ii) alimentação, (iii) planos de saúde, (iv) seguros de vida em grupo, (v) equipamentos de proteção individual, (vi) ferramentas manuais, dentre outros custos associados exclusivamente à mão de obra.

O Sinapi já inclui esses encargos complementares em seus custos horários de mão de obra, por meio da inclusão nas composições de insumos especificamente desenhados para essa finalidade, como os insumos "37370 – Alimentação (encargos complementares)" ou "37371 – Transporte (encargos complementares)".

Desde 2014, o Sinapi calcula o custo horário proporcional de cada um desses itens, com base em dados de preço, utilização e durabilidade, e acresce o somatório desses custos ao valor de remuneração e encargos das diversas categorias, a título de "encargos sociais complementares". Com isso, o valor da mão de obra com os encargos sociais já considera esses custos, não devendo ser apropriados na planilha, pois haveria duplicidade.

4.5.3 Equipamentos

O custo dos equipamentos é expresso nas composições de custo unitário em unidades de hora de trabalho, podendo ser classificados em:

- **custos operativos**: correspondem aos custos do equipamento em pleno funcionamento. É calculado somando-se os custos horários de operação (combustíveis e lubrificantes), manutenção (mão de obra de manutenção, pneus, peças e reparos) e propriedade (juros, depreciação, seguros e impostos).
- **custos improdutivos**: correspondem aos custos do equipamento parado, com o motor desligado, mas com o operador à disposição. Nas horas improdutivas, alguns sistemas referenciais de preços, como o Sinapi e o Sicro (do DNIT), consideram o custo da mão de obra do operador do equipamento e o custo de propriedade do equipamento (depreciação, custo de oportunidade do capital, seguros e impostos).

No antigo Sicro-2, o custo improdutivo do equipamento abarcava somente o custo da mão de obra do operador. Isso mudou com o Sicro atualizado em 2017, o qual passou a incluir a parcela de custo de propriedade do equipamento no custo improdutivo.

Tanto no Sicro como no Sinapi, como regra, o salário dos operadores encontra-se incluído nos custos horários dos equipamentos. Entretanto, no caso do Sinapi, em equipamentos de menor porte, p. ex., uma betoneira, em que o operador pode realizar outras tarefas além da operação do equipamento, a parcela do custo de mão de obra do operador não é apropriada no custo horário produtivo do equipamento. Nesse tipo de situação, o operador aparece como um item direto na composição do serviço.

Outro aspecto que pode ter impacto na orçamentação dos serviços é a opção entre locação e compra dos equipamentos. Existem determinados tipos de equipamentos em que a praxe de mercado de construção é a locação, p. ex., elevadores de obra e gruas. Para esses equipamentos em que for usual a opção pela locação, o orçamento deve considerar essa condição (valor da locação).

Por sua vez, para os casos em que a praxe de mercado for a aquisição do equipamento, o orçamento também deve refletir essa condição (custos de propriedade).

4.5.4 Materiais de construção

As composições do Sinapi apresentam os coeficientes de consumo de todos os materiais necessários à execução de cada serviço, computando, na maioria dos casos, a perda dos materiais (ex.: tijolos, cerâmicas, aço, concreto etc.).

Citamos como exemplo da aceitação de perdas no coeficiente de consumo de materiais a composição de armação do Sinapi.[96]

 Importante: as perdas dos materiais devem ser consideradas apenas no coeficiente das composições de custo, nunca na planilha orçamentária!

Citamos como exemplo da aceitação de perdas no coeficiente de consumo de materiais a composição de armação do Sinapi.[97]

---

[96] Extraído do Caderno Técnico do Sinapi para "Armação para Estruturas de Concreto Armado", última atualização: 6/2022. Disponível em: https://www.caixa.gov.br/Downloads/sinapi-composicoes-aferidas-lote1-habitacao-fundacoes-estruturas/SINAPI_CT_ARMACAO_PARA_ECA_06_2022.pdf. Acesso em: 1 set. 2022.

[97] Extraído do Caderno Técnico do Sinapi para "Armação para Estruturas de Concreto Armado", última atualização: 6/2022. Disponível em: https://www.caixa.gov.br/Downloads/sinapi-composicoes-aferidas-lote1-habitacao-fundacoes-estruturas/SINAPI_CT_ARMACAO_PARA_ECA_06_2022.pdf. Acesso em: 1 set. 2022.

Figura 29 – Detalhamento de composição Sinapi de corte e dobra de aço CA-25 para armação de estruturas de concreto

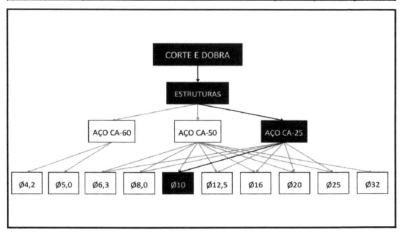

Fonte: Caderno Técnico do Sinapi.

Observe que, para cada 1kg de armação produzida, são necessários 1,11 kg de aço, o que demonstra uma perda estimada de 10% na execução do serviço.

A especificação dos serviços também exerce grande influência no preço unitário dos materiais, pois podem ser especificados materiais de qualidade e, consequentemente, preço diferenciados.

Também deve ser avaliado pelo orçamentista qual é o local e as condições de entrega dos materiais. Importantes são os conceitos de:

   i. custo "na obra", chamado de **custo CIF** (custos da aquisição do material na fábrica + seguros de transporte + frete, na sigla em inglês *cost, insurance and freight*, indicando que o preço é o do material já posto na obra pelo vendedor); e

ii. custo "sem frete", chamado de **custo FOB** (no local na fábrica ou do revendedor, na sigla em inglês *free on board*, cabendo ao comprador arcar com o transporte até a obra).

4.5.5 Aferição do custo dos materiais mais importantes da obra

A Lei de Licitações exige que o orçamento detalhado seja fundamentado em fornecimentos "propriamente avaliados".[98] Ou seja, com o intuito de orçar "propriamente" (adequadamente) os custos dos fornecimentos, o gestor deve, necessariamente, realizar detalhada pesquisa de mercado, tecendo as devidas considerações acerca das especificidades da obra, pois só assim poderá bem fundamentar sua decisão. Portanto, há que se considerar a natural ausência de um "redutor" de preços (descontos para compras em grande escala) em qualquer sistema de preços referenciais unitários.

A busca pela definição de parâmetros de mercado não deve se limitar a simples consultas junto a um, dois ou três fabricantes, principalmente se a obra for de maior porte e envolver importâncias significativas.

O estudo prévio para a definição de preços referenciais, em especial quando não existe correspondência nos sistemas referenciais aceitos pelo Tribunal (Sinapi, Sicro e outros), deve seguir os parâmetros especificados no art. 23, §2º, da Lei nº 14.133/2021:

a) utilização de dados de pesquisa publicada em mídia especializada, de tabela de referência formalmente aprovada pelo Poder Executivo federal e de sítios eletrônicos especializados ou de domínio amplo, desde que contenham a data e a hora de acesso;

b) contratações similares feitas pela Administração Pública, em execução ou concluídas no período de 1 (um) ano anterior à data da pesquisa de preços, devendo ser levado em contato o índice de atualização de preços adequados ao caso concreto;

c) pesquisa na base nacional de notas fiscais eletrônicas.

---

[98] Lei nº 14.133/2021, art. 6º, inciso XXV, alínea 'f' (Projeto Básico).

Para pesquisar licitações anteriores, pode-se usar o Portal de Compras do Governo Federal,[99] que está em fase de migração para o **Portal Nacional de Contratações Públicas** (PNCP), criado pela Nova Lei de Licitações.[100]

Além disso, outra importante fonte disponível é o **Painel de Preços**, sistema mantido pelo Governo Federal, que disponibiliza de forma bastante acessível os dados e as informações de compras públicas homologadas no referido Portal de Compras do Governo Federal, onde o usuário pode definir vários filtros de pesquisa: busca por processos de compra iguais ou equivalentes, quantidades a serem adquiridas, pesquisa por período, por região, por UF, entre outros.

Acessando o Painel de Preços (gov.br/paineldeprecos), o usuário pode customizar sua pesquisa definindo filtros que permitam a busca de processos de compra de insumos e serviços iguais ou equivalentes ao pesquisado, por região ou Unidade da Federação, unidade de fornecimento, quantidade a ser adquirida, modalidade da compra, período de análise, entre outros possíveis filtros.

Antes da edição da Lei nº 14.133/2021, o TCU vinha orientando os jurisdicionados a empreender pesquisas no mercado local para os insumos mais relevantes da obra, em particular para as obras de grande vulto, ainda que tais insumos constem dos sistemas referenciais de preços oficiais, como o Sinapi e o Sicro (Acórdãos 56/2013-TCU-Plenário e 2.984/2012-TCU-Plenário).

Obra de grande vulto, segundo a Lei nº 14.133/2021 (art. 6º, inciso XXII), é aquela cujo valor estimado supera R$200 milhões. Para esse tipo de obra, a lei faz exigências específicas relativas ao edital de licitação, as quais serão detalhadas em capítulo posterior deste livro.

A intenção é incorporar alguns dos descontos possíveis em face da escala da obra (compras em grandes quantidades), bem como as vantagens do efeito barganha (negociação entre comprador e vendedor). Não é admissível que a pesquisa de preços de mercado feita pela entidade seja destituída de juízo crítico acerca da consistência dos

---

[99] Disponível em: https://www.gov.br/compras/pt-br/acesso-a-informacao/consulta-detalhada. Acesso em: 1 set. 2022.

[100] Disponível em: https://www.gov.br/pncp/pt-br. Acesso em: 1 set. 2022.

valores levantados, especialmente quando observados indícios de preços destoantes dos praticados no mercado ou cotações ou pesquisas na base nacional de notas fiscais eletrônicas com grande variação de preço.

Como vimos, os custos dos insumos do Sinapi se baseiam em "famílias" homogêneas com insumos representativos e representados. Em vista disso, o próprio Manual do Sinapi indica que caberá ao orçamentista promover os ajustes eventualmente necessários nos custos de referência, em especial no caso de obras de grande porte, onde a compra de material seja predominantemente por atacado e/ou diretamente com a indústria ou produtores, bem como em insumos cujo preço seja o atribuído de São Paulo (código "AS").

4.5.6 Principais cuidados ao se utilizar o Sinapi

Além do cuidado em observar a árvore de fatores ao escolher a composição de preços unitários apropriada para a obra, é preciso tomar alguns cuidados adicionais.

O primeiro cuidado é verificar com atenção o caderno técnico da composição que estiver sendo utilizada, a fim de comparar as especificações utilizadas pela Caixa Econômica Federal no cálculo da composição em comparação com as especificações do projeto da obra que estiver sendo orçada.

O segundo cuidado é que, a depender da obra, pode haver custos não contemplados nas composições do Sinapi e que podem ser necessários para a execução de determinados serviços, a exemplo de: transporte vertical (grua, elevador de carga, entre outros), administração local, encarregado de equipe, almoxarife etc.

Além disso, quando o IBGE não consegue obter preços para determinado insumo em alguma região (ou apesar de conseguir alguns preços, estes possuem características que prejudicam seu tratamento estatístico – por exemplo, elevada variabilidade, pouca quantidade de preços coletados etc.), é atribuído ao item o valor obtido na região de São Paulo, situação em que constará o código AS na composição. Nesses casos, teremos, por exemplo, uma obra na Região Norte em que o preço de um ou mais insumos foram obtidos em São Paulo.

O terceiro cuidado é observar a distinção entre composições que funcionam como auxiliares e outras que são composições principais. O Sinapi possui ainda combinações entre os serviços principais e seus auxiliares, funcionando como *kits* de composições de serviços que normalmente são executados em conjunto na obra.

Um exemplo são os serviços que utilizam argamassa como composição auxiliar (contrapiso, alvenaria de vedação, chapisco, massa única etc.). Cada composição principal aparece combinada a composições auxiliares pertinentes ao caso e com as opções mais frequentes no mercado. São então disponibilizadas combinações com argamassas preparadas manualmente com traço representativo, com preparo mecânico (betoneira e misturador) e com argamassa industrializada.

P. ex., o serviço auxiliar de argamassa de contrapiso de código 87301 se refere a uma argamassa de traço 1:4 de cimento e areia e utiliza betoneira de 400l como equipamento. Caso a obra que esteja sendo orçada vá utilizar argamassa industrializada com misturador de 600kg (composição código 87387), o orçamentista deverá adaptar a combinação de composições de modo a refletir a realidade do projeto.

Um quarto cuidado é a atenção devida às particularidades da obra. No Sinapi, os custos dos insumos representativos são pesquisados pelo IBGE e, via de regra, não incluem o frete, exceto se indicado na descrição do insumo. Portanto, os custos não contemplam possíveis diferenças entre preços praticados em capitais ou em outras regiões da unidade federativa. Outro aspecto é que o custo pesquisado não reflete possíveis descontos que a empresa contratada poderá ter em processo de negociação e compra.

Nesses casos, é importante promover os ajustes que forem aplicáveis, de modo a refletir as particularidades da obra. Como exemplo, podemos citar:

a) Obras de grande porte: nesse caso, a compra de material costuma ser predominantemente por atacado e/ou diretamente com a indústria, o que com frequência se reflete em preços menores do que os constantes da tabela do Sinapi;

b) Obras distantes da capital, que possa ter preços locais de insumos diferenciados ou que necessitem de transporte a partir de outro centro, com a inclusão de frete; e

c) Situação em que o insumo com origem de preços "AS"[101] é muito significativo na curva ABC do orçamento.

---

[101] Isto é, aqueles insumos em que não foi possível obter preço mediante pesquisa na localidade e, por isso, tiveram seus preços atribuídos conforme o valor praticado em São Paulo.

4.6 Elaboração do orçamento – 4º passo: cálculo do BDI

Os Benefícios e Despesas Indiretas (BDI), por vezes denominado Lucro e Despesas Indiretas (LDI), são um percentual aplicado linearmente sobre todos os itens da planilha e representa o total dos custos indiretos mais o lucro do construtor.

Por ser um percentual e visando dar transparência a todos os valores constantes nos orçamentos de obras públicas, os editais de licitação devem apresentar em anexo, além das composições de custos unitários dos serviços da planilha e da demonstração dos encargos sociais, também o detalhamento do BDI, com a devida discriminação de cada componente de custos, que é fundamental para conferir transparência e controle nas contratações de obras públicas.

Os componentes do BDI são os seguintes: Administração Central, Despesas Financeiras, Impostos, Riscos e Imprevistos e Remuneração do Construtor.

A taxa de BDI de obras públicas é composta por três grupos: (i) despesas indiretas, compreendendo: taxas de rateio da administração central, riscos, seguros, garantias e despesas financeiras; (ii) remuneração da empresa contratada; e (iii) tributos incidentes sobre o faturamento.

Na literatura especializada, encontra-se uma grande variedade de métodos de cálculo do BDI, mas o TCU, em seus julgados, tem recomendado a seguinte fórmula:

$$BDI = \frac{(1 + (AC + R + S + G))(1 + DF)(1 + L)}{(1 - T)} - 1$$

Em que:

- **AC** = taxa representativa das despesas de rateio da administração central;
- **R** = taxa representativa de riscos;
- **S** = taxa representativa de seguros;
- **G** = taxa representativa de garantias;
- **DF** = taxa representativa das despesas financeiras;
- **L** = taxa representativa do lucro/remuneração; e
- **T** = taxa representativa da incidência de tributos.

Tendo em vista a necessidade de obter valores usualmente praticados de BDI, para fins do exercício de suas atividades de controle de preços das obras públicas, o TCU realizou estudo estatístico em milhares de contratos de obras públicas custeadas com recursos federais.
Nesse sentido, o Acórdão nº 2.369/2011-TCU-Plenário, retificado pelo Acórdão nº 2.409/2011-TCU-Plenário, traz disposições para o estabelecimento de um BDI paradigma para diversos tipos de obras.
Posteriormente, o Acórdão nº 2.622/2013-TCU-Plenário aprofundou os estudos e aumentou a amostra estatística, o que acabou resultando na modificação dos valores anteriores, passando a valer conforme tabela a seguir:

| VALORES DO BDI POR TIPO DE OBRA ||||
Tipos de obra	1º Quartil	Médio	3º Quartil
Construção de edifícios	20,34%	22,12%	25,00%
Construção de rodovias e ferrovias	19,60%	20,97%	24,23%
Construção de redes de abastecimento de água, coleta de esgoto e construções correlatas	20,76%	24,18%	26,44%
Construção e manutenção de estações e redes de distribuição de energia elétrica	24,00%	25,84%	27,86%
Obras portuárias, marítimas e fluviais	22,80%	27,48%	30,95%
BDI para itens de mero fornecimento de materiais e equipamentos	11,10%	14,02%	16,80%

No mesmo Acórdão, ainda foram apurados os percentuais de cada parcela que compõe o BDI, as quais são vistas nos itens a seguir.
Importante ressaltar que a jurisprudência do TCU indica, por exemplo, que o licitante pode apresentar a taxa de BDI que melhor lhe convier, desde que o preço proposto para cada item da planilha e, por consequência, o preço global não estejam superiores aos preços de referência, considerados os custos e a taxa de BDI referencial. Em outras palavras, a taxa de BDI com percentual acima do limite referencial não representa, por si só, superfaturamento, desde que o preço do contrato (custo + BDI) esteja compatível com o preço de mercado (cf. Acórdãos 2.738/2015, 2.452/2017, 1.466/2016, 220/2018, 1.959/2022, todos do Plenário).

4.6.1 Taxa de administração central

A taxa de administração central consiste em uma estimativa média de gastos para manter em operação a estrutura central das empresas, ou seja, gastos com salários de todo o pessoal administrativo e técnico lotado na sede central, no almoxarifado central, na oficina de manutenção geral, pró-labore de diretores, viagens de funcionários a serviço, veículos, aluguéis, consumos de energia, água, gás, telefone fixo ou móvel da sede da empresa, combustível, refeições, transporte, materiais de escritório e de limpeza, seguros, dentre outros. Esses valores são somados e distribuídos pelas obras em andamento da empresa.

É influenciada principalmente pelo porte, faturamento e eficiência da empresa, bem como pela quantidade de contratos em execução pela empresa.

Segundo o Acórdão nº 2622/2013-TCU-Plenário, os valores usuais dessa rubrica são os seguintes:

ADMINISTRAÇÃO CENTRAL			
Tipos de obra	1º Quartil	Médio	3º Quartil
Construção de edifícios	3,00%	4,00%	5,50%
Construção de rodovias e ferrovias	3,80%	4,01%	4,67%
Construção de redes de abastecimento de água, coleta de esgoto e construções correlatas	3,43%	4,93%	6,71%
Construção e manutenção de estações e redes de distribuição de energia elétrica	5,29%	5,92%	7,93%
Obras portuárias, marítimas e fluviais	4,00%	5,52%	7,85%

4.6.2 Riscos

Quanto aos riscos, a literatura geralmente os define como eventos futuros e incertos, originados de fontes internas e externas, que podem influenciar de forma significativa o alcance dos objetivos de uma organização, cuja probabilidade de ocorrência e seus impactos não podem ser determinados com precisão antecipadamente.

Em um orçamento de obra, por mais detalhado e criterioso que seja, é impossível prever com exatidão todas as peculiaridades do projeto. Sempre existirá um certo grau de incerteza na implantação de qualquer empreendimento, cujos diversos tipos de riscos podem afetar de forma positiva ou negativa os objetivos do projeto, tais como: prazo de execução, qualidade dos serviços executados, custos totais, escopo do objeto, dentre outros.

Perceba que a modalidade de licitação adotada impacta significativamente no risco a ser assumido pelo construtor. Na modalidade empreitada por preço unitário, por exemplo, o risco do construtor é relativamente baixo, já que todos os quantitativos dos serviços previstos na planilha serão revistos para fins de medição. Já na modalidade de empreitada por preço global, como o construtor é remunerado pela medição de etapas, há um risco relacionado à adequação dos quantitativos previstos para cada etapa.

Segundo o Acórdão nº 2622/2013-TCU-Plenário, os valores usuais dessa rubrica são os seguintes:

Tipos de obra	\multicolumn{3}{c	}{RISCO}
	1º Quartil	Médio	3º Quartil
Construção de edifícios	0,97%	1,27%	1,27%
Construção de rodovias e ferrovias	0,50%	0,56%	0,97%
Construção de redes de abastecimento de água, coleta de esgoto e construções correlatas	1,00%	1,39%	1,74%
Construção e manutenção de estações e redes de distribuição de energia elétrica	1,00%	1,48%	1,97%
Obras portuárias, marítimas e fluviais	1,46%	2,32%	3,16%

4.6.3 Seguros

As apólices de seguros são contratos regidos pelo direito privado, firmados entre o particular (segurado) e a companhia seguradora (segurador), por meio dos quais o segurador se obriga, mediante o recebimento antecipado de um prêmio, a reparar danos causados ao particular segurado, ou a terceiros, pela ocorrência de eventos alheios a sua vontade, devidamente especificados na apólice de seguro. Limita-se essa obrigação ao valor da importância segurada a que tem direito o segurado pela ocorrência do sinistro.

Nos orçamentos de obras públicas, considera-se que a parcela de seguros da composição de BDI refere-se ao valor monetário do prêmio de seguro, que pode variar de acordo com o perfil dos segurados e as características do objeto segurado, como: custos totais de implantação, complexidade e porte da obra, cronograma de execução, condições locais, métodos construtivos, dentre outras variáveis.

Deve ser feita a análise custo-benefício da relação existente entre o acréscimo de custos da obra com o repasse dos encargos financeiros do prêmio de seguro e os benefícios dessa contratação com a redução da taxa de riscos a ser considerada na composição do BDI. Entretanto, mesmo com a exigência de contratação de seguros, deve-se considerar que sempre existe um risco residual a que o particular ainda continua exposto, que deve ser tratado e mensurado na taxa de riscos do BDI.

No Acórdão nº 2622/2013-TCU-Plenário, os valores correspondentes à parcela de seguro são apresentados juntamente com os da parcela de garantias. Por isso, serão apresentados no tópico seguinte.

4.6.4 Garantias

A garantia contratual tem por objetivo resguardar a Administração Pública contra possíveis prejuízos causados pelo particular contratado, em razão de inadimplemento das disposições contratuais, sendo exigida por decisão discricionária do administrador público, desde que prevista no instrumento convocatório.[102]

A garantia prestada pelo particular é de no máximo 5% do valor do contrato e terá seu valor atualizado nas mesmas condições daquele. O limite da garantia poderá ser elevado até 10% do valor contratado, desde que justificada mediante análise da complexidade técnica e dos riscos envolvidos na obra.

No caso de obras de grande vulto, poderá ser exigida a prestação de garantia, na modalidade seguro-garantia, em percentual equivalente a até 30% do valor inicial do contrato.

A Nova Lei de Licitações – Lei nº 14.133/2021 – inaugurou ainda uma inovação. Poderá ser exigido que os seguros-garantia contenham a chamada "cláusula de retomada",[103] isto é, a obrigação de a seguradora, em caso de inexecução da obra pelo contratado, assumir a execução e concluir a obra.

O contratado é livre para escolher uma das quatro modalidades de garantia previstas em lei:

    i.   caução em dinheiro;
    ii. caução em títulos da dívida pública;
    iii. fiança bancária; ou
    iv. seguro-garantia.

---

[102] Lei nº 14.133/2021, art. 96.
[103] Lei nº 14.133/2021, art. 102.

Ao final da obra, o valor da garantia é restituído ao contratado. Por este motivo, o valor que deve constar no BDI referente à garantia é apenas para cobrir os eventuais custos com fiança bancária, seguro-garantia ou caução, e não o percentual da garantia propriamente dita.

No Acórdão nº 2622/2013-TCU-Plenário, os valores correspondentes à parcela de garantias são apresentados juntamente com os da parcela de seguros, conforme segue:

SEGURO + GARANTIA			
Tipos de obra	1º Quartil	Médio	3º Quartil
Construção de edifícios	0,80%	0,80%	1,00%
Construção de rodovias e ferrovias	0,32%	0,40%	0,74%
Construção de redes de abastecimento de água, coleta de esgoto e construções correlatas	0,28%	0,49%	0,75%
Construção e manutenção de estações e redes de distribuição de energia elétrica	0,25%	0,51%	0,56%
Obras portuárias, marítimas e fluviais	0,81%	1,22%	1,99%

4.6.5 Despesas financeiras

As despesas financeiras são valores relacionados ao custo de oportunidade ou de financiamento do capital decorrente do fluxo de caixa da obra, e ocorrem sempre que os desembolsos acumulados forem superiores às receitas acumuladas.

No caso de obras públicas, esse custo de oportunidade ou de financiamento geralmente é mensurado com base na taxa de juros referencial da economia (Taxa Selic).

O cálculo das despesas financeiras leva em consideração, especialmente, o prazo médio de financiamento da obra, isto é, o intervalo de tempo entre a data dos desembolsos financeiros e a data dos efetivos recebimentos das medições correspondentes, sendo considerado o período em que efetivamente a empresa terá que financiar as suas atividades operacionais, como estocagem, produção, pagamento aos fornecedores, medição dos serviços e recebimento das receitas.

Note que, na Administração Pública, o contratado pode acabar tendo que suportar atrasos de pagamento de medições já aprovadas e faturadas em notas fiscais em até 2 meses, contados da data de emissão da nota fiscal.[104]

Segundo o Acórdão nº 2622/2013-TCU-Plenário, os valores usuais dessa rubrica são os seguintes:

DESPESA FINANCEIRA			
Tipos de obra	1º Quartil	Médio	3º Quartil
Construção de edifícios	0,59%	1,23%	1,39%
Construção de rodovias e ferrovias	1,02%	1,11%	1,21%
Construção de redes de abastecimento de água, coleta de esgoto e construções correlatas	0,94%	0,99%	1,17%
Construção e manutenção de estações e redes de distribuição de energia elétrica	1,01%	1,07%	1,11%
Obras portuárias, marítimas e fluviais	0,94%	1,02%	1,33%

4.6.6 Remuneração do construtor

Ao longo do tempo, diversas terminologias foram empregadas pela literatura especializada para descrever o significado da letra 'B' da sigla BDI, sendo as mais tradicionais aquelas que expressam o significado de 'Bônus', 'Bonificação' ou 'Benefício'; e as mais recentes as que têm atribuído o significado contábil de 'Margem de Contribuição' ou 'Lucro Líquido ou Operacional'.

Seja qual for o procedimento de cálculo adotado, deve-se lembrar de que o lucro declarado no BDI é apenas uma meta, que, se alcançada, torna possível a justa remuneração da empresa em decorrência da obra.

Nesse cenário, o valor de remuneração utilizado pelo Acórdão 2.622/2013-TCU-Plenário é uma média representativa do mercado, calculada mediante critérios estatísticos. Os licitantes, portanto, possuem liberdade para incluírem em suas propostas o valor de remuneração que entenderem adequado, desde que o preço final unitário de cada item e global de sua proposta esteja abaixo do referencial de mercado estipulado pela Administração Pública, cabendo apenas atenção quanto a possíveis ocorrências de **"jogo de planilha"**, ou seja, quando, por meio de execução contratual e aditivos contratuais, ocorre a redução do desconto inicialmente ofertado na licitação.

---

[104] Lei nº 14.133/2021, art. 137, §2º, inciso II.

Jogo de planilha: consiste na alteração contratual posterior à assinatura do contrato, por meio de aditivo, dos quantitativos e/ou serviços previstos na licitação, com vistas a reduzir a quantidade de itens ofertados com valores inferiores aos praticados no mercado e/ou aumento do quantitativo de itens ofertados com sobrepreço, reduzindo, com isso, o desconto inicialmente ofertado na licitação.

Segundo o Acórdão nº 2622/2013-TCU-Plenário, os valores usuais dessa rubrica são os seguintes:

LUCRO			
Tipos de obra	1º Quartil	Médio	3º Quartil
Construção de edifícios	6,16%	7,40%	8,96%
Construção de rodovias e ferrovias	6,64%	7,30%	8,69%
Construção de redes de abastecimento de água, coleta de esgoto e construções correlatas	6,74%	8,04%	9,40%
Construção e manutenção de estações e redes de distribuição de energia elétrica	8,00%	8,31%	9,51%
Obras portuárias, marítimas e fluviais	7,14%	8,40%	10,43%

4.6.7 Tributos

Os tributos que incidem sobre o faturamento (receita bruta) de uma obra pública e que são inseridos no BDI compreendem:

i. o Imposto Sobre Serviços de Qualquer Natureza (ISS);

ii. o Programa de Integração Social (PIS); e

iii. a Contribuição Social para Financiamento da Seguridade Social (COFINS).

Esses tributos podem ter suas alíquotas alteradas com a adoção do regime diferenciado do Simples Nacional em relação às microempresas e empresas de pequeno porte.

No caso de execução de obras públicas, aplica-se o regime cumulativo de apuração de PIS e Cofins, cujas alíquotas máximas são de, respectivamente, 0,65% e 3%, incidentes sobre o preço de venda da obra. O setor de construção civil pode optar pelo Simples Nacional, que é um regime compartilhado de arrecadação, cobrança e fiscalização de tributos aplicável às microempresas e empresas de pequeno porte, previsto na Lei Complementar nº 123, de 14 de dezembro de 2006. Nesse caso, existem diversas alíquotas diferenciadas de PIS e Cofins aplicáveis às construtoras, que vão depender do seu faturamento anual. A Administração deve adotar as alíquotas máximas dos citados tributos em sua composição de BDI referencial. Com o intuito de estabelecer parâmetros objetivos para celebração de eventuais aditamentos contratuais, oriundos de alteração das alíquotas tributárias no decorrer da execução contratual, conforme previsto no art. 134, da Lei nº 14.133/2021, deve-se prever, nos editais de licitação, a exigência de que as licitantes optantes pelo Simples Nacional apresentem os percentuais de ISS, PIS e Cofins discriminados na composição do BDI em valores compatíveis com as alíquotas a que a empresa está obrigada a recolher, previstas no Anexo IV da Lei Complementar nº 123/2006, bem como que a composição de encargos sociais não inclua os gastos relativos às contribuições que essas empresas estão dispensadas de recolhimento (Sesi, Senai, Sebrae etc.), conforme dispõe o art. 13, §3º, da referida Lei Complementar.

No caso de prestação de serviços tais como elaboração de projetos e supervisão de obras, a depender do faturamento anual da empresa, pode ser aplicável o regime cumulativo ou não cumulativo de apuração de PIS e Cofins. Com a Lei nº 10.637, de 30 de dezembro de 2002, foi estabelecido o sistema não cumulativo para o cálculo desta contribuição para o PIS, passando a mesma a incidir sobre o valor agregado em cada etapa do processo produtivo. A alíquota do tributo foi majorada de 0,65%, para 1,65%. Com o advento da Lei nº 10.833, de 29 de dezembro de 2003, a apuração não cumulativa foi estendida também para a Cofins, com alteração da alíquota de 3% para 7,6%. Essa não cumulatividade significa a possibilidade de se efetuar descontos de créditos obtidos pela empresa sobre os valores resultantes da aplicação das novas alíquotas. Cabe ressaltar que as pessoas jurídicas tributadas pelo imposto de renda com base no lucro presumido ou arbitrado e as optantes pelo Simples Nacional não se enquadram no sistema não cumulativo, ou seja, permanecem sujeitas às normas da legislação do PIS e da Cofins vigentes anteriormente às Leis nºs 10.637/2002 e 10.833/2003, respectivamente, consoante o art. 8º, incisos II e III, e art. 10, incisos II e III, das referidas leis. Assim, a Administração deve estimar uma alíquota efetiva de PIS e Cofins na apuração do BDI, que, a depender da natureza dos serviços contratados, será variável, mas sempre inferior às alíquotas máximas de 1,65% e 7,6%, respectivamente. O TCU também entendeu que se deve estabelecer, nos editais de licitação, que as empresas sujeitas ao regime de tributação de incidência não cumulativa de PIS e Cofins apresentem demonstrativo de apuração de contribuições sociais comprovando que os percentuais dos referidos tributos adotados na taxa de BDI correspondem à média dos percentuais efetivos recolhidos em virtude do direito de compensação dos créditos previstos no art. 3º das Leis nºs 10.637/2002 e 10.833/2003, de forma a garantir que os preços contratados pela administração pública reflitam os benefícios tributários concedidos pela legislação tributária.

Além desses, como visto no tópico referente aos encargos sociais, um novo tributo incidente sobre o faturamento (receita bruta), denominado Contribuição Previdenciária sobre a Receita Bruta (CPRB), cuja alíquota pode ser de 2 a 4,5%, a depender do ramo de atuação da empresa (art. 7º-A da Lei nº 12.546/2011), foi criado por medidas provisórias para substituir temporariamente a contribuição previdenciária patronal de 20% sobre a folha de pagamento, devendo também ser incluído no BDI.

Vale observar que, na data de elaboração desta publicação (2022), o regime de contribuição previdenciária da CPRB, previsto na Lei nº 12.546/2011, foi prorrogado até dezembro/2023, conforme a última redação dada pela Lei nº 14.288/2021.

Observe que os tributos incidentes sobre a renda ou o lucro, tais como o Imposto de Renda Pessoa Jurídica (IRPJ) e a Contribuição Social sobre o Lucro líquido (CSLL), por não serem tributos incidentes sobre a atividade necessária à prestação de serviços e por sua natureza personalística, não devem ser discriminados na taxa de BDI de obras públicas.

Súmula TCU 254: Imposto de Renda Pessoa Jurídica (IRPJ) e a Contribuição Social sobre o Lucro Líquido (CSLL) não se consubstanciam em despesa indireta passível de inclusão na taxa de Bonificações e Despesas Indiretas (BDI) do orçamento-base da licitação, haja vista a natureza direta e personalística desses tributos, que oneram pessoalmente o contratado.

4.6.8 BDI diferenciado

Conforme estabelece a Súmula-TCU nº 253/2010, o percentual de BDI deve ser menor do que aquele aplicado sobre o valor da prestação de serviços nos casos em que alguns materiais e/ou equipamentos, por si só, corresponderem a um percentual significativo no preço global da obra, e houver justificativa técnica comprovando a inviabilidade de licitação específica para sua compra (assunto que será abordado com maiores detalhes no capítulo seguinte). Isso vale para os itens de fornecimento de materiais e equipamentos de natureza específica (que possam ser fornecidos por empresas com especialidades próprias e diversas) e que representem percentual significativo do preço global da obra.

Esse entendimento encontra-se disposto no art. 9º, §1º, do Decreto nº 7.983/2013, em que, havendo justificativa prévia, o fornecimento de materiais e equipamentos relevantes pode ser realizado juntamente com a execução dessa obra, porém, com uma taxa de BDI reduzida, ressalvando-se o caso de fornecimento de equipamentos, sistemas e materiais por encomenda, não padronizados e não enquadrados como itens de produção regular e contínua, cuja taxa de BDI pode ser calculada com base na sua complexidade, conforme prevê o §2º desse dispositivo legal.

Os serviços de engenharia são a atividade principal da empresa contratada, sendo o fornecimento de equipamentos e materiais apenas uma atividade acessória. Por configurar uma atividade econômica de mera intermediação da construtora, o que requer uma menor mobilização e complexidade no gerenciamento e na execução por parte da empresa, não seria razoável aplicar a taxa de BDI dos serviços de engenharia da obra.

Súmula TCU 253/2010: Comprovada a inviabilidade técnico-econômica de parcelamento do objeto da licitação, nos termos da legislação em vigor, os itens de fornecimento de materiais e equipamentos de natureza específica que possam ser fornecidos por empresas com especialidades próprias e diversas e que representem percentual significativo do preço global da obra devem apresentar incidência de taxa de Bonificação e Despesas Indiretas (BDI) reduzida em relação à taxa aplicável aos demais itens.

A redução da taxa de BDI para fornecimento de materiais e equipamentos relevantes se justifica pelo fato de as parcelas relativas à **administração central** e à **remuneração do particular** apresentarem percentuais inferiores em relação aos estabelecidos para a execução da obra, dado que o simples fornecimento desses bens apresenta menor complexidade e exige menor esforço e tecnologia em relação aos demais serviços prestados.

Segundo o Acórdão nº 2622/2013-TCU-Plenário, os valores usuais de BDI diferenciado são os seguintes:

BDI PARA ITENS DE MERO FORNECIMENTO DE MATERIAIS E EQUIPAMENTOS			
Parcela do BDI	1º Quartil	Médio	3º Quartil
Administração Central	1,50%	3,45%	4,49%
Seguro + Garantia	0,30%	0,48%	0,82%
Risco	0,56%	0,85%	0,89%
Despesa Financeira	0,85%	0,85%	1,11%
Lucro	3,50%	5,11%	6,22%

4.7 Orçamento Sintético e Analítico

Agora que já vimos todos os passos para a elaboração de um orçamento, passamos a estudar a principal classificação dos orçamentos, que é em função do seu conteúdo, a saber: o orçamento sintético e analítico.

Orçamento Sintético: o orçamento sintético é a própria planilha orçamentária, ou seja, é a relação de todos os serviços da obra com as respectivas unidades de medida, as quantidades e os custos unitários, calculados a partir dos projetos, do cronograma e das demais especificações técnicas, apresentando ainda os custos totais de cada serviço, o BDI e o preço total da obra.

Para ilustrar, veja a seguir o orçamento sintético de uma típica obra de edificação:

Figura 30 – Modelo de orçamento sintético de obra de edificação

Item	Discriminação	Unid.	Quantidade	Custo (R$) Unitário	Custo (R$) Total
2	Estrutura				
2.1	Concreto	m³	100,00	197,61	19.761,00
2.2	Forma chapa compensada e=12mm, 3 reaproveitamentos	m²	1.000,00	36,10	36.100,00
2.3	Armadura em aço - CA50	Kg	10.000,00	3,49	34.900,00
2.4	Transporte e lançamento de concreto em estrutura	m³	100,00	19,28	1.928,00
2.5	Laje pré-fabricada	m²	300,00	49,02	14.706,00
Total subitem					107.395,00
3	Vedações				
3.1	Alvenaria de vedação com tijolo cerâmico e=9 cm	m²	2.000,00	19,21	38.420,00
Total subitem					38.420,00
4	Cobertura				
4.1	Estrutura de madeira para telha cerâmica	m²	1.000,00	34,40	34.400,00
4.2	Cobertura telha cerâmica	m²	1.000,00	32,26	32.260,00
Total subitem					66.660,00
5	Acabamentos				
5.1	Chapisco traço 1:3 em teto	m²	300,00	5,33	1.599,00
5.2	Emboço em teto	m²	300,00	11,91	3.573,00
5.3	Chapisco em parede	m²	4.000,00	2,52	10.080,00
5.4	Emboço em parede	m²	4.000,00	9,73	38.920,00
5.5	Azulejo c/ argamassa pré-fabricada	m²	300,00	16,17	4.851,00
5.6	Pintura latex PVA duas demãos	m²	4.300,00	6,11	26.273,00
Total subitem					85.296,00
Custo Total					R$ 411.657,40
BDI		30%			R$ 123.497,22
Preço total					R$ 535.154,62

Fonte: *Cartilha de Obras Públicas*, TCU, 3. ed.

Vale ressaltar que todos os serviços necessários à execução da obra devem estar discriminados na planilha. Dessa forma, apesar do termo "sintético", a planilha orçamentária da obra pode englobar milhares de itens, abrangendo diversas etapas ou parcelas de um empreendimento. Pode ainda ser formado por uma grande quantidade de planilhas orçamentárias distintas.

Súmula TCU 258/2010: As composições de custos unitários e o detalhamento de encargos sociais e do BDI
integram o orçamento que compõe o projeto básico da obra ou serviço de engenharia;
devem constar dos anexos do edital de licitação e das propostas das licitantes; e
não podem ser indicados mediante uso da expressão "verba" ou de unidades genéricas.

Orçamento Analítico: também denominado de orçamento detalhado, é a planilha orçamentária (orçamento sintético) detalhada em Composições de Custos Unitários de todos os serviços, pois, para se chegar ao preço unitário de cada serviço, é necessário estimar o consumo ou produtividades de cada insumo (mão de obra, equipamentos e materiais).

Fonte: elaboração própria.

Saiba que, de acordo com a nova Lei de Licitações, o orçamento detalhado/analítico faz parte do projeto básico e, em regra, as licitações somente podem ser realizadas quando houver tal orçamento, de modo a expressar a composição de todos os custos aplicáveis à obra.[105]

Já no caso da Lei nº 13.303/2016,[106] houve veto aposto pelo Chefe do Poder Executivo acerca da exigência de orçamento detalhado como parte integrante do projeto básico de obras e serviços de engenharia. Entretanto, a Lei nº 13.303/2016[107] pontua que o projeto básico deve ter elementos necessários e suficientes, de modo a permitir a avaliação do custo da obra.

Além disso, é obrigatório haver projeto básico nos regimes de execução de empreitada por preço unitário, empreitada por preço global, empreitada integral e contratação semi-integrada.

---

[105] Lei nº 14.133/2021, art. 6º, inciso XXV, alínea "f".
[106] Veto ao art. 42, inciso VIII, alínea "f" da Lei nº 13.303/2016.
[107] Lei nº 13.303/2016, art. 42, inciso VIII.

Como regra, a Lei nº 14.133/2021 e a Lei nº 13.303/2016 preveem que as obras e os serviços somente poderão ser licitados quando existir orçamento detalhado (analítico) em planilhas que expressem a composição de todos os seus custos unitários. Exceção a essa regra se faz apenas no regime de contratação integrada, ocasião em que pode ser utilizado orçamento sintético ou metodologia expedita ou paramétrica.

4.8 Como orçar itens que não existem no Sinapi

O Sinapi, muitas vezes, não permite a aplicação direta de suas composições para o serviço a ser orçado. Dessa forma, existem algumas possibilidades para calcular o preço unitário desses serviços que não têm similar no Sinapi:

a) Adaptar a composição do Sinapi;
b) Adotar composição constante de outro sistema referencial oficial; ou
c) Adotar cotações de outros fornecedores ou preços do mesmo serviço de obras similares.

Da mesma forma, as tabelas de referência nem sempre apresentam o custo de todos os insumos necessários à execução da obra. Nesse sentido, o art. 23 da Lei nº 14.133/2021 traz importante direção quanto à preferência a ser adotada na seleção da origem dos preços referenciais da Administração, conforme se vê a seguir:

> Art. 23. O valor previamente estimado da contratação deverá ser compatível com os valores praticados pelo mercado, considerados os preços constantes de bancos de dados públicos e as quantidades a serem contratadas, observadas a potencial economia de escala e as peculiaridades do local de execução do objeto. [...]
> §2º No processo licitatório para contratação de obras e serviços de engenharia, conforme regulamento, o valor estimado, acrescido do percentual de Benefícios e Despesas Indiretas (BDI) de referência e dos Encargos Sociais (ES) cabíveis, será definido por meio da utilização de parâmetros na seguinte ordem:
> I - composição de custos unitários menores ou iguais à mediana do item correspondente do Sistema de Custos Referenciais de Obras (Sicro), para serviços e obras de infraestrutura de transportes, ou do Sistema Nacional de Pesquisa de Custos e Índices de Construção Civil (Sinapi), para as demais obras e serviços de engenharia;

II - utilização de dados de pesquisa publicada em mídia especializada, de tabela de referência formalmente aprovada pelo Poder Executivo federal e de sítios eletrônicos especializados ou de domínio amplo, desde que contenham a data e a hora de acesso;
III - contratações similares feitas pela Administração Pública, em execução ou concluídas no período de 1 (um) ano anterior à data da pesquisa de preços, observado o índice de atualização de preços correspondente;
IV - pesquisa na base nacional de notas fiscais eletrônicas, na forma de regulamento.

Se, após seguir a ordem acima, ainda assim não tiver sido possível obter os preços de insumos e/ou serviços específicos, pode-se valer das técnicas explicadas anteriormente, no tópico sobre de aferição do custo dos materiais mais importantes da obra, por exemplo, Portal Nacional de Contratações Públicas, Painel de Preços e outras ali mencionadas.

Destacamos que a utilização de cotações de mercado deve ser empregada somente em último caso, quando não for possível a obtenção do preço por nenhuma das técnicas anteriores.

Vale lembrar que o Decreto nº 7.983/2013 permanece vigente até a data de elaboração deste material. Esse normativo prevê a possibilidade de realização de pesquisa de mercado para apuração de custos de obras públicas, em caso de inviabilidade de uso do Sinapi ou do Sicro.[108]

4.8.1 Adaptações de composições do Sinapi

A adaptação de composições do Sinapi é uma das técnicas mais usuais. Sua metodologia consiste em escolher a composição do Sinapi que mais se aproxima do serviço a ser orçado e modificar seus insumos, seus coeficientes e suas produtividades, a fim de aperfeiçoá-la, podendo ainda incluir insumos faltantes, até que seja atingida a mesma condição que será a utilizada na obra.

Podemos citar como exemplos usuais dessa técnica, entre outros:

- Substituição de materiais cerâmicos para revestimento de pisos e/ou paredes, de modo a adequar a especificação e custo desses materiais ao projeto;
- Inclusão de aditivos em composições de concreto e/ou argamassa; e
- Inclusão de andaimes para trabalhos em altura.

---

[108] Decreto nº 7.983/2013, art. 6º.

De preferência, sempre que possível, os insumos devem ser substituídos por outros constantes de composições ou catálogo de insumos do próprio Sinapi, de modo a se evitar que o orçamento contenha um mesmo insumo com custos diferentes.

4.8.2 Outros sistemas referenciais de custos

Além do Sinapi e do Sicro, existem outros sistemas de custos de obra que são mantidos por outras instituições da Administração Pública, em suas diversas esferas, e a legislação admite seu uso quando forem de domínio amplo e disponíveis em sítios eletrônicos.[109]

Ao utilizar composições de mais de uma tabela de referência em um mesmo orçamento, sempre que possível, os preços dos insumos devem ser substituídos pelo seu correspondente da tabela principal que se está utilizando (por exemplo, pelo custo do Sinapi), de modo a evitar que o orçamento contenha um mesmo insumo com custos diferentes.

A fim de informar acerca de sua existência, elencam-se a seguir alguns sistemas que são de maior interesse para orçamentos de obras de edificações e de saneamento.

Tabela de engenharia consultiva do DNIT, disponível em: https://www.gov.br/dnit/pt-br/assuntos/planejamento-e-pesquisa/custos-e-pagamentos/custos-e-pagamentos-dnit/engenharia-consultiva;

Tabela DNOCS – Mantido pelo Departamento Nacional de Obras Contra as Secas;

Sistema Atrium da Codevasf – Mantido pela Companhia de Desenvolvimento dos Vales do São Francisco e Parnaíba – não disponível para consulta pública;

ANP – Agência Nacional do Petróleo, Gás Natural e Biocombustíveis – *sites* com os preços de distribuição de produtos asfálticos: http://www.anp.gov.br;

Aneel – Banco de preços para serviços de transmissão de energia elétrica – orçamento de linhas de transmissão e subestações;

Eletrobrás – Sistema para elaboração de orçamentos de obras civis de Usinas Hidrelétricas (Sisorh): http://www.eletrobras.gov.br;

SCO-RIO – Sistema de custos de obras mantido pela Prefeitura Municipal do Rio de Janeiro, boa ferramenta de pesquisa de preços de referência, pode ser consultado em: http://www2.rio.rj.gov.br/sco/;

---

[109] Lei nº 14.133/2021, art. 23, §2º, inciso II.

DER-ES – Departamento de Edificações e de Rodovias do Espírito Santo – há uma tabela de edificações e outra de rodovias: https://der.es.gov.br/referencial-de-precos-edificacoes e https://der.es.gov.br/referencial-de-precos-rodovias;

ORSE – Orçamento de Obras de Sergipe – O Orse é um dos melhores sistemas disponíveis para consulta pública: http://www.cehop.se.gov.br/orse/;

Seinfra/CE – Secretaria de Infraestrutura do Estado do Ceará – sistema com grande número de composições de serviços novos, boa ferramenta de pesquisa: https://www.seinfra.ce.gov.br/tabela-de-custos/;

Seinf/Fortaleza – Secretaria Municipal de Desenvolvimento Urbano e Infraestrutura da Prefeitura de Fortaleza/CE: https://infraestrutura.fortaleza.ce.gov.br/;

Secretaria Municipal de Infraestrutura Urbana e Obras – Prefeitura de SP – Tabelas com custos unitários para obras de infraestrutura e edificações. Disponível em: https://www.prefeitura.sp.gov.br/cidade/secretarias/obras/tabelas_de_custos/index.php?p=327216;

Sinfra/MT – Secretaria de Estado de Infraestrutura de Mato Grosso. Preços de Obras Civis e Composições de Preços unitários de referência: http://www.sinfra.mt.gov. br;

SEINFRA/MG – Secretaria de Estado de Infraestrutura e Mobilidade de Minas Gerais: http://setop.mg.gov.br/;

Secretaria de Estado de Infraestrutura do Rio Grande do Norte/RN: http://sin.rn.gov.br/Index.asp;

SEDOP/PA – Secretaria de Estado de Desenvolvimento Urbano e Obras Públicas do Pará: https://www.sedop.pa.gov.br/;

SEOP/PR – Secretaria de Estado de Desenvolvimento Urbano e Obras Públicas do Paraná: https://www.desenvolvimentourbano.pr.gov.br/

SMI/RJ – Secretaria Municipal de Infraestrutura do Rio de Janeiro/RJ: https://www.rio.rj.gov.br/web/smi;

SEINF/TO – Secretaria de Infraestrutura, Cidades e Habitação do Estado do Tocantins: https://www.to.gov.br/seinf/;

SEINFRA/AM – Secretaria de Estado de Infraestrutura do Amazonas: http://www.seinfra.am.gov.br/;

SEIE/PB – Secretaria de Estado de Infraestrutura, dos Recursos Hídricos e do Meio Ambiente da Paraíba: https://paraiba.pb.gov.br/diretas/secretaria-de-infraestrutura-dos-recursos-hidricos-e-do-meio-ambiente/;

CDHU/SP – Companhia de Desenvolvimento Habitacional e Urbano – Secretaria de Habitação do Estado de São Paulo: https://cdhu.sp.gov.br/;

Novacap/DF – Companhia Urbanizadora da Nova Capital do Brasil – Tabela de Insumos e Serviços da Área de Edificações: https://novacap.df.gov.br/;

Frise-se que existem ainda sistemas mantidos por companhias estaduais de saneamento, entre as quais: Caesb, Saneago, Sanepar, Compesa, Copasa/MG, Sabesp, Embasa, Agespisa/PI, Cagepa/PB, Cagece, Corsan etc., além dos sistemas referenciais de departamentos estaduais de estradas de rodagem.

Por fim, há os sistemas de responsabilidade de entidades privadas, como a *TCPO* e a *Revista Construção e Mercado*, ambas as publicações da Editora Pini, e a Base de Dados SBC, entre outros. Esses sistemas também podem ser utilizados subsidiariamente na elaboração dos orçamentos, observadas as orientações e os cuidados já apresentados.[110]

4.9 Análise do orçamento a partir da Curva ABC

Um mecanismo simples para analisar se o orçamento da obra está minimamente adequado é verificar os quantitativos e as composições dos serviços mais relevantes da obra em termos financeiros. Para tanto, a técnica mais comum é a utilização da denominada curva ABC.

A curva ABC se baseia no princípio de Pareto ou princípio 80/20, segundo o qual 80% do valor de uma obra é proveniente de 20% dos serviços, ou seja, para verificar uma parcela expressiva do orçamento em termos financeiros (80%), é possível selecionar uma amostra de 20% dos serviços.

A maneira de aplicar a técnica da curva ABC é ordenar os serviços da obra em ordem decrescente pelo seu preço total. Vale lembrar que é importante fazer essa ordenação de maneira agregada, somando os serviços que sejam idênticos e estejam incluídos em mais de um item do orçamento.

Por exemplo, é muito comum que um item como alvenaria apareça em vários pontos diferentes do orçamento de uma obra de várias edificações, como uma creche que tenha em seu projeto, um bloco de sala de aula, um bloco administrativo e um bloco de utilidades.

---

[110] Acórdão 2.595/2021-TCU-Plenário.

Tabela 12 – Exemplo de curva ABC de serviços de uma obra rodoviária

(continua)

RODOVIA: BR-XPTO

TRECHO: TRAVESSIA URBANA
EXTENSÃO: 3 km

ITEM DA PLANILHA	CÓDIGO TABELA DE REFERÊNCIA	CÓDIGO	DESCRIÇÃO	UNID.	QUANT.	BDI	CUSTOS COM BDI UNITÁRIO	CUSTOS COM BDI TOTAL	%	% Acum.
6.3	SICRO2	2 S 04 964 53	Tubulação de drenagem urbana - Ø=0,80 m sem berço (areia e tubo comercial).	m	4.800,00	24,00%	296,46	1.423.017,98	11,10%	11,10%
3.1.3.9	SICRO2	5 S 02 607 50	Placa de Concr.cimento portland c/equip. pequeno porte AC/BC.	m³	2.381,40	24,00%	514,87	1.226.116,78	9,57%	20,67%
3.1.3.7	SICRO2	2 S 02 200 00	Sub-base estabilizado granulometricamente sem mistura inclusive material e transporte.	m³	14.927,25	24,00%	64,90	968.778,20	7,56%	28,23%
3.1.1.3	-	Composição	Execução de Geogrelha.	m²	31.715,50	24,00%	30,03	952.416,46	7,43%	35,66%
10.4.1	Cotação	Composição	Colocação de tubo de PVC 600 mm incluída escavação, poços de visita cada 50 metros, camada granular, totalmente posto.	m	2.340,00	14,02%	397,34	929.775,60	7,26%	42,92%

CAPÍTULO 4 | 217
ORÇAMENTAÇÃO

(continua)

CÓDIGO		DESCRIÇÃO	UNID.	QUANT.	BDI	CUSTOS COM BDI		%	% Acum.
ITEM DA PLANILHA	TABELA DE REFERÊNCIA / CÓDIGO					UNITÁRIO	TOTAL		
3.1.6.4	SICRO2 / 2 S 02 607 50	Concr.cimento portl.c/ equip.pequeno porte AC/BC.	m³	1.348,10	24,00%	501,79	676.463,82	5,28%	48,20%
1.3	– / Composição	Administração Local.	mês	12,00	24,00%	54.502,14	654.025,68	5,10%	53,30%
3.1.1.4	SICRO2 / 5 S 02 540 51	Concreto betuminoso usinado a quente - capa de rolamento AC/BC.	t	5.751,84	24,00%	103,13	593.187,25	4,63%	57,93%
6.4	SINAPI-EMLURB 6/2013 / 16972/013	Galerias (s/ fornec.) de tubos de concreto c/ escavação mecânica das valas, reaterro compactado e remoção do material excedente galeria c/ tubos cs ou ca1 - 0,80m de diam. e valas de até 1,50m de profundidade.	m	4.800,00	24,00%	109,59	526.037,76	4,10%	62,03%
3.1.3.4	SICRO2 / 5 S 04 999 08	Demolição de dispositivos de concreto armado.	m³	1.187,20	24,00%	422,77	501.912,54	3,92%	65,95%
3.1.3.5	SICRO2 / 5 S 04 999 07	Demolição de dispositivos de concreto simples.	m³	3.105,39	24,00%	150,80	468.292,09	3,65%	69,60%
4.2	SICRO2 / -	Aquisição de cimento asfáltico CAP 50/70.	t	316,35	14,02%	1.144,29	361.997,55	2,82%	72,43%

(continua)

CÓDIGO		CÓDIGO	DESCRIÇÃO	UNID.	QUANT.	BDI	CUSTOS COM BDI		%	% Acum.
ITEM DA PLANILHA	TABELA DE REFERÊNCIA						UNITÁRIO	TOTAL		
1.2	-	Composição	Instalação do canteiro de obra.	ud	1,00	17,51%	297.607,14	297.607,14	2,32%	74,75%
3.1.6.5	SICRO2	2 S 04 910 55	Meio fio de concreto - MFC 05 AC/BC.	m	6.706,40	24,00%	28,77	192.934,02	1,51%	76,26%
10.3.1	SICRO2	5 S 02 607 50	Placa de Concreto de cimento portland com equipamento de pequeno porte proteção de serviços.	m^3	317,80	24,00%	488,68	155.303,39	1,21%	77,47%
3.1.5.3	SICRO2	2 S 02 230 00	Base de brita graduada (e=0,15 m).	m^3	1.060,20	24,00%	141,00	149.488,20	1,17%	78,64%
10.2.6	SINAPI-EMLURB 6/2013	16175/004	Poste de concreto ref. 300/8 com engastamento de 1,40 m.	und	184,00	24,00%	750,48	138.088,59	1,08%	79,71%
7.1	-	Composição	Remanejamento de poste metálico/concreto de iluminação com luminária, transporte e chumbamento em bases de concreto.	ud	123,00	24,00%	936,19	115.151,37	0,90%	80,61%
10.5.2	-	Composição	Linha telecomunicações a remanejar.	ml	3.910,00	24,00%	28,04	109.636,40	0,86%	81,47%
5.2	SICRO2	-	Transporte de Material à Quente (desde Fortaleza).	t	316,35	14,02%	338,73	107.157,78	0,84%	82,30%

(continua)

CÓDIGO			DESCRIÇÃO	UNID.	QUANT.	BDI	CUSTOS COM BDI		%	% Acum.
ITEM DA PLANILHA	TABELA DE REFERÊNCIA	CÓDIGO					UNITÁRIO	TOTAL		
3.2.2.2	-	Composição	Pré-Misturado a Quente "FAIXA D".	m²	1.178,50	24,00%	86,12	101.492,42	0,79%	83,10%
3.1.1.1	SICRO2	5 S 02 990 11	Fresagem contínua do revest. Betuminoso.	m³	835,92	24,00%	114,12	95.395,19	0,74%	83,84%
8.1.9	Cotação	*** ** ***	Semáforo Auxiliar com Temporizador para Mudança de Sinal.	und	16,00	17,51%	5.757,99	92.127,84	0,72%	84,56%
10.2.5	SINAPI-EMLURB 6/2013	16175/003	Poste de concreto ref. 200/12 com engastamento de 1,80m.	und	75,00	24,00%	1.215,53	91.164,73	0,71%	85,27%
7.5	SINAPI-EMLURB 6/2013	16287/007	Cabo de cobre (1 condutor), tempera mole, encordoamento classe 2, isolamento de PVC – flame resistant - 70C, 0,6/1KV, cobertura de PVC - ST1, forenax ou similar, s.m. - 25mm², inclusive instalação em eletroduto.	m	4080,00	24,00%	21,40	87.321,79	0,68%	85,95%
7.2	EMLURB RECIFE 06/2013	18.02.094	Poste curvo duplo galv. a fogo com 8.00m, flan geado, 02 estágios, inclusive chumbadores e colocação.	ud	47,00	24,00%	1.831,91	86.099,95	0,67%	86,62%

(continua)

CÓDIGO			DESCRIÇÃO	UNID.	QUANT.	BDI	CUSTOS COM BDI		%	% Acum.
ITEM DA PLANILHA	TABELA DE REFERÊNCIA	CÓDIGO					UNITÁRIO	TOTAL		
8.1.7	-	Composição	Semi-Pórtico metálico AC/BC.	und	8,00	24,00%	10.656,93	85.255,44	0,67%	87,29%
10.2.4	SINAPI-EMLURB 6/2013	16175/002	Poste de concreto ref. 200/8 com engastamento de 1,40m.	und	150,00	24,00%	561,02	84.152,72	0,66%	87,95%
10.1.2	PLANILHAS-REFERÊNCIA	Composição	Remanejamento de rede de distribuição de água, incluindo fornecimento do material, escavação e reaterro - PVC 250mm.	m	597,00	24,00%	128,87	76.935,39	0,60%	88,55%
3.1.3.3	SICRO2	5 S 02 906 00	Remoção mecanizada da camada granular do pavimento.	m³	1.700,40	24,00%	43,48	73.933,39	0,58%	89,12%
8.2.1	SICRO2	4 S 06 200 02	Forn. e implantação placa sinaliz. tot. refletiva.	m²	178,13	24,00%	403,32	71.843,39	0,56%	89,68%
3.1.3.1	Cotação	*** ** ***	Furos no concreto Ø 1/2"-1" p/passagem de armadura preenchidos c/ epóxi.	m	4.105,00	17,51%	16,80	68.980,13	0,54%	90,22%
3.2.5.6	SICRO2	2 S 04 910 55	Meio-fio de concreto - MFC 05 AC/BC.	m	2.352,00	24,00%	28,77	67.663,84	0,53%	90,75%

CAPÍTULO 4 | ORÇAMENTAÇÃO | 221

(continua)

ITEM DA PLANILHA	CÓDIGO TABELA DE REFERÊNCIA	CÓDIGO	DESCRIÇÃO	UNID.	QUANT.	BDI	CUSTOS COM BDI UNITÁRIO	CUSTOS COM BDI TOTAL	%	% Acum.
10.2.8	-	Composição	Fornecimento e montagem de estrutura tipo B2.	und	400,00	24,00%	165,42	66.168,00	0,52%	91,27%
10.2.1	-	Composição	Retirada de Estrutura em baixa tensão.	und	800,00	24,00%	81,80	65.440,00	0,51%	91,78%
10.2.7	-	Composição	Fornecimento e montagem de estrutura tipo B1.	und	400,00	24,00%	162,45	64.980,00	0,51%	92,28%
8.1.3	SICRO2	4 S 06 110 01	Pintura faixa c/ termoplástico-3 anos (p/ aspersão).	m²	1.298,00	24,00%	47,00	61.006,00	0,48%	92,76%
10.1.3	PLANILHAS-REFERÊNCIA	Composição	Remanejamento de rede de distribuição de água, incluindo fornecimento do material, escavação e reaterro - PVC 300mm.	m	224,00	24,00%	251,09	56.244,16	0,44%	93,20%
10.2.2	-	Composição	Retirada de Estrutura em média tensão.	und	400,00	24,00%	127,29	50.916,00	0,40%	93,60%
10.2.3	-	Composição	Retirada de Poste de concreto duplo T de baixa/media tensão.	und	300,00	24,00%	169,19	50.757,00	0,40%	93,99%
7.6	-	Composição	Fornecimento e montagem de estrutura tipo B4.	und	210,00	24,00%	228,67	48.020,70	0,37%	94,37%

(continua)

ITEM DA PLANILHA	CÓDIGO TABELA DE REFERÊNCIA	CÓDIGO	DESCRIÇÃO	UNID.	QUANT.	BDI	CUSTOS COM BDI UNITÁRIO	CUSTOS COM BDI TOTAL	%	% Acum.
6.2	SICRO2	2 S 04 960 01	Boca de lobo simples grelha concr. - BLS 01.	und	104,00	24,00%	459,85	47.824,40	0,37%	94,74%
7.3	SINAPI-EMLURB 6/2013	16337/002	Luminária p/ lâmpada a vapor de mercúrio 250 w, ref. abl 50/f, a.b. leao ou cj o similar.	ud	109,00	24,00%	422,82	46.086,85	0,36%	95,10%
10.1.1	PLANILHAS-REFERÊNCIA	Composição	Remanejamento de rede de distribuição de água, incluindo fornecimento do material, escavação e reaterro - PVC 75mm.	m	832,00	24,00%	54,51	45.352,32	0,35%	95,45%
10.2.9	-	Composição	Fornecimento e montagem de estrutura tipo B3.	und	200,00	24,00%	224,73	44.946,00	0,35%	95,80%
10.1.4	Cotação	Composição	Colocação de tubo de Ferro fundido 100mm inclulda escavação, camada granular, totalmente posto.	m	332,00	14,02%	134,41	44.624,12	0,35%	96,15%
2.2	SICRO2	2 S 01 100 11	Esc. carga transp. mat. 1ª cat. DMT 401 a 600m com carregadeira.	m³	5.440,00	24,00%	7,35	39.984,00	0,31%	96,46%

CAPÍTULO 4
ORÇAMENTAÇÃO | 223

(continua)

ITEM DA PLANILHA	CÓDIGO TABELA DE REFERÊNCIA	CÓDIGO	DESCRIÇÃO	UNID.	QUANT.	BDI	CUSTOS COM BDI UNITÁRIO	CUSTOS COM BDI TOTAL	%	% Acum.
3.1.6.6	SINAPI-EMLURB 6/2013	67346	Reposição de blocos pré-moldados (tipo blokret ou similar), inclusive rejuntamento com asfalto.	m²	1.760,00	24,00%	19,93	35.071,16	0,27%	96,74%
8.1.8	Cotação	*** ** ***	Grupo Semafórico Principal de LEDs 3X200mm.	und	16,00	17,51%	2.115,18	33.842,88	0,26%	97,00%
8.1.10	Cotação	*** ** ***	Semáforo Sequencial para Pedestre com Mostrador Gráfico de LEDs.	und	16,00	17,51%	1.703,90	27.262,32	0,21%	97,21%
3.1.3.10	SICRO2	2 S 02 702 00	Limpeza e enchimento de junta de pavimento de concreto.	m	8.401,00	24,00%	3,12	26.211,12	0,20%	97,42%
4.1	SICRO2	-	Aquisição de emulsão asfáltica - RR-1C.	t	26,17	14,02%	1.000,89	26.196,87	0,20%	97,62%
3.1.3.6	SICRO2	2 S 02 110 00	Regularização do subleito.	m²	32.962,60	24,00%	0,71	23.403,44	0,18%	97,81%
8.1.11	Cotação	*** ** ***	Controladora Semafórica em caixa pechada.	und	4,00	17,51%	5.287,95	21.151,80	0,17%	97,97%
3.2.4.2	-	Composição	Sub-base estabilizada granulometricamente com mistura solo/material fresado (50% e 50%) – (e=0,20 m).	m²	3.665,55	24,00%	5,73	21.003,60	0,16%	98,13%

ITEM DA PLANILHA	CÓDIGO TABELA DE REFERÊNCIA	CÓDIGO	DESCRIÇÃO	UNID.	QUANT.	BDI	CUSTOS COM BDI UNITÁRIO	CUSTOS COM BDI TOTAL	%	% Acum.
8.1.4	SICRO2	4 S 06 110 02	Pintura setas, símbolos e zebrado termoplástica (p/ aspersão).	m²	356,80	24,00%	58,42	20.844,25	0,16%	98,30%
7.4	SINAPI-EMLURB 6/2013	16287/006	Cabo de cobre (1 condutor), tempera mole, encordoamento classe 2, isolamento de PVC – flame resistant - 70C, 0,6/1KV, cobertura de PVC - ST1, forenax ou similar, s.m. - 16mm², inclusive instalação.	m	1360,00	24,00%	14,84	20.186,20	0,16%	98,46%
4.3	SICRO2	-	Aquisição de asfalto diluído CM-30.	t	9,52	14,02%	1.880,12	17.889,38	0,14%	98,59%
1.1	-	Composição	Mobilização e Desmobilização de pessoal e equipamentos.	ud	1,00	24,00%	17.134,26	17.134,26	0,13%	98,73%
3.2.5.7	SICRO2	2 S 04 910 56	Meio fio de concreto - MFC 06 AC/BC.	m	860,00	24,00%	19,81	17.035,43	0,13%	98,86%
8.2.4	SICRO2	4 S 06 100 13	Pintura faixa-tinta b.acrílica emuls. água - 1 ano.	m²	1.265,00	24,00%	11,76	14.876,40	0,12%	98,98%
2.4	SICRO2	2 S 01 511 00	Compactação de aterros a 100% proctor normal.	m³	5.440,00	24,00%	2,73	14.851,20	0,12%	99,09%

(continua)

(continua)

CÓDIGO		DESCRIÇÃO	UNID.	QUANT.	BDI	CUSTOS COM BDI		%	% Acum.
TABELA DE REFERÊNCIA	CÓDIGO					UNITÁRIO	TOTAL		
ITEM DA PLANILHA									
8.1.6 / SICRO2	4 S 06 121 01	Fornecimento e colocação de tacha refletiva bidirecional.	und	595,00	24,00%	20,68	12.304,60	0,10%	99,19%
3.1.3.2 / SICRO2	5 S 02 905 00	Remoção mecanizada de revestimento betuminoso.	m³	179,10	24,00%	65,68	11.763,28	0,09%	99,28%
8.1.5 / SICRO2	4 S 06 120 01	Fornecimento e colocação de tacha refletiva monodirecional.	und	587,00	24,00%	19,85	11.651,95	0,09%	99,37%
5.1 / SICRO2	-	Transporte de Material a Frio (dende Fortaleza).	t	35,69	14,02%	316,69	11.302,12	0,09%	99,46%
7.8 / SINAPI-EMLURB 6/2013	18716	Caixa de passagem subterrânea com dimensões internas 0,40x0,40m, altura 0,60m, sobre camada de brita com 0,10m de espessura, paredes em alvenaria e laje de tampa em concreto armado, inclusive escavação, remoção e reaterro.	und	122,00	24,00%	89,19	10.881,57	0,08%	99,55%
10.5.1 / -	Composição	Retirada de Estrutura de telecomunicações.	und	92,00	24,00%	113,71	10.461,32	0,08%	99,63%

(continua)

ITEM DA PLANILHA	CÓDIGO TABELA DE REFERÊNCIA	CÓDIGO	DESCRIÇÃO	UNID.	QUANT.	BDI	CUSTOS COM BDI UNITÁRIO	CUSTOS COM BDI TOTAL	%	% Acum.
9.4	Cotação	Composição	Parada de Ônibus.	und	4,00	17,51%	2.291,45	9.165,80	0,07%	99,70%
3.1.1.2	SICRO2	3 S 02 400 00	Pintura de ligação.	m²	43.622,50	24,00%	0,15	6.543,37	0,05%	99,75%
8.2.2	-	Composição	Barreira classe I.	und	40,00	24,00%	97,86	3.914,40	0,03%	99,78%
9.1	SICRO2	3 S 05 101 01	Revestimento vegetal com mudas.	m²	685,00	24,00%	5,67	3.882,71	0,03%	99,81%
7.7	SINAPI-EMLURB 6/2013	18803	Assentamento de haste de aterramento de 5/8x2,40m copperweld ou similar, com conector paralelo e parafusos (inclusive o fornecimento do material).	m	32,00	24,00%	97,65	3.124,80	0,02%	99,83%
8.2.3	SINAPI 06/2013	13245	Cone de sinalização PVC c/ pintura refletiva h = 0,70m.	und	28,00	24,00%	105,46	2.952,93	0,02%	99,86%
10.1.5	Cotação	Composição	Colocação de tubo de Ferro fundido 150mm incluida escavação, camada granular, totalmente posto.	m	17,00	14,02%	171,78	2.920,26	0,02%	99,88%
1.4	EMLURB RECIFE 06/2013	03.03.090	Fornec. e assentamento de placa da obra (Mod. AV-43/2000).	m²	10,37	24,00%	264,57	2.743,02	0,02%	99,90%

CAPÍTULO 4 | ORÇAMENTAÇÃO | 227

(continua)

ITEM DA PLANILHA	CÓDIGO TABELA DE REFERÊNCIA	CÓDIGO	DESCRIÇÃO	UNID.	QUANT.	BDI	CUSTOS COM BDI UNITÁRIO	CUSTOS COM BDI TOTAL	%	% Acum.
6.5	SINAPI-EMLURB 6/2013	67348	Levantamento de tampão de poço de visita existente (elevação da cota de nível), devido a serviço de recapeamento asfáltico.	und	40,00	24,00%	62,91	2.516,20	0,02%	99,92%
9.2	SINAPI-EMLURB 6/2013	16192/001	Plantio de mudas arbóreas de tamanho médio, com cerca de 1,50m de altura, incluindo a preparação de cova de 40,0x40,0x40,0cm com estrume bovino curtido, e todo material por conta do empreiteiro.	und	60,00	24,00%	41,40	2.484,21	0,02%	99,94%
3.1.5.4	SICRO2	5 S 02 300 00	Imprimação.	m²	8.650,00	24,00%	0,21	1.816,50	0,01%	99,95%
8.1.1	SICRO2	4 S 06 200 91	Remoção de placa de sinalização.	m²	93,47	24,00%	17,17	1.604,82	0,01%	99,97%
2.3	-	Composição	Retaludamento/banqueteamento.	m³	5.440,00	24,00%	0,27	1.468,80	0,01%	99,98%
9.3	-	Composição	Remanejamento de mobiliário urbano (por peça).	und	10,00	24,00%	107,63	1.076,30	0,01%	99,99%

(conclusão)

ITEM DA PLANILHA	CÓDIGO TABELA DE REFERÊNCIA	CÓDIGO	DESCRIÇÃO	UNID.	QUANT.	BDI	CUSTOS COM BDI UNITÁRIO	CUSTOS COM BDI TOTAL	%	% Acum.
7.9	SINAPI-NACIONAL 6/2013	72936	Eletroduto de PVC flexível corrugado DN 32 mm (1 1/4") fornecimento e instalação.	und	122,00	24,00%	6,63	809,34	0,01%	99,99%
2.1	SICRO2	2 S 01 000 00	Desmatamento, destocamento e limpeza de áreas com árvores com diâmetro até 15cm.	m²	2.275,00	24,00%	0,29	659,75	0,01%	100,00%
3.1.2.5	SICRO2	2 S 02 702 00	Limpeza e enchimento de junta de pavimento de concreto.	m	49,00	24,00%	3,12	152,88	0,00%	100,00%
VALOR GLOBAL DA OBRA								12.815.265,61		

Fonte: Curva ABC hipotética adaptada de um caso real

Ao analisar a planilha anterior, note que o item 7.1 – "remanejamento de poste metálico/concreto" marca os 80% do valor total da obra. Portanto, do total de 85 itens, é possível extrair uma amostra de apenas 18 itens para análise mais aprofundada.

Depois, pode-se inserir uma coluna com o valor acumulado dos serviços a cada linha. Os serviços que compuserem a amostra que atinge o valor acumulado de 80% do valor total da obra corresponde à "parte A" da Curva ABC, isto é, os serviços que demandam mais atenção e precisam ser analisados com mais cuidado pelo orçamentista. Normalmente, esses serviços, que no total são mais relevantes e representam a maior parcela da obra, são aqueles que costumam apresentar maiores riscos de irregularidades.

Em seguida, basta olhar com cuidado cada composição e cada quantitativo dos serviços que compõem a "parte A" da curva ABC, comparando as composições com os sistemas referenciais aplicáveis e os quantitativos com o projeto.

Para maiores detalhes sobre a técnica da curva ABC, recomendamos a leitura das "Orientações para elaboração de planilhas orçamentárias de obras públicas" publicada pelo TCU, disponível em: https://portal.tcu.gov.br/orientacoes-para-elaboracao-de-planilhas-orcamentarias-de-obras-publicas.htm

4.10 Da teoria para a prática

Suponha que você seja um secretário municipal de obras de um município de 20 mil habitantes. O município costuma sofrer com fortes chuvas na estação chuvosa anual. Alguns bairros da cidade sofrem com a falta de drenagem adequada e registram enchentes com danos a residências e ao comércio da região.

A prefeitura já possui um anteprojeto da obra, que foi feito no ano anterior. Nesse cenário, uma das opções é licitar a obra mediante o regime de execução de contratação integrada.

O anteprojeto permite que a parcela da obra referente à construção da galeria e dos dispositivos de drenagem sejam orçados de maneira detalhada, inclusive utilizando o sistema Sinapi. Entretanto, isso não ocorre para os dispositivos de macrodrenagem, que podem vir a ser necessários para o escoamento final das águas pluviais.

Nesse cenário, de que maneira você poderá elaborar o orçamento-base da licitação com base nesse anteprojeto?

Vemos aqui um conceito muito importante, que é: como a legislação indica que deve ser elaborado o orçamento-base de uma licitação no regime de execução contratação integrada.

Esse tipo de regime de execução permite que a licitação da obra seja feita por meio de um anteprojeto. Já sabemos que o anteprojeto não contempla todas as informações técnicas necessárias para elaborar um orçamento completamente detalhado.

A pergunta que fica então é: nesse caso, só temos as metodologias expeditas ou paramétricas para estimar os custos da obra ou há alguma outra indicação trazida pelas Leis nºs 14.133/2021 e/ou 13.303/2016?

Veja bem... A lei é bastante clara sobre esse assunto: as metodologias expeditas ou paramétricas devem ser utilizadas apenas nas parcelas ou frações da obra que o anteprojeto não permitir utilizar os sistemas referenciais Sicro e Sinapi, quando da elaboração do orçamento, ou seja, sempre que o anteprojeto admitir, deve ser elaborado um orçamento tão detalhado quanto possível, inclusive utilizando composições e custos dos sistemas referenciais.

Em outras palavras, as metodologias expeditas ou paramétricas devem ser utilizadas apenas para as parcelas ou frações que o anteprojeto não permitir fazer um orçamento detalhado.

Por conta disso, a resposta da nossa questão passa por esses conceitos. A parcela da obra referente à construção das galerias e dos dispositivos de drenagem deve ser orçada utilizando as composições do Sinapi, de maneira detalhada, seguindo todas as etapas indicadas neste capítulo.

Já a parcela referente aos dispositivos de macrodrenagem necessários para o escoamento final das águas pluviais pode ser orçada mediante metodologias paramétricas, valendo-se, por exemplo, de avaliação aproximada baseada em outras contratações semelhantes.

Para isso, pode-se, por exemplo, pesquisar, em municípios do seu estado, contratos de obras de macrodrenagem de porte e características semelhantes ao que o anteprojeto prevê para o caso hipotético da questão. Em seguida, devem-se identificar quais os preços dessas obras, a fim de estimar um parâmetro como preço do dispositivo de macrodrenagem, por exemplo, por quantidade de vazão de escoamento máximo ou de cheia e/ou por dimensão de cada dispositivo similar.

Vale a ressalva de que estamos dando aqui somente um exemplo de metodologia paramétrica, cabendo avaliar, conforme boas técnicas de engenharia, qual é a melhor maneira de elaborar esse orçamento no caso concreto, considerando as dimensões e características particulares de cada objeto.

4.11 Teste seu conhecimento

I. O engenheiro mais experiente da prefeitura de um município do estado de Pernambuco recebeu, no mês de julho de 2022, uma demanda para avaliar os custos de construção de 720 edificações habitacionais, de 1 pavimento cada uma, com recursos do programa de construção de casas populares do governo federal, em parceria com os municípios. As obras visam abrigar famílias que atualmente moram em áreas de risco, mas o orçamento da prefeitura está bastante restrito e a avaliação subsidiará o prefeito na tomada de decisões sobre prioridades de investimentos. Estudando as regras do programa, o engenheiro confirmou que a área mínima de cada casa deve ser de 39m². Como a construção precisa terminar antes da estação de chuvas, o tempo para a conclusão do estudo de viabilidade econômica é reduzido.
Sabendo que todos os atos serão regidos pela Lei nº 14.133/2021, julgue Verdadeira ou Falsa cada uma das assertivas a seguir.

A) O engenheiro pode usar metodologia expedita, decisão adequada ao caso, já que não se trata de um estudo dedicado à licitação da obra.

B) Em se tratando de edificações do programa habitacional do governo federal, programa de expressão nacional, o melhor parâmetro para a avaliação econômica é o Custo Unificado Brasileiro (CUB), calculado mensalmente pela Associação Brasileira de Normas Técnicas (ABNT), com base territorial equivalente ao do Índice Nacional da Construção Civil (INCC).

C) Caso o engenheiro obtenha o valor de R$1.857,92/m² para o projeto-padrão código RP1Q (residência unifamiliar popular, de 39,56 m²), multiplique pela área de cada casa (39 m²) e depois pelo número de casas (720), chegando a um valor total da ordem de R$52,17 milhões, e apresente esse valor ao prefeito como o suficiente para inclusão no orçamento e para a conclusão de todas as obras necessárias na alocação das famílias desabrigadas, da forma mais rápida possível, ele não terá cumprido a demanda de forma satisfatória.

D) Se o prefeito incluir na demanda a necessidade de avaliar os custos com saneamento para o novo loteamento, o engenheiro deverá solicitar à Funasa e ao Ministério do Desenvolvimento Regional dados e informações que possam servir como valores de referência atualizados para abastecimento de água e esgotamento sanitário (R$/habitante, para cada região do país).

II. O orçamento é uma etapa mais avançada que a estimativa de custos. O orçamento-base de uma licitação em regime de execução de empreitada por preço unitário ou empreitada por preço global tem nível de detalhamento compatível com o projeto básico. A respeito desse orçamento de referência, assinale a alternativa correta.

A) Como o orçamento de referência se baseia em um projeto básico, e não em projeto no nível executivo, nele não é preciso prever todos os serviços necessários à conclusão da obra, podendo ser previstas algumas verbas adicionais para suprir as incertezas.
B) O orçamento sintético é suficiente para constar como anexo do edital de licitação, já as composições de preços unitários dos sistemas de referência e as pesquisas de preços nas demais fontes indicadas na lei que o fundamentaram não precisam fazer parte dos anexos do edital.
C) O orçamento de referência deve justificar o preço global da obra e, por isso, mais do que os custos diretos, deve detalhar a parcela de Benefícios e Despesas Indiretas (BDI) da obra e os Encargos Sociais.
D) Na elaboração de um orçamento, o levantamento de quantitativos dos serviços é uma das últimas etapas antes de se calcular o preço global da obra, pois só se apropriam os quantitativos de serviços após definição pormenorizada de todos os seus insumos.

III. Para determinado serviço contido no orçamento de uma obra pública de edificação municipal, um licitante ofereceu preço unitário de R$108,00/unid., composto por um custo direto de R$80,00/unid. e um BDI de 35,0%. O orçamento-base da licitação apontava um custo de R$90,00/unid. (de acordo com o Sinapi) e um BDI referencial de 22,2% (de acordo com o Acórdão 2.622/2013-TCU-Plenário), calculado conforme os padrões de mercado, resultando em um preço unitário referencial de R$110,00/unid. Considerando essa situação hipotética e os conceitos de custos (direto e indireto) e preços, assinale a alternativa INCORRETA.

A) A lei exige que o preço do serviço seja compatível com o de mercado, portanto, o BDI da proposta, elevado em relação ao patamar de mercado, pode ser excepcionalmente aceito no caso concreto desse serviço específico, pois o custo reduzido, proposto pelo licitante em função de sua especialização nesse tipo de serviço, compensou o BDI mais elevado, resultando em um preço final ofertado na licitação, que mantém um desconto de R$2,00/unid. em relação ao preço de mercado para o mesmo serviço.

B) Com um BDI um pouco mais elevado para determinado serviço, embora a proposta seja vantajosa na assinatura do contrato, com custos reduzidos que compensem o BDI atípico, há que ser ter cuidado ao negociar preços de serviços novos a serem incluídos por meio de termos aditivos. Se, por exemplo, o custo proposto pelo contratado para o serviço novo for idêntico ao equivalente do Sinapi, será preciso negociar para que a contratada reduza o custo unitário do serviço, mantido o BDI contratual, uma vez que o custo unitário proposto pela contratada, conjugado com o BDI contratual, não pode ser superior ao preço referencial da Administração Pública, cabendo, em qualquer caso, manter o desconto global obtido na licitação.

C) Para obter o custo referencial de R$90,00/unid., o orçamentista observou todas as características do serviço, conforme memoriais descritivos, especificações técnicas e desenhos, elementos do projeto básico, buscando, no Sinapi (sistema referencial de custos), o serviço similar que mais se adequasse ao caso concreto, considerando os consumos de materiais (inclusive perdas naturais do processo construtivo) e as produtividades médias da mão de obra, as quais devem ser razoáveis perante as condições locais de trabalho.

D) O BDI de 35% não pode ser aceito nem para o serviço em questão, nem para nenhum dos outros serviços da obra, pois, estando acima do mercado, calculado em 22,2%, o edital deve necessariamente trazer um critério de aceitabilidade de BDI, limitando individualmente essa importante parcela, para evitar abusos por parte dos licitantes.

IV. É sabido que o custo da mão de obra para o construtor não se restringe apenas ao salário do empregado. Sobre esse valor incidem vários encargos sociais básicos e complementares. A esse respeito, assinale a alternativa correta.

A) Profissionais de vigilância, copeiragem e administrativos devem ter o custo dos respectivos salários acrescidos do percentual de encargos sociais calculados para profissionais horistas, cujo impacto no orçamento é menor do que o dos trabalhadores mensalistas.

B) Os chamados "encargos sociais básicos" são aquelas contribuições opcionais, dispensáveis, como plano de saúde dos operários, cuja responsabilidade de definir se devem ou não ser incluídos nas propostas de preços é de cada empresa.

C) Os custos relativos ao vale-transporte, ao *ticket* alimentação, ao uniforme dos operários, inclusive capacetes e botas, são exemplos de custos que são considerados como "encargos adicionais" sobre a mão de obra, devendo ser previstos no orçamento da obra.

D) Uma vez que os encargos sociais são orçados por meio de um percentual, é possível inseri-los no cômputo da taxa de BDI, a fim de simplificar o entendimento da composição de custos de determinado serviço.

V. Acerca dos componentes do BDI, assinale a alternativa correta.

A) A parcela de riscos costuma ser maior nas empreitadas sob o regime de execução a preço global do que naquelas contratadas a preços unitários.

B) As despesas indiretas definidas na rubrica de "administração central" podem ser calculadas facilmente pelo orçamentista da Administração Pública, pois elas independem da quantidade de obras que a construtora executa simultaneamente.

C) No caso de uma obra de abastecimento de água em que a compra de tubos de ferro fundido representa cerca de 50% do valor da obra, é justo remunerar o construtor pelo serviço de aquisição dos tubos nos mesmos patamares do BDI considerado para o assentamento desse material, pois são serviços intimamente relacionados.

D) O orçamentista deve ficar atento à legislação tributária, pois o aumento da alíquota do imposto de renda para pessoa jurídica terá forte impacto e deverá alterar significativamente a composição do BDI de uma obra.

VI. Acerca dos tributos que devem constar da composição analítica do BDI de uma obra, assinale a alternativa INCORRETA.

A) O BDI deve considerar o Imposto sobre Serviços de Qualquer Natureza (ISS).

B) O BDI deve considerar o Imposto sobre operações relativas à Circulação de Mercadorias e sobre prestações de Serviços de transporte interestadual, intermunicipal e de comunicação (ICMS).

C) O BDI deve considerar o tributo destinado aos Programas de Integração Social e de Formação do Patrimônio do Servidor Público (PIS).

D) O BDI deve considerar o tributo Contribuição para Financiamento da Seguridade Social (COFINS).

VII. **O prefeito recebeu recursos federais para executar uma obra de construção de creche em seu município, por meio de um termo de compromisso firmado no contexto do Programa Proinfância do Fundo Nacional do Desenvolvimento da Educação (FNDE). Sabemos que a lei exige que os preços do orçamento da obra estejam abaixo de sistemas referenciais de custos da Administração federal. Com respeito a esses sistemas, assinale a alternativa correta.**

A) Por serem recursos do Proinfância, os preços da obra estão limitados aos preços de tabela do FNDE, que é o "sistema orçamentário para obras de construção de creches".

B) Por serem recursos de transferências voluntárias, os preços devem estar coerentes com aqueles indicados pelo Simec, que é o "sistema de registro de ações do programa Proinfância", dentre os quais se encontram os termos de compromisso como o do caso concreto.

C) Por serem obras que contam com recursos federais, é necessário que os preços dos serviços respeitem os preços do Siasg, que é o "sistema de avaliação de custos governamentais", do governo federal.

D) Por serem obras que contam com recursos federais, é necessário que os preços dos serviços respeitem os preços do Sinapi, que é o "sistema nacional de pesquisa de custos e índices da construção civil".

VIII. **Na obra de construção de um posto de saúde existem várias ferramentas e equipamentos que são indispensáveis para que os operários possam cumprir as tarefas determinadas pelo projeto. Uma vez que esses instrumentos possuem diversos tamanhos e potências diferentes, devem ter seus custos adequadamente previstos no orçamento. Acerca da forma de orçamentação de equipamentos, marque a alternativa correta.**

A) As ferramentas manuais, de uso individual, tais como a furadeira, o cortador de azulejo e a lixadeira, são exemplos de equipamentos que devem necessariamente ter seus custos horários apropriados separadamente nas composições de preços unitários.

B) Em uma atividade na qual uma retroescavadeira está carregando um caminhão, enquanto o caminhão estiver parado, o custo do salário do motorista não deve ser computado, pois, na prática, ele não está produzindo.

C) Os custos das horas dos equipamentos (operativas e improdutivas) envolvidos na etapa de terraplenagem devem estar incluídos dentro de cada composição analítica de preços dos serviços envolvidos, de acordo com a quantidade de horas estimadas para executar uma unidade de volume de movimentação de terra (medida em metros cúbicos), de modo que o construtor obterá legitimamente seu lucro pelo resultado efetivo (corte, transporte, aterro), e não apenas pela quantidade de horas que os equipamentos permanecem no local da obra.

D) O custo horário operativo do equipamento admite a inclusão dos gastos com combustíveis se o motor do equipamento for movido a derivados do petróleo (diesel ou gasolina) e não com energia elétrica (motores elétricos).

IX. Um gestor público está avaliando o orçamento elaborado por uma empresa projetista, contratada para definir o preço global das obras de um centro de promoção do turismo e atendimento ao turista. Acerca da classificação conceitual entre custos diretos e indiretos de uma obra, assinale a opção correta.

A) Os barracões dos canteiros de obra (usados para escritório, almoxarifado, refeitório etc.) são estruturas provisórias e, como tal, suas dimensões físicas são indiferentes para o resultado orçado, pois serão desmontados ao final da obra; por esse motivo, não podem ser alocados nos custos diretos da obra, pois esses custos abrangem os serviços que podem ser fisicamente identificados ao final da obra.

B) Os custos com a equipe de laboratoristas, a qual fará os ensaios de controle tecnológico da qualidade dos materiais, devem ser classificados como despesas indiretas, sendo incluídos no BDI, pois devem ser rateados por todos os serviços da obra, já que a mesma equipe fará controle de qualidade do concreto, das madeiras das formas, do aço, e de todos os demais materiais da obra.

C) Os custos de operação e manutenção do edifício sede da construtora são considerados parte dos custos indiretos, denominados "administração central", pois não podem ser calculados e alocados diretamente para a obra em questão, já que se desconhece método confiável, que garanta alguma precisão ao cálculo, tendo em vista a insuficiência desse tipo de informação na etapa de preparo da licitação.

D) Como a quantidade de operários da obra varia ao longo do tempo, é impossível estimar os equipamentos de proteção individual como custos diretos, razão pela qual devem ser considerados como custos indiretos, calculados por meio de taxas de rateio tabeladas pelo Ministério do Trabalho.

X. Os orçamentos analítico e sintético são importantes elementos do projeto básico, necessário para realizar a licitação de qualquer obra, conforme estabelecido no art. 6º, inciso XXV, alínea "f", da Lei nº 14.133/2021. Acerca do conteúdo exigido em um orçamento sintético, assinale a alternativa correta.

A) Por ser sintético, ou seja, resumido, esse tipo de orçamento deve conter, prioritariamente, os preços dos grandes grupos de serviços (etapas da obra), não necessitando, por exemplo, separar os preços de serviços de uma estrutura de concreto armado (como concreto, armação e formas), nem diferenciar os elementos estruturais (como pilares, vigas e lajes), pois todos esses podem ser somados no macro item "estruturas".

B) Uma informação imprescindível no orçamento sintético é a data-base dos preços (mês/ano), que deve constar em destaque do cabeçalho, no topo da planilha.

C) Caso seja difícil o cálculo de quantitativos e preços para determinado serviço, como o conjunto de dispositivos elétricos (interruptores, tomadas, disjuntores, quadros de luz), o orçamentista pode estabelecer, a seu critério, uma unidade do tipo "global", preencher a coluna das quantidades com o número 1,00, e estimar uma verba para custear tal serviço, conforme cotação do fornecedor.

D) Para ordenar os serviços na planilha do orçamento sintético, é uma boa prática iniciar pelos serviços com maior preço unitário, pois são os mais importantes da obra e devem ser executados de forma prioritária pelo construtor.

XI. A identificação de todos os serviços e atividades técnicas necessárias à conclusão de uma obra é o primeiro passo para elaborar o orçamento. A fim de conhecer o objeto e detalhá-lo, partindo dos desenhos de arquitetura e de engenharia (projeto estrutural e outros complementares – instalações elétricas, hidrossanitárias etc.), bem como das demais parcelas do projeto, a exemplo dos memoriais descritivos e especificações técnicas, é necessário "decompor" (revelar

os componentes). Nessa atividade, a principal técnica empregada é a Estrutura Analítica de Projeto (EAP), que parte de grandes conjuntos da obra (chamados "elementos" ou "instalações"), passando pelos "componentes construtivos", para então chegar a pequenas partes dos serviços, como os insumos "materiais", conforme nomenclaturas da norma brasileira ABNT NBR 13531/1995. Acerca da EAP e da decomposição hierárquica das parcelas de uma edificação, marque a alternativa correta a seguir.

A) O cimento, a areia e a brita são exemplos de "elementos estruturais".
B) A instalação hidráulica de uma edificação é entendida como um conjunto de componentes construtivos, reunidos com o fim de desempenhar função importante para a operação do ambiente, transportando água da tubulação da rede pública de abastecimento (ou de poços) até o usuário final, nos pontos de consumo.
C) A camada de argamassa denominada emboço é aplicada sobre a alvenaria de tijolos cerâmicos, e tem importante função de resistência aos esforços, pois une todos os tijolos, fazendo parte, portanto, do conjunto conhecido como "elementos estruturais".
D) Para a construção de um único banheiro coletivo, em uma comunidade indígena isolada, o orçamento da obra, partindo dos elementos e das instalações, pode ser detalhado apenas ao nível de "componente construtivo", pois um detalhamento maior não trará ganhos significativos em termos de uma melhor compreensão do objeto.

XII. Uma prefeitura municipal está querendo fazer uma obra de construção de um ginásio poliesportivo com recursos federais. O projeto básico da obra previu a instalação de fachadas em chapas de Alumínio Composto (ACM). Após consultar os sistemas Sinapi e Sicro, o gestor municipal não encontrou referência para esse serviço. Considerando o que a Lei nº 14.133/2021 (art. 23, §2º) dispõe sobre esse tipo de situação, julgue como Verdadeiro ou Falso as afirmações a seguir.

A) O gestor deverá, como primeira alternativa, fazer pesquisas de composições em mídia especializada, em tabela de referência formalmente aprovada pelo Poder Executivo Federal, ou em de sítios eletrônicos especializados ou de domínio amplo, desde que contenham a data e a hora de acesso.

B) O gestor deverá, como primeira alternativa, buscar dados e preços praticados em contratações similares feitas pela Administração Pública, em execução ou concluídas no período de 1 ano anterior à data da pesquisa de preços, observado o índice de atualização de preços correspondente.
C) O gestor deverá, como primeira alternativa, realizar pesquisa na base nacional de notas fiscais eletrônicas para achar preços aplicáveis ao projeto do ginásio poliesportivo.
D) O gestor deverá, como primeira alternativa, fazer três cotações junto a fornecedores conhecidos na região.

XIII. Num município de 30 mil habitantes, o prefeito anunciou, em 2022, a construção de um importante sistema de drenagem para um bairro que sofria anualmente com alagamentos. O empreendimento é uma demanda antiga da população do bairro, razão pela qual o município chegou a elaborar um projeto básico para a obra em 2010, inclusive um orçamento detalhado com custos de serviços apropriados no Sinapi para a data-base de 2010.

Após perceber que o projeto básico da obra foi elaborado em 2010, o secretário municipal de infraestrutura propôs ao prefeito que a licitação da obra fosse realizada no regime de execução de contratação integrada e que o orçamento fosse elaborado integralmente de maneira paramétrica, baseado em indicadores e dados obtidos junto à Funasa. Nessa situação hipotética, assinale a alternativa correta:

A) A proposta do secretário municipal de infraestrutura não é adequada, visto que a obra já conta com um projeto básico e um orçamento detalhado. Dessa maneira, seria possível licitar a obra no regime de execução de empreitada por preço unitário, não sendo necessária qualquer modificação no projeto ou no orçamento de 2010.
B) A proposta do secretário municipal de infraestrutura não é adequada, visto que a obra já conta com um projeto básico e um orçamento detalhado. Dessa maneira, seria possível licitar a obra no regime de empreitada por preço unitário, bastando para tanto atualizar os preços do orçamento pelo Índice Nacional de Custos da Construção Civil (INCC), de 2010 para 2022.
C) A proposta do secretário municipal de infraestrutura pode ser adotada, desde que seja avaliado se é necessário adaptar o projeto básico de 2010 para um anteprojeto que reflita a realidade atual do bairro e da obra. Além disso, é preciso que as parcelas paramétricas

do orçamento do anteprojeto fiquem restritas às etapas ou aos serviços que o anteprojeto não permita detalhamento maior.
D) A proposta do secretário municipal é adequada. A obra pode ser licitada imediatamente, servindo o projeto básico de 2010 como um anteprojeto da licitação no regime de execução de contratação integrada.

XIV. **Um município está licitando uma obra de construção de uma quadra escolar poliesportiva pelo regime de execução de contratação integrada. Embora a prefeitura já disponha de um projeto básico padrão fornecido pelo FNDE para a obra, o secretário municipal de infraestrutura está propondo que o orçamento da licitação seja feito integralmente de maneira paramétrica, baseado em preços globais de outras quadras escolares poliesportivas executadas em outras prefeituras do Brasil. Considere que o projeto básico padrão fornecido pelo FNDE permite elaborar uma planilha orçamentária completa e detalhada.**
Nessa situação hipotética, assinale a alternativa correta:

A) A proposta do secretário municipal de infraestrutura é adequada, visto que, no regime de contratação integrada, é completamente desnecessário haver uma planilha orçamentária detalhada.
B) A proposta do secretário municipal de infraestrutura é adequada, visto que é mais fácil deixar a licitante vencedora elaborar a planilha orçamentária completa quando da elaboração do projeto básico, o que ela terá que fazer no regime de contratação integrada.
C) A proposta do secretário municipal de infraestrutura é inadequada, visto que, no regime de contratação integrada, é possível elaborar uma planilha orçamentária completamente detalhada abarcando todas as etapas e serviços da obra, apesar de a contratada estar responsável por elaborar o projeto básico nesse regime de execução.
D) A proposta do secretário municipal de infraestrutura é inadequada, visto que, no regime de contratação integrada, é preciso elaborar uma planilha orçamentária tão detalhada quanto possível, isto é, tão detalhada quando o anteprojeto permitir, devendo a utilização de metodologias de orçamentação expeditas ou paramétricas ficarem restritas às parcelas ou frações do empreendimento não suficientemente detalhadas.

XV. A respeito da utilização de metodologias expeditas ou paramétricas de orçamentação de obras públicas em regimes de execução de contratação integrada ou semi-integrada, marque a alternativa correta.

A) O CUB é um indicador que pode ser utilizado para estimativas de custos expeditas de obras de drenagem.
B) O CUB abarca custos com fundações especiais profundas e com cortinas de contenção.
C) Para utilização correta do CUB, basta multiplicar a área real de construção do projeto arquitetônico da edificação pelo valor do CUB pesquisado pelo Sinduscon local para o mês em que estiver sendo elaborada a estimativa de custos paramétrica.
D) O CUB pode ser utilizado como indicador para estimativa de custos expedita de um empreendimento de habitação popular.

RESPOSTAS	
Questão I:	a) Verdadeira
	b) Falsa
	c) Verdadeira
	d) Verdadeira
Questão II:	Alternativa C
Questão III:	Alternativa D
Questão IV:	Alternativa C
Questão V:	Alternativa A
Questão VI:	Alternativa B
Questão VII:	Alternativa D
Questão VIII:	Alternativa C
Questão IX:	Alternativa C
Questão X:	Alternativa B
Questão XI:	Alternativa B
Questão XII:	a) Verdadeira
	b) Falsa
	c) Falsa
	d) Falsa
Questão XIII:	Alternativa C
Questão XIV:	Alternativa D
Questão XV:	Alternativa D

CAPÍTULO 5

LICITAÇÃO

Após passar por todas as etapas de preparação anteriormente estudadas – obtenção de recursos, estudos técnicos preliminares, elaboração dos projetos e do respectivo orçamento –, o gestor terá condições de ir para a fase de licitação, que nada mais é que a etapa de seleção da melhor proposta para a Administração.

Como estudamos até aqui, a partir de 2021, entrou em cena uma grande novidade sobre esse tema, que é a Nova Lei de Licitações e Contratos Administrativos (NLL), Lei nº 14.133/2021, de 1º de abril de 2021, que veio para substituir a Lei de Licitações e Contratos (nº 8.666/1993), a Lei do Pregão (nº 10.520/2002) e a Lei do Regime Diferenciado de Contratações – RDC (nº 12.462/2011).

Em complemento ao texto legal, o Governo Federal tem elaborado instruções normativas que dispõem sobre aspectos da NLL e que são publicadas no Portal de Compras do Governo Federal.

Lembramos, ainda, que as contratações pelas empresas estatais (por exemplo, companhias de saneamento, de desenvolvimento urbano, de habitação, entre outras) permanecerão regidas pela Lei nº 13.303/2016, conhecida como Lei das Estatais, mesmo após a obrigatoriedade da nova Lei de Licitações. Em boa medida, a Lei nº 14.133/2021 incorporou grande parte das regras previstas na citada Lei nº 13.303/2016. Contudo, sempre que necessário, faremos a diferenciação das regras de uma ou outra lei.

5.1 Aplicabilidade das Leis nºs 14.133/2021 e 13.303/2016

Antes de tudo, é importante saber quando aplicar a Lei nº 14.133/2021 e a Lei nº 13.303/2016. A primeira é a Nova Lei de Licitações e Contratos Administrativos, e a segunda é conhecida como Lei das Estatais e considerada um **marco regulatório para a atuação das estatais.**

A Lei nº 13.303/2016 dispõe sobre o estatuto jurídico da empresa pública, da sociedade de economia mista e de suas subsidiárias, abrangendo toda e qualquer empresa pública e sociedade de economia mista da União, dos Estados, do Distrito Federal e dos Municípios que explore atividade econômica de produção ou comercialização de bens ou de prestação de serviços, ainda que a atividade econômica esteja sujeita ao regime de monopólio da União, ou seja, de prestação de serviços públicos.

Em outras palavras, a Lei nº 13.303/2016, que passou a ser chamada de Lei das Estatais, foi criada com o objetivo de **definir regras para essas empresas no que diz respeito a compras, licitações e nomeação de diretores, presidentes e membros do conselho de administração**.

Por sua vez, a Lei nº 14.133/2021 estabelece normas gerais de licitação e contratação para as Administrações Públicas diretas, autárquicas e fundacionais da União, dos Estados, do Distrito Federal e dos Municípios, e abrange os:

i. órgãos dos Poderes Legislativo e Judiciário da União, dos Estados e do Distrito Federal e os órgãos do Poder Legislativo dos Municípios, quando no desempenho de função administrativa;

ii. fundos especiais e as demais entidades controladas direta ou indiretamente pela Administração Pública.

Na própria Lei nº 14.133/2021, consta que ela não abrange as empresas públicas, as sociedades de economia mista e as suas subsidiárias, pois elas são regidas pela Lei nº 13.303/2016, como já mencionamos.[111]

Concluindo, se você trabalha em uma empresa pública ou em uma sociedade de economia mista, como estatais de saneamento e desenvolvimento urbano, empresas de fornecimento de energia, de transporte, ou serviços públicos em geral, suas licitações serão regidas pela Lei nº 13.303/2016 (Lei das Estatais). Já se você não trabalha em empresa ou sociedade de economia mista, suas licitações serão baseadas na Lei nº 14.133/2021 (NLL).

Para quem deve usar a Lei nº 14.133/2021, é importante lembrar que mesmo com a obrigação de usar a nova lei, os contratos celebrados sob as regras antigas seguirão a lei utilizada na sua licitação até que sejam concluídos.

---

[111] Lei nº 14.133/2021, art. 1º, §1º.

Os contratos decorrentes de licitações realizadas com base nas legislações anteriores à Lei nº 14.133/2021 continuarão sendo regidos pelas leis antigas até a sua conclusão.

5.2 Recursos orçamentários

Antes de iniciar propriamente o estudo do processo licitatório, vamos conhecer um pouco sobre o que irá garantir que a obra tenha os recursos financeiros suficientes para ser concluída e utilizada adequadamente: a disponibilidade orçamentária.

Após a identificação das necessidades que deverão ser atendidas pela execução de um empreendimento, o gestor municipal deve ter atenção com algumas normas que a legislação orçamentária estabelece para o caso de obras públicas.

A primeira delas é a Lei Orçamentária Anual (LOA), na qual devem estar incluídas todas as despesas programadas para aquele exercício financeiro (ano).

Contudo, é comum que as grandes obras sejam executadas em mais de um exercício orçamentário. Por conta disso, a Constituição da República[112] dispõe que esses empreendimentos devem estar previstos também no Plano Plurianual (PPA).

 Exercício orçamentário ou financeiro: no Brasil, é o período entre 1º de janeiro e 31 de dezembro. Ou seja, coincide com o ano civil.

Lembre-se de que as obras públicas, grandes ou pequenas, também devem ser executadas de acordo com as regras estabelecidas nas Leis de Diretrizes Orçamentárias (LDO).

Além das três principais leis de orçamento (LOA, LDO e PPA), a Lei de Responsabilidade Fiscal (LRF) – Lei complementar nº 101/2000 – também traz importantes determinações para a execução de obras, entre as quais, o art. 16, que exige dos gestores a análise do impacto dos investimentos nos próximos 3 anos. Isso mesmo, daí a importância de avaliar nas etapas de planejamento, além dos custos de implantação da obra, também os custos da sua operação e manutenção, conforme vimos no capítulo sobre ETP.

---

[112] CF/88, o art. 167, §1º.

Outro preceito que a LRF ressalta é que novos projetos apenas podem receber recursos "após adequadamente atendidos os em andamento e contempladas as despesas de conservação do patrimônio público, nos termos em que dispuser a lei de diretrizes orçamentárias."[113] Isso quer dizer que a Administração deve assegurar a conclusão das obras que estão em andamento antes de iniciar novas.

De acordo com a Lei de Responsabilidade Fiscal, só podem ser incluídos novos projetos na lei orçamentária do órgão após adequadamente atendidos os projetos em andamento e contempladas as despesas de conservação do patrimônio público.

Conhecidos os parâmetros orçamentários legais, vamos conversar um pouco sobre as novas regras para agentes públicos que atuam em uma licitação.

5.3 Agente de contratação, comissão de contratação e pregoeiro

Na NLL, há um novo arranjo a respeito dos agentes responsáveis pelas licitações, como a criação do agente de contratação,[114] da comissão de contratação,[115] além das regras a respeito da atuação do pregoeiro.[116]

A licitação será conduzida por agente de contratação, pessoa designada pela autoridade competente, entre servidores efetivos ou empregados públicos dos quadros permanentes da Administração Pública, para tomar decisões, acompanhar o trâmite da licitação, dar impulso ao procedimento licitatório e executar quaisquer outras atividades necessárias ao bom andamento do certame até a homologação.

O agente de contratação será auxiliado por equipe de apoio e responderá individualmente pelos atos que praticar, salvo quando induzido a erro pela atuação da equipe.

Em licitação que envolva **bens ou serviços especiais**, o agente de contratação **poderá** ser substituído por comissão de contratação formada por, no mínimo, 3 membros, que responderão solidariamente por todos os atos praticados pela comissão, ressalvado o membro que

---

[113] Lei Complementar nº 101/2000, art. 45.
[114] Lei nº 14.133/2021, art. 6º, Inciso LX, 8º e 61.
[115] Lei nº 14.133/2021, art. 6º, L, 8º; 32 e 61.
[116] Lei nº 14.133/2021, art. 8º, §5º.

expressar posição individual divergente fundamentada e registrada em ata lavrada na reunião em que houver sido tomada a decisão.

Em resumo, a nova lei substituiu a comissão de licitação da Lei nº 8.666/1993 pelo agente de contratação. Na essência, eles exercem a mesma função de conduzir os trabalhos da licitação. Se o objeto for um bem ou um serviço especial, assunto ainda pendente de regulamentação, a nova lei prevê a possibilidade de substituição do agente de contratação pela comissão de contratação.

Um caso que tem uma regra especial é a licitação na modalidade chamada "diálogo competitivo", que é uma nova modalidade de licitação que deve ser conduzida por comissão de contratação composta de, pelo menos, três servidores efetivos ou empregados públicos pertencentes aos quadros permanentes da Administração, admitida a contratação de profissionais para assessoramento técnico da comissão.

Por fim, a lei incorpora a figura do pregoeiro da Lei nº 10.520/2002, que continua sendo o agente responsável pela condução das licitações na modalidade pregão sem maiores novidades.

Com relação às contratações realizadas com base na Lei nº 8.666/1993, o TCU já apontou que, em casos de obras de grande complexidade, pelo menos um membro da comissão de licitação deve possuir conhecimento técnico a respeito do objeto, ou a comissão deve solicitar auxílio a técnicos especializados (Acórdão 3.314/2010-TCU-Plenário).

Esse entendimento do TCU foi baseado na Lei nº 8.666/1993 e não na Nova Lei de Licitações, naturalmente, mas o essencial é ter em mente a importância de se ter alguém, na equipe responsável pela licitação, que possua conhecimento técnico do objeto licitado. Pelas novas regras da NLL, se o próprio agente de contratação não tiver esse conhecimento técnico, esse profissional técnico pode fazer parte da equipe de apoio. Ainda, como vimos, a NLL prevê também a possibilidade de contratação de terceiros para assessoramento técnico da comissão de licitação nas licitações de bens ou serviços especiais.

Ainda cabe dizer que a Nova Lei de Licitações prevê que os entes federados devem expedir regulamento próprio, prevendo as regras relativas à atuação do agente de contratação e da equipe de apoio, ao funcionamento da comissão de contratação e à atuação de fiscais e gestores de contratos. Isso é necessário para deixar explícita a responsabilidade de cada agente público em uma licitação, evitando dúvidas e interpretações equivocadas sobre as atividades que cada um deveria realizar.

Observe que, com isso, as atribuições desses agentes públicos podem variar de um ente federado para outro.

Tal regulamento deverá, ainda, disciplinar sobre a possibilidade de eles contarem com o apoio dos órgãos de assessoramento jurídico e de controle interno para o desempenho de suas funções essenciais.[117]

No caso de inexistir regulamentação específica, a lei prevê que os Estados, o Distrito Federal e os Municípios poderão aplicar os regulamentos editados pela União.[118] Apesar dessa previsão, é recomendável que cada ente emita seus próprios regulamentos, para que sejam compatíveis com a respectiva realidade, pois, em grande medida, é natural que a realidade do Governo Federal seja bastante diferente da prática da maioria dos demais entes federados, em especial das prefeituras.

Polêmica: É obrigatório que o agente de contratação seja servidor efetivo do órgão contratante? E se o órgão não possuir servidor capaz de atender a essas atribuições?

Um tema que tem sido objeto de grande polêmica, principalmente entre as prefeituras de cidades menores, é a questão de o agente de contratação ter que ser servidor efetivo do órgão público. Muitas prefeituras não possuem atualmente, em seu quadro permanente, profissionais que conduzam suas licitações e, por causa disso, terceirizam tal atribuição. Em consequência, não raras vezes têm-se visto iniciativas para flexibilizar tal exigência legal.

No entanto, considerando que a Constituição Federal prevê que cabe à União a elaboração de regras gerais de licitação e, uma vez que essa exigência é prevista no Capítulo III, que trata das próprias definições da lei, as quais são, por sua vez, regras gerais, entendemos que devem valer para quaisquer entes federados, ou seja, não há margem para flexibilização da necessidade de o agente de contratação ser servidor efetivo.

Outro fator que a nosso ver reforça essa obrigatoriedade é que, ciente das dificuldades e particularidades dos municípios menores em dar cumprimento às exigências acima, o legislador já previu, expressamente, um prazo maior, de 6 anos contados da data de publicação da Lei nº 14.133/2021, ou seja, até 1º de abril de 2027, para que os municípios com até 20.000 habitantes possam cumprir com tais requisitos.

Logo, caberá aos órgãos que não possuem servidor efetivo devidamente capacitado para o exercício das funções do agente de contratação, adotar as medidas cabíveis para cumprimento dessa exigência legal, seja pela contratação de novos servidores, seja pela qualificação dos servidores atuais.

---

[117] Lei nº 14.133/2021, art. 8º, §3º.
[118] Lei nº 14.133/2021, art. 187.

5.4 Fases da licitação (art. 17 da Lei nº 14.133/2021)

A NLL estabelece que o processo de licitação observará as seguintes fases, em sequência:[119]

I - preparatória;
II - de divulgação do edital de licitação;
III - de apresentação de propostas e lances, quando for o caso;
IV - de julgamento;
V - de habilitação;
VI - recursal; e
VII - de homologação.

Ainda, define que as licitações serão realizadas preferencialmente sob a forma eletrônica, admitida a utilização da forma presencial, desde que motivada, devendo a sessão pública ser registrada em ata e gravada em áudio e vídeo. Essa gravação deverá ser juntada aos autos do processo licitatório depois de seu encerramento.

Observe que, anteriormente, a lei denominava uma licitação por duas fases: interna e externa. Diferentemente, a Lei nº 14.133/2021, assim como a Lei nº 13.303/2016, alterou bastante essa forma de tratamento e detalhou cada uma das fases de um procedimento licitatório.

A fase preparatória do processo licitatório é, portanto, caracterizada pelo planejamento e deve compatibilizar-se com o plano de contratações anual de que trata a NLL,[120] sempre que elaborado, e com as leis orçamentárias, bem como abordar todas as considerações técnicas, mercadológicas e de gestão que podem interferir na contratação.

Considerando a proposta desta obra, veremos os aspectos relacionados basicamente às fases iniciais da licitação, para nortear a elaboração dos editais de obras públicas.

5.5 Modalidades de licitação nas Leis nºs 14.133/2021 e 13.303/2016

As modalidades de licitação são diferentes formas de conduzir uma licitação, com regras e procedimentos específicos para cada opção.

Tanto a Lei nº 8.666/1993 quanto a Lei nº 14.133/2021 possuem cinco modalidades. Contudo, há diferenças entre as duas leis, pois

---
[119] Lei nº 14.133/2021, art. 17.
[120] Lei nº 14.133/2021, art. 12, inciso VII.

foram extintas as modalidades Tomada de Preços e Convite previstas na Lei nº 8.666/1993 e a modalidade Pregão, que antes era tratada na Lei nº 10.520/2002, agora está na NLL.

Assim, a Lei nº 14.133/2021 prevê essas cinco modalidades de licitação:

a) Concorrência;
b) Concurso;
c) Leilão;
d) Pregão; e
e) Diálogo Competitivo.

Observe que, na Lei nº 14.133/2021, foram extintas as modalidades Tomada de Preços e Convite.

Na Lei nº 8.666/1993, levavam-se em conta dois critérios para escolher a modalidade. O primeiro era o valor da contratação e o segundo eram as características do objeto. Com a Lei nº 14.133/2021, o valor da contratação deixou de ser um critério para definir a modalidade de licitação a ser utilizada. Agora, na essência, as características do objeto a ser contratado é que vão levar à indicação da modalidade de licitação.[121]

Também é importante lembrar que é proibida a criação de outras modalidades de licitação ou, ainda, a combinação de regras de diferentes modalidades da NLL.[122] Ou seja, é obrigatório escolher uma das modalidades que constam da lei e, então, somente podem ser utilizadas as regras dessa modalidade escolhida.

Vamos, então, conhecer com mais detalhes cada uma das modalidades previstas na Lei nº 14.133/2021, as quais são similares às da Lei nº 13.303/2016, exceto quanto ao diálogo competitivo, que não há previsão para uso na Lei das Estatais.

5.5.1 Concorrência e Pregão

A **Concorrência** é a modalidade de licitação para contratação de bens e serviços especiais e de obras e serviços comuns e especiais

---

[121] Lei nº 14.133/2021, art. 28.
[122] Lei nº 14.133/2021, art. 28, §2º.

de engenharia.[123] A Concorrência pode utilizar os seguintes critérios de julgamento:

a) menor preço;
b) melhor técnica ou conteúdo artístico;
c) técnica e preço;
d) maior retorno econômico; ou
e) maior desconto.

Os critérios de julgamento da NLL são similares aos da Lei das Estatais,[124] sendo essencialmente aquilo que era conhecido como tipo de licitação na Lei nº 8.666/1993[125] e, em boa medida, incorporam os critérios de julgamento da Lei do RDC.[126]

Detalharemos mais adiante esses critérios de julgamento, em especial o menor preço e maior desconto, por serem estes mais empregados nas licitações de obras públicas.

O **Pregão**, por sua vez, é a modalidade de licitação obrigatória para aquisição de bens e serviços comuns, cujo critério de julgamento poderá ser o de menor preço ou o de maior desconto.

Em licitação na modalidade Pregão, o agente responsável pela condução do certame será designado pregoeiro.

A Concorrência e o Pregão seguirão o rito comum de procedimentos da NLL, que são as fases de licitação (preparatória; de divulgação do edital de licitação; de apresentação de propostas e lances, quando for o caso; de julgamento; de habilitação; recursal; de homologação),[127] adotando-se o Pregão sempre que o objeto possuir padrões de desempenho e qualidade que possam ser objetivamente definidos pelo edital, por meio de especificações usuais de mercado.

O Pregão não se aplica às contratações de serviços técnicos especializados de natureza predominantemente intelectual e de obras e serviços de engenharia, exceto os serviços comuns de engenharia.[128] Por ser um tema que costuma causar controvérsias, falaremos mais sobre isso na sequência.

---

[123] Lei nº 14.133/2021, art. 6º, inciso XXXVIII.
[124] Lei nº 13.303/2016, art. 54.
[125] Lei nº 8.666/1992, art. 45, *caput* e §1º.
[126] Lei nº 12.462/2011, art. 18.
[127] Lei nº 14.133/2021, art. 17.
[128] Lei nº 14.133/2021, art. 29, parágrafo único.

5.5.1.1 Uso do Pregão para serviços comuns de engenharia

A NLL incorporou a jurisprudência do TCU que aponta, desde 2010, no sentido de que é admissível a realização de pregão para contratação de serviços comuns de engenharia (cf. Súmula TCU 257/2010). Assim, os serviços de engenharia que podem ser licitados por pregão são apenas aqueles considerados comuns.

Vamos entender quais são eles?

Primeiramente, é preciso diferenciar obra de engenharia de serviço de engenharia. De acordo com a NLL,[129] obra é toda atividade estabelecida, por força de lei, como privativa das profissões de arquiteto e engenheiro, que implica intervenção no meio ambiente por meio de um conjunto harmônico de ações que, agregadas, formam um todo que inova o espaço físico da natureza ou acarreta alteração substancial das características originais de bem imóvel.

Por sua vez, serviço de engenharia[130] é toda atividade ou conjunto de atividades destinadas a obter determinada utilidade, intelectual ou material, de interesse para a Administração e que, não enquadradas no conceito de obra, são estabelecidas, por força de lei, como **privativas das profissões de arquiteto e engenheiro ou de técnicos especializados**.

Os serviços de engenharia se subdividem em:

a) serviço comum de engenharia:[131] todo serviço de engenharia que tem por objeto ações, objetivamente padronizáveis em termos de desempenho e qualidade, de manutenção, de adequação e de adaptação de bens móveis e imóveis, com preservação das características originais dos bens; e

b) serviço especial de engenharia:[132] aquele que, por sua alta heterogeneidade ou complexidade, não pode se enquadrar na definição de serviço comum de engenharia.

Como você pode observar, o novo conceito de serviço de engenharia vincula ao enquadramento da atividade em lei como atribuição privativa das profissões de arquiteto e engenheiro ou de técnicos especializados. Logo, mesmo serviços comuns de engenharia

---

[129] Lei nº 14.133/2021, art. 6º, inciso XII.
[130] Lei nº 14.133/2021, art. 6º, inciso XXI.
[131] Lei nº 14.133/2021, art. 6º, inciso XXI, alínea "a".
[132] Lei nº 14.133/2021, art. 6º, inciso XXI, alínea "b".

somente poderão ser assim classificados se exigirem profissional legalmente habilitado.

No entendimento da jurisprudência do TCU, alguns exemplos de serviços comuns de engenharia são os de manutenção predial e os de conservação rodoviária. Saiba que as reformas de edificações, desde que não acarretem alteração substancial das características originais de bem imóvel, não sendo, portanto, enquadradas como obra pela NLL, mas serviço comum de engenharia de adaptação de bem imóvel, têm sido contratadas usualmente por Pregão pela Administração Pública.

No caso da conservação rodoviária, todas as atividades que englobam esse serviço, como a correção de defeitos no pavimento, a limpeza e reparação de dispositivos de drenagem, a roçada da faixa de domínio e a recomposição de aterros, possuem especificações usuais de mercado, as quais possibilitam uma definição objetiva no edital e podem ser considerados como serviços comuns.

De todo modo, é essencial que o gestor, à luz do caso concreto a ser contratado, avalie a possibilidade de realizar contratação por meio de pregão ou de outra modalidade licitatória, em especial a concorrência.

Perceba que, diferentemente da Lei nº 10.520/2002, em que o pregão possibilitava a redução dos prazos para apresentação de propostas em relação aos prazos da concorrência, na legislação atual, a regra para definição dos prazos mínimos de apresentação das propostas é definida em função do objeto a ser contratado e não mais pela modalidade a ser adotada. Logo, o uso do pregão, por si só, não é mais capaz de impactar nos prazos da licitação.

5.5.2 Diálogo Competitivo

O Diálogo Competitivo[133] talvez seja a maior novidade da NLL. Ele é uma modalidade de licitação para contratação de obras, serviços e compras em que a Administração Pública realiza diálogos com licitantes, previamente selecionados mediante critérios objetivos, com o intuito de desenvolver uma ou mais alternativas capazes de atender às suas necessidades, devendo os licitantes apresentarem proposta final após o encerramento dos diálogos.

Seu uso é restrito a contratações em que a Administração vise contratar objeto que envolva as seguintes condições:[134]

---
[133] Lei nº 14.133/2021, art. 6º, inciso XLII.
[134] Lei nº 14.133/2021, art. 32.

a) inovação tecnológica ou técnica;
b) impossibilidade de o órgão ou a entidade ter sua necessidade satisfeita sem a adaptação de soluções disponíveis no mercado; e
c) impossibilidade de as especificações técnicas serem definidas com precisão suficiente pela Administração.

Além disso, a Administração deve verificar a necessidade de definir e identificar os meios e as alternativas que possam satisfazer suas necessidades, com destaque para os seguintes aspectos:

a) a solução técnica mais adequada;
b) os requisitos técnicos aptos a concretizar a solução já definida; e
c) a estrutura jurídica ou financeira do contrato.

Observe que a escolha do diálogo competitivo começa lá nos estudos técnicos preliminares, quando não é possível identificar a solução que melhor atende à necessidade da Administração Pública, tampouco é possível descrever essa solução como um todo e suas respectivas exigências de manutenção e assistência técnica. Daí, há a opção pelo diálogo competitivo, para permitir o diálogo entre os licitantes, sob orientação do gestor público licitante, com o objetivo de desenvolver uma solução capaz de atender às suas necessidades.

Em linhas gerais, quanto ao seu processamento, o diálogo competitivo possui 3 fases resumidas a seguir:

Figura 31 – Fases do diálogo competitivo

Fase de pré-seleção de licitantes	Fase de diálogo com os licitantes pré-selecionados	Fase competitiva
• A Administração divulga na internet o edital com suas necessidades e os critérios necessários para a pré-seleção dos licitantes, além de estabelecer o prazo para manifestação de interesse na participação da licitação. • Serão admitidos na pré-seleção todos os interessados que tenham se manifestado e atendam aos requisitos estabelecidos no edital.	• A fase de diálogo poderá ser mantida até que a Administração, em decisão fundamentada, identifique a solução ou as soluções que atendam às suas necessidades. • A Administração não poderá revelar a outros licitantes as soluções propostas ou as informações sigilosas comunicadas por um licitante sem o seu consentimento.	• Tem início com a divulgação de edital contendo a especificação da solução que atenda às necessidades da Administração e aos critérios objetivos a serem utilizados para seleção da proposta mais vantajosa. • Abrir prazo, não inferior a 60 dias úteis, para todos os licitantes pré-selecionados apresentarem suas propostas.

Fonte: elaboração própria.

Como já estudamos aqui, no caso do diálogo competitivo, a licitação deve ser conduzida por comissão de contratação composta de pelo menos três servidores efetivos ou empregados públicos pertencentes aos quadros permanentes da Administração, admitida a contratação de profissionais para assessoramento técnico da comissão.

Devido às suas características e ao seu rito especial, que detalhamos anteriormente, não é qualquer órgão público que possui atualmente condições de realizar essa modalidade licitatória. O órgão contratante precisa estar devidamente estruturado e com política de segurança de informação já consolidada, pois terá que tratar de informações que envolvem sigilo comercial e estratégico das empresas pré-selecionadas.

Além disso, o contratante deve ser dotado de recursos humanos em número suficiente e devidamente qualificados para serem capazes de realizar, com probidade, eficiência e eficácia, o diálogo individual com cada empresa. A finalidade é aumentar gradativamente o conhecimento e a maturidade sobre o objeto que se prevê contratar e sobre as soluções factíveis trazidas por cada licitante, para que, ao final, seja possível escolher quais delas serão viáveis de serem adotadas e, na sequência, fazer uma fase competitiva bem-sucedida, capaz de contratar, de fato, a solução que melhor atenda ao interesse público.

5.5.3 Concurso

O Concurso[135] é a modalidade de licitação utilizada para escolha de trabalho técnico, científico ou artístico, cujo critério de julgamento é o de melhor técnica ou conteúdo artístico, e para concessão de prêmio ou remuneração ao vencedor.

O concurso observará as regras e condições previstas em edital, que indicará[136] a(s):

a) qualificação exigida dos participantes;
b) diretrizes e formas de apresentação do trabalho; e
c) condições de realização e o prêmio ou a remuneração a ser concedida ao vencedor.

Nos concursos destinados à elaboração de projeto, o vencedor deverá ceder à Administração Pública[137] todos os direitos patrimo-

---

[135] Lei nº 14.133/2021, art. 6º, inciso XXXIX.
[136] Lei nº 14.133/2021, art. 30.
[137] Lei nº 14.133/2021, art. 30, parágrafo único.

niais relativos ao projeto e autorizar sua execução conforme juízo de conveniência e oportunidade das autoridades competentes.

5.5.4 Leilão

O Leilão[138] é a modalidade de licitação para alienação de bens imóveis ou de bens móveis inservíveis ou legalmente apreendidos a quem oferecer o maior lance.

O leilão será precedido da divulgação do edital em sítio eletrônico oficial, que conterá o(a):

a) descrição do bem, com suas características, e, no caso de imóvel, sua situação e suas divisas, com remissão à matrícula e aos registros;

b) valor pelo qual o bem foi avaliado, o preço mínimo pelo qual poderá ser alienado, as condições de pagamento e, se for o caso, a comissão do leiloeiro designado;

c) indicação do lugar onde estiverem os móveis, os veículos e os semoventes;

d) sítio da internet e o período em que ocorrerá o leilão, salvo se excepcionalmente for realizado sob a forma presencial por comprovada inviabilidade técnica ou desvantagem para a Administração, hipótese em que serão indicados o local, o dia e a hora de sua realização; e

e) especificação de eventuais ônus, gravames ou pendências existentes sobre os bens a serem leiloados.

Além de estabelecer a modalidade de licitação, a Administração Pública deverá definir como os licitantes poderão apresentar suas propostas. Vamos entender isso na sequência.

5.6 Modos de disputa aberto, fechado e combinado

À semelhança do que vinha sendo praticado nos pregões da Lei nº 10.520/2002, a NLL também prevê diferentes possibilidades de modo de disputa entre os licitantes. Dessa forma, estão previstos em lei os modos de disputa aberto, fechado e a combinação entre os dois.[139]

---

[138] Lei nº 14.133/2021, art. 6º, inciso XL.
[139] Lei nº 14.133/2021, art. 56.

O modo de disputa **fechado** ocorre quando os licitantes apresentam propostas sigilosas até o momento de sua abertura previsto no edital, sem a previsão de oferta de lances para redução dos preços de suas propostas. Esse modo de disputa é bem parecido com o que já ocorria nas concorrências regidas pela Lei nº 8.666/1993.

Por sua vez, o modo de disputa **aberto** ocorre quando os licitantes apresentam suas propostas por meio de lances públicos e sucessivos, como acontece nos pregões previstos na Lei nº 10.520/2002.

Há ainda a possibilidade de uma mesma licitação utilizar os **dois modos**, fazendo assim uma combinação entre os modos de disputa, podendo utilizar o aberto antes do fechado ou vice-versa.

Contudo, observe que a escolha do modo de disputa precisa obedecer a algumas condições,[140] já que a NLL proíbe a utilização isolada do modo de disputa fechado quando adotados os critérios de julgamento de menor preço ou de maior desconto, ao mesmo tempo que proíbe a utilização do modo de disputa aberto quando adotado o critério de julgamento de técnica e preço.

> **EXEMPLO**
> Uma licitação de RDC de um posto de saúde realizada nos modos de disputa fechado e aberto foi muito bem-sucedida e a competitividade entre as empresas se manteve até o final. Primeiramente, as empresas ofertaram seus preços em propostas lacradas, que resultou em um desconto de 10% com relação ao orçamento estimativo da Administração. Após essa fase e partindo do valor da menor proposta apresentada, ocorreu a fase de lances, em modo aberto, o que fez com que três empresas disputassem o objeto por várias rodadas de lances. Ao final, o desconto foi de 16% (6% de desconto a mais sobre a proposta de menor valor apresentada na fase de disputa fechada).

Na Lei das Estatais, há uma limitação[141] quanto à combinação dos modos de disputa aberto e fechado, que somente é permitida quando o objeto da licitação puder ser parcelado, visando ampliar a participação de licitantes, sem perda de economia de escala.

A combinação entre os modos de disputa é uma possibilidade interessante que essas leis oferecem ao gestor. Diferentemente da Lei nº 8.666/1993, na qual a competição entre as empresas se encerrava na abertura das propostas, nas novas leis, as empresas podem continuar competindo ofertando lances e reduzindo preços, possibilitando que a Administração obtenha propostas mais vantajosas.

---

[140] Lei nº 14.133/2021, art. 46, §§1º e 2º.
[141] Lei nº 13.303/2016, art. 52.

Figura 32 – Modos de disputa por modalidade

Pregão	• Somente podem ser usados os modos de disputa aberto ou combinado
Concorrência tipo menor preço ou maior desconto	• Somente podem ser usados os modos de disputa aberto ou combinado
Concorrência do tipo técnica e preço	• Somente pode ser usado o modo de disputa fechado

Fonte: elaboração própria.

5.7 Eletrônico é a regra. Presencial é a exceção

A NLL prevê que, nos processos licitatórios, os atos serão preferencialmente digitais,[142] de forma a permitir que sejam produzidos, comunicados, armazenados e validados por meio eletrônico.

Ainda, estabelece que as licitações serão realizadas preferencialmente sob a forma eletrônica,[143] admitida a utilização da forma presencial, desde que motivada, devendo a sessão pública ser registrada em ata e gravada em áudio e vídeo.

A preferência pelo modo eletrônico não é à toa! A licitação eletrônica confere maior transparência à contratação e possibilita maior participação de empresas licitantes, uma vez que estas não precisam se deslocar até o órgão para participarem das licitações. A maior competitividade entre as licitantes contribui para que o órgão consiga obter preços mais vantajosos em suas contratações e aquisições.

As licitações devem ser realizadas no modo eletrônico como regra. O modo presencial somente deve ser adotado em situações excepcionais, devidamente justificadas, demonstrando as vantagens, naquele caso específico, em se fazer pelo modo presencial em detrimento do eletrônico.

---

[142] Lei nº 14.133/2021, art. 12, inciso VI.
[143] Lei nº 14.133/2021, art. 17, §2º.

Lembre que, considerando as particularidades dos municípios menores, o legislador previu um prazo maior, de 6 anos contados da data de publicação da Lei nº 14.133/2021, ou seja, até 1º de abril de 2027, para que os municípios com até 20.000 habitantes possam cumprir com a regra da obrigatoriedade de realização da licitação sob a forma eletrônica.[144]

 O governo federal permite a adesão gratuita por qualquer órgão público das esferas federal, estadual e municipal para utilizar o Portal de Compras do Governo Federal ao realizarem seus próprios certames, acessível em www.gov.br/compras/pt-br/agente-publico

Entendida a parte operacional da licitação, que tal falarmos sobre os critérios de julgamento? Então, vamos!

5.8 Critérios de julgamento

Quando estudamos a modalidade de licitação Concorrência, vimos que na NLL os critérios de julgamento são o que era conhecido como tipo de licitação na Lei nº 8.666/1993[145] e, em boa medida, incorporam os critérios de julgamento da Lei do RDC[146] e se assemelham aos critérios de julgamento da Lei das Estatais.[147]

Agora, vamos ver em mais detalhes os critérios de julgamento da NLL, que são os seguintes:

a) menor preço;
b) melhor técnica ou conteúdo artístico;
c) técnica e preço;
d) maior retorno econômico;
e) maior desconto; e
f) maior lance.

---

[144] Lei nº 14.133/2021, art. 176, inciso II.
[145] Lei nº 8.666/1992, art. 45, *caput* e §1º.
[146] Lei nº 12.462/2011, art. 18.
[147] Lei nº 13.303/2016, art. 54.

A Lei das Estatais tem todos esses critérios e ainda traz o critério de melhor destinação de bens alienados,[148] que não é utilizado em licitação de obras ou serviços de engenharia, fugindo, então, ao objetivo desta publicação.

Sobre os critérios, vale destacar, resumidamente, que o julgamento por menor preço ou maior desconto e, quando couber, por técnica e preço considerará o menor dispêndio para a Administração, atendidos os parâmetros mínimos de qualidade definidos no edital de licitação.[149]

A NLL incorporou do RDC e da Lei nº 13.303/2016 os critérios de julgamento das propostas de maior desconto e de maior retorno econômico. Pela jurisprudência do TCU, esses critérios não poderiam ser utilizados nas licitações regidas pela Lei nº 8.666/1993, por falta de amparo legal.

Agora, contudo, essa possibilidade está prevista na legislação. O julgamento do maior desconto considera que todas as licitantes deverão ofertar descontos sobre o preço global a ser fixado no edital. Esse desconto deverá incidir linearmente sobre os preços de todos os itens da planilha orçamentária da obra e deverá ser respeitado também em eventuais aditivos contratuais.[150] Ou seja, não é permitido que sejam ofertados descontos diferenciados entre os serviços.

Figura 33 – Diferença entre menor preço e maior desconto

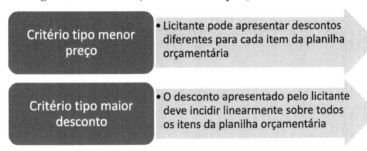

Fonte: elaboração própria.

Ainda quanto ao critério de maior desconto, naturalmente o orçamento estimado pela Administração deverá sempre constar no edital de licitação, afinal as empresas precisam conhecer o preço de

---

[148] Lei nº 13.303/2016, art. 54, VIII.
[149] Lei nº 14.133/2021, art. 34.
[150] Lei nº 14.133/2021, art. 34, §2º.

referência da Administração, já que suas propostas conterão apenas o percentual de desconto a ser oferecido.[151]

Sobre as licitações pelo critério de julgamento por menor preço ou maior desconto, na forma eletrônica, para a contratação de bens, serviços e obras, no âmbito da Administração Pública federal direta, autárquica e fundacional, é importante conhecer a Instrução Normativa Seges/ME nº 73, de 30 de setembro de 2022.

O julgamento por maior retorno econômico, utilizado exclusivamente para a celebração de contrato de eficiência, considerará a maior economia para a Administração, e a remuneração deverá ser fixada em percentual que incidirá de forma proporcional à economia efetivamente obtida na execução do contrato.

Tais contratos, normalmente, incluem a prestação de serviços, ou ainda a execução de obras e o fornecimento de bens, que visem reduzir despesas do contratante. Nesses casos, as propostas serão avaliadas para selecionar a que proporcionará maior economia para a Administração Pública, e o contratado será remunerado com base em percentual da economia gerada.

Caso a economia efetivamente gerada seja inferior à inicialmente prevista,[152] a diferença será descontada da remuneração da contratada. Pode ocorrer que a diferença entre a economia efetiva e a prevista seja maior do que o limite máximo estabelecido no contrato e, nessa situação, a contratada estará sujeita às sanções cabíveis.

> **EXEMPLO**
>
> Um exemplo de contrato de eficiência que pode ser licitado pelo critério de maior retorno econômico é o caso da execução de reparos na instalação hidráulica de uma escola pública que possua uma despesa elevada com água. Espera-se que após a execução desses reparos a conta de água seja reduzida. Nesse caso, o contratado seria remunerado em termos percentuais sobre a redução da conta de água. Contudo, se a redução na conta de água obtida for menor do que o previsto, o contratado deverá ser penalizado e terá sua remuneração diminuída.

O julgamento por melhor técnica ou conteúdo artístico irá considerar exclusivamente as propostas técnicas ou artísticas apresentadas pelos licitantes, e o edital deverá definir o prêmio ou a remuneração que será atribuída aos vencedores.[153] Esse critério de julgamento poderá ser

---
[151] Lei nº 14.133/2021, art. 24, inciso II, parágrafo único.
[152] Lei nº 14.133/2021, art. 39, §4º.
[153] Lei nº 14.133/2021, art. 35.

utilizado no caso de concurso, para a contratação de projetos e trabalhos de natureza técnica, científica ou artística.

O Governo Federal publicou a Instrução Normativa SEGES/MGI nº 12, de 31 de março de 2023, que dispõe sobre a licitação pelo critério de julgamento por melhor técnica ou conteúdo artístico, na forma eletrônica, no âmbito da Administração Pública federal direta, autárquica e fundacional.

O julgamento por técnica e preço, por sua vez, considerará a maior pontuação obtida a partir da ponderação, segundo fatores objetivos previstos no edital, das notas atribuídas aos aspectos de técnica e de preço da proposta. Esse critério será escolhido quando o estudo técnico preliminar demonstrar que a avaliação e a ponderação da qualidade técnica das propostas que superarem os requisitos mínimos estabelecidos no edital forem relevantes aos fins pretendidos pela Administração na contratação dos tipos de objeto relacionados na NLL.[154]

No julgamento por técnica e preço, deverão ser avaliadas e ponderadas as propostas técnicas e, em seguida, as propostas de preço apresentadas pelos licitantes, na proporção máxima de 70% de valoração para a proposta técnica.[155]

O Governo Federal publicou a Instrução Normativa SEGES/MGI nº 2, de 7 de fevereiro de 2023, que dispõe sobre a licitação pelo critério de julgamento por técnica e preço, na forma eletrônica, no âmbito da Administração Pública federal direta, autárquica e fundacional.

O julgamento por maior lance é exclusivo do Leilão, que é a modalidade de licitação para alienação de bens imóveis ou de bens móveis inservíveis ou legalmente apreendidos a quem oferecer o maior lance.

Anteriormente, existia grande dúvida, em licitações do tipo técnica e preço, sobre qual o percentual máximo da proposta técnica deveria ser considerado em relação ao preço. A jurisprudência do TCU vinha se consolidando de que deveriam ser adotados pesos iguais para ambos (50% técnica e 50% preço). Na NLL essa dúvida foi saneada com a definição de que é possível a ponderação de até 70% para a proposta técnica (ou seja, no mínimo 30% para preço), divergindo, assim, da antiga jurisprudência do TCU.

---

[154] Lei nº 14.133/2021, art. 36, §1º.
[155] Lei nº 14.133/2021, art. 36, §2º.

5.8.1 Como escolher o critério de julgamento mais adequado

A execução de obras, em regra, é licitada com julgamento por menor preço ou maior desconto.

No que diz respeito a obras e serviços de engenharia, o critério de julgamento por técnica e preço será escolhido quando o estudo técnico preliminar demonstrar que a avaliação e a ponderação da qualidade técnica, das propostas que superarem os requisitos mínimos estabelecidos no edital, forem relevantes aos fins pretendidos pela Administração, nas licitações para contratação de:[156]

a) serviços técnicos especializados de natureza predominantemente intelectual, caso em que o critério de julgamento de técnica e preço deverá ser preferencialmente empregado;

b) obras e serviços especiais de engenharia; ou

c) objetos que admitam soluções específicas e alternativas e variações de execução, com repercussões significativas e concretamente mensuráveis sobre sua qualidade, sua produtividade, seu rendimento e sua durabilidade, quando essas soluções e variações puderem ser adotadas à livre escolha dos licitantes, conforme critérios objetivamente definidos no edital de licitação.

Assim, a contratação de elaboração de projetos, dada sua natureza predominantemente intelectual, pode ser realizada com julgamento por técnica e preço. Ainda, quando for justificável, um projeto pode ser contratado com o critério de julgamento por melhor técnica,[157] quando se considerará exclusivamente as propostas técnicas apresentadas pelos licitantes, e o edital deverá definir a remuneração que será atribuída ao vencedor.[158]

Cabe à Administração Pública se atentar também para o regime de contratação e execução da obra. Vamos conversar um pouco mais sobre isso a seguir.

---

[156] Lei nº 14.133/2021, art. 36, §1º.
[157] Lei nº 14.133/2021, art. 35, parágrafo único.
[158] Lei nº 14.133/2021, art. 35.

5.9 Regimes de execução

A Lei nº 14.133/2021 define os regimes de como se dá a contratação e a gestão contratual de obras e serviços de engenharia, os chamados regimes de execução, que são os seguintes:[159]

- a) empreitada por preço global;
- b) empreitada por preço unitário;
- c) empreitada integral;
- d) contratação por tarefa;
- e) contratação integrada;
- f) contratação semi-integrada; e
- g) fornecimento e prestação de serviço associado.

Os primeiros seis regimes elencados acima são os mesmos da Lei das Estatais,[160] e a NLL trouxe, como novidade, o regime de fornecimento e prestação de serviço associado.

Antes de detalhar as particularidades dos principais regimes aplicáveis às obras públicas, vamos ver, em linhas gerais, as diferenças de cada um deles.

Em resumo, a **empreitada por preço global** ocorre quando a execução da obra é contratada por um preço certo e total, quando, devido a características próprias da obra, não se espera haver variação dos quantitativos contratados e a medição será feita por etapas. Como regra geral, devido à natureza desse regime (preço certo e total), não devem ser admitidos aditivos aos contratos que o adotem, a menos que essas alterações sejam solicitadas pela Administração Pública ou em situações excepcionais de caso fortuito ou força maior.

Caso fortuito e força maior: de maneira breve e simples, podemos dizer que o caso fortuito é o evento que não se pode prever e que não podemos evitar. Já os casos de força maior seriam os fatos humanos ou naturais, que podem até ser previstos, mas da mesma maneira não podem ser impedidos; por exemplo, os fenômenos da natureza, tais como tempestades, furacões, raios etc. ou fatos humanos como guerras, revoluções e outros.

---

[159] Lei nº 14.133/2021, art. 46.
[160] Lei nº 13.303/2016, art. 43.

Já a **empreitada por preço unitário** é destinada para obras em que, em razão de características inerentes ao objeto, possa haver variação nas quantidades dos serviços, sendo fixados seus preços unitários e pagos os quantitativos medidos para cada serviço.

O **regime de contratação por tarefa** não é adequado para obras de maior porte, como a própria lei define.[161] Por sua vez, a **empreitada integral**, usualmente, é utilizada nas obras em que há parcela significativa do objeto correspondente a equipamentos e desde que fique demonstrada a inviabilidade de parcelamento do objeto, como, por exemplo, nas obras com características industriais. Isso ocorre porque a empreitada integral inclui a etapa de entrada em operação no escopo do contrato, sendo necessário que se demonstre a necessidade de as etapas de fornecimento e montagem de equipamentos, comissionamento, testes e pré-operação serem contratadas juntamente com os serviços de construção civil.

Na **contratação integrada**, o contratado é responsável por elaborar tanto o projeto básico quanto o executivo, além de tudo o que for necessário para a entrega final do objeto.

Na **semi-integrada**, a Administração fornece o projeto básico, e o contratado elabora o projeto executivo. O contratado pode até mesmo elaborar outro projeto básico, caso solicite à Administração, e esta aceite, entendendo que isso seja adequado.

No **regime de fornecimento e prestação de serviço associado**, além da construção do objeto, o contratado é responsável por sua operação, manutenção ou ambas, por tempo determinado.[162]

Nesse regime, o contrato contempla tanto o fornecimento ou a construção da obra quanto a prestação do serviço de operação e manutenção.

Dessa forma, sem considerar o regime de tarefa, o gestor pode escolher entre seis possíveis regimes para contratar e executar uma obra pública. Desses, para as edificações mais comuns, sem características especiais como indústrias, os mais usuais são a empreitada por preço global (EPG), a empreitada por preço unitário (EPU), a contratação semi-integrada e a contratação integrada, razão pela qual se detalhará com mais minúcias esses quatro regimes.

Conforme veremos adiante, a escolha do regime de execução impacta a forma de fiscalizar e medir os serviços da obra.

---

[161] Lei nº 14.133/2021, art. 6º, inciso XXXI.
[162] Lei nº 14.133/2021, art. 6º, inciso XXXIV.

5.9.1 Empreitada por preço global (EPG)

Na empreitada por preço global, a obra será contratada "por preço certo e total".[163] Tendo em vista essa definição, esse regime é indicado quando os quantitativos dos serviços a serem executados puderem ser definidos com precisão. Por essa razão, o regime de empreitada por preço global exige um detalhamento completo de todos os componentes da obra, a fim de que haja incerteza mínima na estimativa dos serviços necessários e nos seus quantitativos.

Em outras palavras, o projeto básico, que necessita ser preciso e completo em qualquer regime de execução,[164] deve ter detalhamento ainda maior quando for utilizado o regime de empreitada por preço global, pois a ideia principal é pagar o valor contratado e receber a obra sem nenhuma alteração durante sua execução.

Isso ocorre porque a contratada, no regime de empreitada por preço global, poderá ficar responsável por eventuais erros ou omissões na quantificação dos serviços, a exemplo daqueles casos em que é possível à contratada quantificar adequadamente os itens de serviços por meio do projeto básico.

À luz da Lei nº 8.666/1993, o TCU tratou da EPG e seus aditivos no Acórdão 1.977/2013-Plenário. Em que pese essa decisão ter sido baseada na lei antiga, os conceitos de EPU e EPG foram tratados na NLL sem alterações significativas, de forma que os conceitos continuam válidos.

Esse é o acórdão mais indicado para o estudo da EPG e traz entendimentos acerca da(s):

i. diferenças entre os regimes de execução;
ii. situações em que o uso de cada um deles é mais recomendado; e
iii. necessidade de termos aditivos em cada um dos regimes, entre outras disposições.

Recomenda-se a leitura integral do Acórdão 1.977/2013-TCU-Plenário

---

[163] Lei nº 14.133/2021, art. 6º, inciso XXIX.
[164] Lei nº 14.133/2021, art. 6º, inciso XXV.

Saiba que, mesmo nos regimes de empreitada integral, tarefa, contratação integrada e contratação semi-integrada, a lógica de medição deve ser a mesma da EPG.[165]

A NLL determina que esses regimes e, naturalmente, a própria EPG, serão licitados por preço global e adotarão sistemática de medição e pagamento associada à execução de etapas do cronograma físico-financeiro vinculadas ao cumprimento de metas de resultado, **vedada** a adoção de sistemática de remuneração orientada por preços unitários ou referenciada pela execução de quantidades de itens unitários.

Melhor explicando, na forma de medição de obras por preço global, devem-se prever etapas, de preferência de aferição visual ou por meio de instrumentos simples de aferição, para as quais serão feitas as correspondentes medições.

A título de ilustração, seguem alguns exemplos hipotéticos de etapas:

- Execução da cravação das estacas da junta A (medição equivalente a 5% do valor total do contrato*);
- Conclusão da estrutura dos pilares do pavimento térreo (medição equivalente a 15% da estrutura do edifício*);
- Alvenarias do 1º pavimento (medição equivalente a 1% do valor total do contrato*); e
- Pavimentação das vias A, B e C (medição equivalente a 20% do valor total do contrato*).

  * Obs.: os valores mencionados servem apenas para ilustrar o exemplo, pois não representam qualquer prática de mercado, devendo ser calculados caso a caso, considerando os valores reais da respectiva planilha orçamentária.

Observe, nos exemplos acima, que tanto as metas podem ser aferidas visualmente, como o valor de cada etapa pode ser pré-determinado. Dessa forma, pequenas variações de quantidades dos serviços, para mais ou para menos, devem ser assumidas como risco da empresa e não constituem fato capaz de ensejar aditivos ao contrato.

No regime de medição por etapas, estas devem ser verificadas, de preferência visualmente ou por meio de instrumentos simples de medição (trena etc.), sem prejuízo de o fiscal aferir as quantidades macro dos principais serviços da medição para verificar a exatidão da

---

[165] Lei nº 14.133/2021, art. 46, §9º.

planilha. Não é esperado que o fiscal quantifique cada um dos serviços pagos (por exemplo, calcular a área de fôrmas, peso de armação, volume de concreto, área de reboco etc.), pois, nesse caso, se fôssemos aferir a quantidade de todos os serviços, estaríamos desvirtuando o regime de preço global, transformando-o em medição por preços unitários.

Ainda de acordo com a lei, as medições devem ser feitas apenas após a conclusão das etapas previstas, caso contrário, acabaria tendo que quantificar cada serviço, o que, mais uma vez, descaracterizaria o regime previsto, transformando-o em medição por preços unitários.

Como vimos, nas obras por preço global (medição por etapas), as empresas acabam assumindo um risco maior decorrente da variação da quantidade de serviços, uma vez que, em regra, essa variação não dará origem a aditivos. Logo, esse risco acaba sendo precificado pelas empresas.

Por essa razão, recomenda-se adotar a EPG em obras nas quais seja possível prever com precisão as quantidades de cada um dos serviços, de modo que os riscos a serem assumidos pelas licitantes não torne suas propostas excessivamente onerosas.

Assim, a construção de edificações em áreas urbanas é um caso em que é possível prever com precisão os serviços necessários e suas quantidades, sendo viável adotar a EPG, desde que seja possível estabelecer etapas de medição compatíveis com as características da obra.

Por outro lado, em uma obra de reforma, há um risco maior de não ser possível prever com precisão todos os serviços necessários e seus quantitativos, além de ser mais difícil estabelecer etapas de medição. Assim, a EPU seria mais recomendável às reformas.

5.9.2 Empreitada por preço unitário (EPU)

Conforme a NLL, a empreitada por preço unitário consiste na execução da obra ou do serviço por preço certo de unidades determinadas.[166] Assim, a EPU é o regime mais indicado para obras e serviços cujos quantitativos apresentem maior imprecisão em seu levantamento, ou seja, que tenham maior chance de serem alterados durante a execução contratual, como no caso de reformas de edificações. Ainda, a EPU é indicada para as obras e os serviços em que não seja viável realizar a medição por etapas, que é um requisito para a EPG e é a forma adotada

---

[166] Lei nº 14.133/2021, art. 6º, inciso XXVIII.

nos demais regimes de execução, com exceção do fornecimento e prestação de serviço associado.[167]

Note que, tanto nas empreitadas de preço global, como nas empreitadas de preço unitário, a completude do projeto básico[168] deve ser respeitada. Se, na primeira (EPG), o risco de variações quantitativas fica, em regra, sob responsabilidade da contratada; na segunda (EPU), este risco é assumido geralmente pela Administração Pública. Daí a importância de o projeto básico já trazer todos os serviços e custos aplicáveis, com o nível de precisão adequado.

Contudo, a existência de uma imprecisão nos quantitativos dos serviços não implica, por si só, deficiência do projeto básico. Com efeito, mesmo em projetos cuidadosamente elaborados e detalhados, há alguns tipos de serviços cujos quantitativos possuem um maior nível de imprecisão. Esse é o caso, por exemplo, dos serviços de movimentação de terra em rodovias e barragens ou de escavação e aterro nas edificações.

Por essa razão, é recomendável que essas tipologias de obras sejam contratadas sob o regime de empreitada por preço unitário.

Esse regime retira parcela significativa do risco atribuído ao contratado para a execução dos serviços, uma vez que os quantitativos medidos em campo corresponderão, efetivamente, aos pagamentos, conforme trata o mencionado Acórdão 1.977/2013-TCU-Plenário.

Dessa forma, verifica-se que o projeto básico sempre constitui elemento essencial ao sucesso da licitação, da contratação e da execução do empreendimento, independentemente do regime de execução adotado, exceto quando não é fornecido o projeto básico na licitação, como na contratação integrada e, em determinadas situações, na contratação de serviços comuns de engenharia.[169]

Falando em projeto básico, é importante lembrar que a NLL proíbe a realização de obras e serviços de engenharia sem projeto executivo,[170] com exceção de quando for demonstrada, no estudo técnico preliminar, a inexistência de prejuízo para a aferição dos padrões de desempenho e qualidade almejados, hipótese na qual a especificação do objeto poderá ser realizada apenas em termo de referência ou em projeto básico, no caso de serviços comuns de engenharia ou de obras, respectivamente, dispensada a elaboração de projetos executivos.[171]

---

[167] Lei nº 14.133/2021, art. 46, §9º.
[168] Lei nº 14.133/2021, art. 6º, inciso XXV.
[169] Lei nº 14.133/2021, art. 18, §3º.
[170] Lei nº 14.133/2021, art. 46, §1º.
[171] Lei nº 14.133/2021, art. 18, §3º.

5.9.3 Desafios à fiscalização de contratos na EPG e na EPU

Como vimos, as diferenças básicas entre os regimes de empreitada por preço global e de empreitada por preço unitário residem na(o):

i. maneira como são realizadas as medições da obra; e

ii. risco assumido pela contratada na execução da obra, em função da diferença no modo de medir e pagar.

Na empreitada por preço unitário, há a necessidade de uma fiscalização que acompanhe a execução de cada unidade de cada um dos serviços da planilha orçamentária. As medições em uma empreitada por preço unitário devem ser bastante detalhadas e trazer boletins que fundamentem com precisão essas quantidades.

Já na empreitada por preço global, as medições são efetuadas com base em etapas de serviços definidas, objetiva e previamente, no edital de licitação, baseadas no cronograma físico-financeiro da obra.

Por exemplo, um edital de licitação de uma obra a ser contratada pelo regime de empreitada por preço global pode definir que seja pago o valor global das fundações apenas após a conclusão dessa etapa. Concluída a estrutura da obra, o valor previsto para essa etapa deverá ser pago, e assim sucessivamente, até a conclusão da obra.

Um dos desafios na definição das etapas é compatibilizar o cronograma de conclusão das etapas com a periodicidade de faturamento usual do mercado da construção. Como regra, o mercado de construção civil adota a base mensal como referência para medições e faturamento dos serviços executados. Uma previsão de etapas incompatível com a prática do segmento econômico executor do objeto (por exemplo, etapas muito longas, que demandem meses para serem concluídas) pode tornar a licitação menos interessante ao mercado, resultando, assim, em prejuízo à competitividade da licitação e à obtenção da melhor proposta pela Administração.

Como na lógica da medição da empreitada por preço global não há a aferição detalhada dos quantitativos executados, deve estar previsto no edital e, consequentemente, no contrato, o valor percentual limite para que imprecisões nos quantitativos da planilha orçamentária sejam suportadas pelo contratado.

Desse modo, ainda que a lei não preveja, é fortemente recomendável, para evitar conflitos durante a execução dos contratos e suas medições, que o edital contenha matriz de riscos, explicitando quais riscos serão partilhados com a Administração Pública contratante. Adiante, veremos esse documento com maiores detalhes.

Vale reforçar aqui algo que já comentamos anteriormente, que é o fato de a NLL obrigar a utilizar a lógica de medição da EPG também nos regimes de empreitada integral, tarefa, contratação integrada e contratação semi-integrada.[172]

A NLL determina que esses regimes e, naturalmente, a própria EPG, serão licitados por preço global e adotarão sistemática de medição e pagamento associada à execução de etapas do cronograma físico-financeiro vinculadas ao cumprimento de metas de resultado, **vedada** a adoção de sistemática de remuneração orientada por preços unitários ou referenciada pela execução de quantidades de itens unitários.

Também, em razão desse modo de medir e pagar, em uma obra sob algum desses regimes, o esforço da fiscalização ao longo da execução contratual é menor do que seria caso o mesmo objeto fosse contratatado em uma empreitada por preço unitário, havendo necessidade, assim, de uma equipe de fiscalização menos numerosa do que na EPU.

5.9.4 Contratação integrada

Os regimes de execução de contratação integrada e semi-integrada foram incorporados do RDC[173] e da Lei das Estatais,[174] respectivamente, com algumas diferenças pontuais.

Tanto a Lei das Estatais[175] quanto a NLL[176] determinam que as contratações semi-integradas e integradas podem ser utilizadas somente para a contratação de obras ou serviços de engenharia.

Na contratação integrada, a Administração licita com base no anteprojeto e o contratado fica responsável por elaborar e desenvolver os projetos básico e executivo, executar obras e serviços de engenharia, fornecer bens ou prestar serviços especiais, e realizar montagem, teste, pré-operação e as demais operações necessárias e suficientes para a entrega final do objeto. Ou seja, quase todas as etapas necessárias e suficientes para a entrega final do objeto ficam sob a responsabilidade

---

[172] Lei nº 14.133/2021, art. 46, §9º.
[173] Lei nº 12.462/2011, art. 8º, inciso V.
[174] Lei nº 13.303/2016, art. 43, inciso V.
[175] Lei nº 13.303/2016, art. 42, §1º.
[176] Lei nº 14.133/2021, art. 6º, incisos XXXII e XXXIII.

do contratado, que assume a responsabilidade pelos riscos associados ao projeto básico.[177]

Nesse regime de execução, o edital deverá conter o anteprojeto, que é uma peça técnica com todos os subsídios necessários à elaboração do projeto básico.[178]

Conforme já estudamos anteriormente, o anteprojeto deve ser capaz de caracterizar a obra ou o serviço, e deve conter no mínimo os seguintes elementos:

a) demonstração e justificativa do programa de necessidades, avaliação de demanda do público-alvo, motivação técnico-econômico-social do empreendimento, visão global dos investimentos e definições relacionadas ao nível de serviço desejado;

b) condições de solidez, de segurança e de durabilidade;

c) prazo de entrega;

d) estética do projeto arquitetônico, traçado geométrico e/ou projeto da área de influência, quando cabível;

e) parâmetros de adequação ao interesse público, de economia na utilização, de facilidade na execução, de impacto ambiental e de acessibilidade;

f) proposta de concepção da obra ou do serviço de engenharia;

g) projetos anteriores ou estudos preliminares que embasaram a concepção proposta;

h) levantamento topográfico e cadastral;

i) pareceres de sondagem; e

j) memorial descritivo dos elementos da edificação, dos componentes construtivos e dos materiais de construção, de forma a estabelecer padrões mínimos para a contratação.

Em outras palavras, o regime de contratação integrada permite que uma licitação de obra seja lançada sem que seu projeto básico esteja elaborado,[179] deixando-o a cargo da contratada.

Na contratação integrada, após a elaboração do projeto básico pelo contratado, o conjunto de desenhos, especificações, memoriais

---

[177] Lei nº 14.133/2021, art. 46, §3º.
[178] Lei nº 14.133/2021, art. 6º, inciso XXIV.
[179] Lei nº 14.133/2021, art. 46, §2º.

e cronograma físico-financeiro deverá ser submetido à aprovação da Administração, que avaliará sua adequação em relação aos parâmetros definidos no edital e sua conformidade com as normas técnicas, vedadas alterações que reduzam a qualidade ou a vida útil do empreendimento e mantida a responsabilidade integral do contratado pelos riscos associados ao projeto básico.[180]

Entre as orientações importantes, destacamos a necessidade de o anteprojeto definir as principais diretrizes que orientarão a elaboração do projeto básico, principalmente o padrão de acabamento da obra, a demanda que será atendida e o prazo de entrega.

> O anteprojeto deve definir as principais diretrizes que orientarão a elaboração do projeto básico, principalmente o padrão de acabamento da obra, a demanda que será atendida e o prazo de entrega.

Por exemplo, o anteprojeto de um hospital a ser licitado pelo regime de contratação integrada deve prever, expressamente, o número de leitos que o hospital precisará ter, as especialidades médicas, as diversas áreas e suas funções. Também tem que deixar claro seu partido arquitetônico, qual o padrão de acabamento e de desempenho dos materiais e equipamentos. Assim, a Administração garante que receberá um hospital com os ambientes, a capacidade e o desempenho mínimos especificados.

> *Partido arquitetônico:* é o conjunto de parâmetros e diretrizes levados em consideração pelos profissionais durante a realização de um projeto arquitetônico e urbanístico, como informações sobre a localização do objeto, do terreno, da legislação, da finalidade da obra etc.

Numa obra de pavimentação, por exemplo, é preciso que o anteprojeto defina o tipo de pavimento a ser executado (se tratamento superficial, se concreto betuminoso usinado a quente ou outro tipo de pavimento), a capacidade de carga que o pavimento deverá suportar, os parâmetros geométricos a serem respeitados (declividades etc.), o tipo de drenagem que necessitará ser aplicada, entre outros pontos.

---

[180] Lei nº 14.133/2021, art. 46, §3º.

Além disso, em virtude de o anteprojeto não conter todos os elementos para elaborar um orçamento analítico preciso, a NLL prevê que as obras cujos editais o utilizem, ficando o projeto básico a cargo do contratado, poderão ser orçadas com base em orçamento sintético ou se valer de metodologia expedita ou paramétrica, ou de avaliação aproximada baseada em outras contratações similares, para as parcelas do empreendimento não suficientemente detalhadas no anteprojeto.

Por outro lado, as parcelas cujo detalhamento permita a elaboração de orçamento detalhado terão sua estimativa de preço baseada em sistema de custo referencial.[181]

Por fim, nos regimes de contratação integrada ou semi-integrada, a NLL proíbe a alteração dos valores contratuais causada por erros ou falhas do projeto[182] desenvolvido posteriormente pelo contratado a partir das informações do anteprojeto.

As hipóteses em que as contratações integradas e semi-integradas podem ter seus contratos aditivados são as seguintes:[183]

i. para restabelecimento do equilíbrio econômico-financeiro decorrente de caso fortuito ou força maior;
ii. por necessidade de alteração do projeto ou das especificações para melhor adequação técnica aos objetivos da contratação, a pedido da Administração, desde que não decorrente de erros ou omissões por parte do contratado, observados os limites para alteração contratual da NLL;
iii. por necessidade de alteração do projeto nas contratações semi-integradas; ou
iv. por ocorrência de evento superveniente alocado na matriz de riscos como de responsabilidade da Administração.

Agora que entendemos o regime de contratação integrada, vamos à semi-integrada!

5.9.5 Contratação semi-integrada

Na semi-integrada, o contratado é responsável por elaborar e desenvolver o projeto executivo, executar obras e serviços de engenharia, fornecer bens ou prestar serviços especiais, e realizar montagem, teste,

---

[181] Lei nº 14.133/2021, art. 23, §5º.
[182] Lei nº 14.133/2021, art. 133, inciso II.
[183] Lei nº 14.133/2021, art. 133.

pré-operação e as demais operações necessárias e suficientes para a entrega final do objeto.

Ou seja, o regime de contratação semi-integrada se assemelha bastante à contratação integrada, porém, diferentemente dela, em que é dispensado o projeto básico para licitar,[184] na semi-integrada, esse documento é obrigatório.[185]

Importante observar que, para as empresas estatais, a regra é a adoção da contratação semi-integrada, devendo qualquer outro regime ser adotado somente mediante as devidas justificativas.[186]

 Para as empresas estatais, a regra é a adoção da contratação semi-integrada, devendo qualquer outro regime ser adotado apenas mediante as devidas justificativas.

A Administração Pública deve ficar atenta aos aditivos quando for adotado um desses regimes de execução. A NLL veda a alteração dos valores contratuais na contratação integrada e na semi-integrada, exceto em determinados casos.[187] A Lei das Estatais, por sua vez, proíbe a alteração, por acordo entre as partes, na contratação integrada, mas permite alteração na semi-integrada.[188]

Na NLL, as exceções que permitem a alteração do valor contratual nas contratações integradas e nas semi-integradas são as seguintes:

a) para restabelecimento do equilíbrio econômico-financeiro decorrente de caso fortuito ou força maior;

b) por necessidade de alteração do projeto ou das especificações para melhor adequação técnica aos objetivos da contratação, a pedido da Administração, desde que não decorrente de erros ou omissões por parte do contratado, observados os limites de alteração contratual;

c) por necessidade de alteração do projeto nas contratações semi-integradas; ou

d) por ocorrência de evento superveniente alocado na matriz de riscos como de responsabilidade da Administração.

---

[184] Lei nº 14.133/2021, art. 46, §2º.
[185] Lei nº 14.133/2021, art. 6º, inciso XXXIII.
[186] Lei nº 13.303/2016, art. 42, §4º.
[187] Lei nº 14.133/2021, art. 133.
[188] Lei nº 13.303/2016, art. 81.

Já para as empresas estatais,[189] as exceções para alterações consensuais em uma contratação semi-integrada são:

a) quando houver modificação do projeto ou das especificações, para melhor adequação técnica aos seus objetivos;

b) quando necessária a modificação do valor contratual em decorrência de acréscimo ou diminuição quantitativa de seu objeto, nos limites permitidos naquela Lei;

c) quando conveniente a substituição da garantia de execução;

d) quando necessária a modificação do regime de execução da obra ou serviço, bem como do modo de fornecimento, em face de verificação técnica da inaplicabilidade dos termos contratuais originários;

e) quando necessária a modificação da forma de pagamento, por imposição de circunstâncias supervenientes, mantido o valor inicial atualizado, vedada a antecipação do pagamento, com relação ao cronograma financeiro fixado, sem a correspondente contraprestação de fornecimento de bens ou execução de obra ou serviço; ou

f) para restabelecer a relação que as partes pactuaram inicialmente entre os encargos do contratado e a retribuição da Administração para a justa remuneração da obra, serviço ou fornecimento, objetivando a manutenção do equilíbrio econômico-financeiro inicial do contrato, na hipótese de sobrevirem fatos imprevisíveis, ou previsíveis porém de consequências incalculáveis, retardadores ou impeditivos da execução do ajustado, ou, ainda, em caso de força maior, caso fortuito ou fato do príncipe, configurando álea econômica extraordinária e extracontratual.

Note que a matriz de riscos passa a ser um importante instrumento, tanto na contratação integrada quanto na semi-integrada, pois ela deve definir em quais hipóteses e condições será possível realizar aditivos. Em regra, erros de quantidades e omissões na planilha devem ser assumidos pela empresa contratada. Logo, se a matriz de riscos não estabelecer as situações a serem arcadas pela Administração Pública, significa que tais erros ou omissões fazem parte do risco a ser assumido

---

[189] Lei nº 13.303/2016, art. 81.

pela contratada. Por essa razão, a matriz é uma peça fundamental a ser considerada pelas empresas no momento da sua participação na licitação.

Além disso, os preços contratados serão alterados, para mais ou para menos, conforme o caso, se houver, após a data da apresentação da proposta, criação, alteração ou extinção de quaisquer tributos ou encargos legais, ou a superveniência de disposições legais, com comprovada repercussão sobre os preços contratados.

Por fim, assim como na contratação integrada, os riscos decorrentes de fatos supervenientes à contratação, associados à escolha da solução de projeto básico pelo contratado, deverão ser alocados como de sua responsabilidade na matriz de riscos.[190]

5.10 Matriz de riscos

Já mencionamos algumas vezes anteriormente a figura da matriz de riscos e sua importância para as novas formas de contratação de obras e serviços de engenharia. Agora, vamos nos aprofundar nesse assunto!

A Lei das Estatais[191] já tratava desse tema antes da criação da NLL, quando estabeleceu que a matriz de riscos é uma cláusula contratual definidora de riscos e responsabilidades entre as partes e caracterizadora do equilíbrio econômico-financeiro inicial do contrato, em termos de ônus financeiro decorrente de eventos supervenientes à contratação.

De forma bastante simplificada, a matriz de riscos é uma tabela que contém, de um lado, a descrição de situações que podem acontecer ao longo da execução do contrato (eventos de risco) e, de outro lado, a parte que se responsabilizará pelo evento, caso este ocorra.

Na tabela a seguir é apresentado um exemplo de matriz de riscos para serviços de terraplenagem.

---

[190] Lei nº 14.133/2021, art. 22, §4º.
[191] Lei nº 13.303/2016, art. 42, inciso X.

Figura 34 – Matriz de riscos - exemplo

EXEMPLOS DE RISCOS ASSOCIADOS A SERVIÇOS DE TERRAPLENAGEM*			
Família de serviço	Item de serviço	Materialização	Alocação
Terraplenagem	Limpeza e desmatamento	Acréscimo de volume de material de limpeza, com adicional de carga, transporte e disposição.	Contratada
	Solos inservíveis	Acréscimo ou redução de volume previsto em Anteprojeto, e o decorrente ajuste de transporte e reposição de material qualificado.	Contratada
	Material de jazida e/ou bota-fora	Mudança da origem e/ou destino do material, ou acréscimo do número de fontes.	Contratada
	Perda de serviços	Refazimento de serviços conclusos e/ou bloqueados, perdidos por questões climáticas.	Contratada

* Fonte: BRASIL. Departamento Nacional de Infraestrutura de Transportes – DNIT. *Guia de Gerenciamento de Riscos de Obras Rodoviárias*. 1. ed., Brasília, DNIT, 2013, com adaptações.

A Lei das Estatais ainda determina que, nas contratações integradas ou semi-integradas, os riscos decorrentes de fatos supervenientes à contratação, associados à escolha da solução de projeto básico pela contratante, deverão ser alocados como de sua responsabilidade na matriz de riscos.[192]

A NLL define a matriz de riscos de forma idêntica[193] à Lei das Estatais, com pequenas alterações na descrição de suas informações mínimas:

a) listagem de possíveis eventos supervenientes à assinatura do contrato que possam causar impacto em seu equilíbrio econômico-financeiro e previsão de eventual necessidade de prolação de termo aditivo por ocasião de sua ocorrência;

---

[192] Lei nº 13.303/2016, art. 42, §3º.
[193] Lei nº 14.133/2021, art. 6º, inciso XXVII.

b) no caso de obrigações de resultado, estabelecimento das frações do objeto com relação às quais haverá liberdade para os contratados inovarem em soluções metodológicas ou tecnológicas, em termos de modificação das soluções previamente delineadas no anteprojeto ou no projeto básico; e

c) no caso de obrigações de meio, estabelecimento preciso das frações do objeto com relação às quais não haverá liberdade para os contratados inovarem em soluções metodológicas ou tecnológicas, devendo haver obrigação de aderência entre a execução e a solução predefinida no anteprojeto ou no projeto básico, consideradas as características do regime de execução no caso de obras e serviços de engenharia.

Obrigações de meio: dizem respeito à forma como o objeto deve ser executado.

Obrigações de resultado: dizem respeito às premissas do objeto e à finalidade da contratação (o que se espera do objeto depois de concluído).

A NLL traz ainda algumas regras a serem obedecidas quanto à matriz de riscos, prevendo que o contrato deverá refletir a alocação realizada pela matriz de riscos, especialmente quanto à(s):[194]

a) hipóteses de alteração para o restabelecimento da equação econômico-financeira do contrato, nos casos em que o sinistro seja considerado na matriz de riscos como causa de desequilíbrio não suportada pela parte que pretenda o restabelecimento;

b) possibilidade de resolução quando o sinistro majorar excessivamente ou impedir a continuidade da execução contratual; e

c) contratação de seguros obrigatórios previamente definidos no contrato, integrado o custo de contratação ao preço ofertado.

Quando a contratação se referir a obras e serviços de grande vulto ou forem adotados os regimes de contratação integrada ou

---

[194] Lei nº 14.133/2021, art. 22, §2º.

semi-integrada, o edital **obrigatoriamente** contemplará matriz de alocação de riscos entre contratante e contratado.[195]

Nos demais casos, o edital **poderá** contemplar matriz de alocação de riscos entre contratante e contratado, hipótese em que o cálculo do valor estimado da contratação poderá considerar taxa de risco compatível com o objeto da licitação e com os riscos atribuídos ao contratado, de acordo com metodologia predefinida pelo ente federativo.[196]

A matriz deverá promover a alocação eficiente dos riscos de cada contrato e estabelecer a responsabilidade que caiba a cada parte contratante, bem como os mecanismos que afastem a ocorrência do sinistro e mitiguem os seus efeitos, caso este ocorra durante a execução contratual.[197]

A inclusão dessa matriz de riscos torna explícito os fatos ensejadores de futuros aditivos contratuais, favorecendo a elaboração das propostas pelos licitantes, aumentando a segurança jurídica do contrato e reduzindo conflitos entre contratante e contratada ao longo da execução dos contratos.

Atribuir muitos riscos ao licitante também não é uma atitude racional e eficiente, já que quanto mais houver riscos, mais o licitante aumentará seus preços com vistas a compensá-los. Pode haver também a diminuição da competitividade da licitação, já que muitas empresas tendem a não se interessar em contratos com grandes riscos.

É oportuno mencionar que a jurisprudência do TCU, quanto à Lei das Estatais, é no sentido de que a matriz de risco deve estar presente nos contratos de obras e serviços de engenharia, já que, independentemente do regime de execução, a matriz de risco figuraria como exigência fixada para as empresas estatais pelo art. 69, inciso X, da Lei nº 13.303, de 2016. Assim, deveria estar inserida nos contratos para obras e serviços de engenharia firmados pelas empresas estatais em prol da manutenção do equilíbrio econômico-financeiro do ajuste.[198]

Ainda, há jurisprudência orientativa de que se utilize matriz de riscos em contratações derivadas da Lei nº 13.303/2016 que envolvam incertezas significativas, ainda que sob regime de empreitada por preço

---

[195] Lei nº 14.133/2021, art. 22, §3º.
[196] Lei nº 14.133/2021, art. 22.
[197] Lei nº 14.133/2021, art. 22, §1º.
[198] Acórdão 4.551/2020-TCU-Plenário.

global, por se tratar de elemento que agrega segurança jurídica aos contratos, em analogia ao que recomenda a jurisprudência do TCU, a exemplo dos Acórdãos 2616/2020-TCU-Plenário; 1441/2015-TCU-Plenário e 2.172/2013-TCU-Plenário.[199]

A NLL também prevê, assim como a Lei das Estatais, que nas contratações integradas ou semi-integradas, os riscos decorrentes de fatos supervenientes à contratação, associados à escolha da solução de projeto básico pelo contratado, deverão ser alocados como de sua responsabilidade na matriz de riscos.[200]

Por fim, a NLL trata com mais detalhes um conceito que já existe na Lei das Estatais[201] que são as obras, serviços ou fornecimentos de <u>grande vulto. Nesses casos também é obrigatório que o edital contemple uma matriz de riscos.</u>

Veja a seguir alguns detalhes importantes sobre as contratações de grande vulto cujas licitações forem realizadas pela Lei nº 14.133/2021.

5.11 Particularidades das contratações de grande vulto na NLL

Obras, serviços e fornecimentos de grande vulto[202] são aqueles cujo valor estimado supera R$200.000.000,00, sendo que esse valor será atualizado anualmente. Em 2021, houve atualização para R$216.081.640,00, nos termos do Decreto nº 10.922, de 30 de dezembro de 2021. Nesses casos, há regras especiais, quais sejam:

a) Quando a contratação se referir a obras e serviços de grande vulto ou forem adotados os regimes de contratação integrada e semi-integrada, o edital obrigatoriamente contemplará matriz de alocação de riscos entre o contratante e o contratado;[203]

b) O edital deverá prever a obrigatoriedade de implantação de programa de integridade pelo licitante vencedor, no prazo de seis meses, contado da celebração do contrato, conforme regulamento que disporá sobre as medidas a serem

---

[199] Acórdão 2.616/2020-TCU-Plenário.
[200] Lei nº 14.133/2021, art. 22, §4º e Lei nº 13.303/2016, art. 42, §3º.
[201] Lei nº 13.303/2016, art. 70, §3º.
[202] Lei nº 14.133/2021, art. 6º, inciso XXII.
[203] Lei nº 14.133/2021, art. 22, §3º.

adotadas, a forma de comprovação e as penalidades pelo seu descumprimento;[204] e

c) Nas contratações de obras e serviços de engenharia de grande vulto, poderá ser exigida a prestação de garantia, na modalidade seguro-garantia, em percentual equivalente a até 30% do valor inicial do contrato,[205] com cláusula de retomada que preveja a obrigação de a seguradora, em caso de inadimplemento pelo contratado, assumir a execução e concluir o objeto do contrato.

Sobre a cláusula de retomada mencionada acima, uma novidade da NLL é que na contratação de obras e serviços de engenharia, o edital **poderá** exigir a prestação da garantia na modalidade seguro-garantia e prever a obrigação de a seguradora, em caso de inadimplemento pelo contratado, assumir a execução e concluir o objeto do contrato,[206] hipótese em que:

I. a seguradora deverá firmar o contrato, inclusive os aditivos, como interveniente anuente e poderá:
   a. ter livre acesso às instalações em que for executado o contrato principal;
   b. acompanhar a execução do contrato principal;
   c. ter acesso a auditoria técnica e contábil; e
   d. requerer esclarecimentos ao responsável técnico pela obra ou pelo fornecimento;

II. a emissão de empenho em nome da seguradora, ou a quem ela indicar para a conclusão do contrato, será autorizada desde que demonstrada sua regularidade fiscal; e

III. a seguradora poderá subcontratar a conclusão do contrato, total ou parcialmente.

Na hipótese de inadimplemento do contratado, serão observadas as seguintes disposições:

---

[204] Lei nº 14.133/2021, art. 25, §4º.
[205] Lei nº 14.133/2021, art. 99.
[206] Lei nº 14.133/2021, art. 102.

I. caso a seguradora execute e conclua o objeto do contrato, estará isenta da obrigação de pagar a importância segurada indicada na apólice; e
II. caso a seguradora não assuma a execução do contrato, pagará a integralidade da importância segurada indicada na apólice.

Compreendidos esses aspectos, vejamos o que a nova Lei de Licitações traz de novidade no que diz respeito aos prazos.

5.12 Prazos

Outra novidade da NLL é a forma de contagem dos prazos mínimos para apresentação de propostas ou lances. Não há mais prazos contados em dias corridos, como na Lei nº 8.666/1993.[207] Os prazos para apresentação de propostas ou lances passaram a ser contados em dias úteis, como já ocorre na Lei das Estatais.[208] Ainda, os prazos são estabelecidos em função do tipo do objeto que se quer contratar, do critério de julgamento das propostas e do regime de execução.

Os prazos mínimos para apresentação de propostas e lances, contados a partir da data de divulgação do edital de licitação, são de:[209]

I. para aquisição de bens:
  a. 8 dias úteis, quando adotados os critérios de julgamento de menor preço ou de maior desconto;
  b. 15 dias úteis, nos demais casos.
II. no caso de serviços e obras:
  a. 10 dias úteis, quando adotados os critérios de julgamento de menor preço ou de maior desconto, no caso de serviços comuns e de obras e serviços comuns de engenharia;
  b. 25 dias úteis, quando adotados os critérios de julgamento de menor preço ou de maior desconto, no caso de serviços especiais e de obras e serviços especiais de engenharia;
  c. 60 dias úteis, quando o regime de execução for de contratação integrada; e

---

[207] Lei nº 8.666/1992, art. 21, §2º.
[208] Lei nº 13.303/2016, art. 39.
[209] Lei nº 14.133/2021, art. 55.

d. 35 dias úteis, quando o regime de execução for o de contratação semi-integrada ou nos demais casos.
III. para licitação em que se adote o critério de julgamento de maior lance, 15 dias úteis; e
IV. para licitação em que se adote o critério de julgamento de técnica e preço ou de melhor técnica ou conteúdo artístico, 35 dias úteis.

Há uma regra especial para as licitações realizadas pelo Ministério da Saúde, no âmbito do Sistema Único de Saúde (SUS), quando os prazos poderão, mediante decisão fundamentada, ser reduzidos até a metade.[210]

Além disso, temos algumas curiosidades no que diz respeito aos casos de dispensa e de inexigibilidade de licitação e também ao Sistema de Registro de Preços. Vamos conhecê-las?

5.13 Dispensa ou inexigibilidade de licitação

A NLL alterou bastante as regras para dispensa e inexigibilidade de licitação que existiam na Lei nº 8.666/1993 e incorporou conceitos mais próximos aos adotados na Lei das Estatais. Para conhecer todos os detalhes é recomendável ler o texto da NLL sobre exigência de licitação e casos de dispensa e de inexigibilidade.

Segundo a NLL, é **inexigível** a licitação quando inviável a competição,[211] em especial nos casos de:

a) aquisição de materiais, de equipamentos ou de gêneros ou contratação de serviços que só possam ser fornecidos por produtor, empresa ou representante comercial exclusivos;

b) contratação de profissional do setor artístico, diretamente ou por meio de empresário exclusivo, desde que consagrado pela crítica especializada ou pela opinião pública; ou

c) contratação de serviços técnicos especializados de natureza predominantemente intelectual com profissionais ou empresas de notória especialização, vedada a inexigibilidade para serviços de publicidade e divulgação.

---

[210] Lei nº 14.133/2021, art. 55, §2º.
[211] Lei nº 14.133/2021, art. 74.

A NLL lista os tipos de serviços técnicos especializados que podem ser contratados por inexigibilidade de licitação.[212]

Os critérios para contratação direta por inexigibilidade da Lei das Estatais[213] são semelhantes aos expostos acima, com exceção da contratação de profissional do setor artístico, que não é admitida.

Quanto à contratação direta por dispensa de licitação, a NLL traz que a licitação é **dispensável**, em especial:[214]

a) para contratação que envolva valores inferiores a R$100.000,00,[215] no caso de obras e serviços de engenharia ou de serviços de manutenção de veículos automotores;

b) para contratação que envolva valores inferiores a R$50.000,00,[216] no caso de outros serviços e compras;

c) para contratação que mantenha todas as condições definidas em edital de licitação realizada há menos de 1 ano, quando se verificar que naquela licitação:

  i. não surgiram licitantes interessados ou não foram apresentadas propostas válidas; ou

  ii. as propostas apresentadas consignaram preços manifestamente superiores aos praticados no mercado ou incompatíveis com os fixados pelos órgãos oficiais competentes.

d) para contratação de objeto que se enquadre em alguma das hipóteses relacionadas na lei, como obras relacionadas a acordos internacionais aprovados pelo Congresso Nacional, nos casos de guerra, estado de defesa, estado de sítio, intervenção federal ou de grave perturbação da ordem; e nos casos de emergência ou de calamidade pública; e

e) nos casos de emergência ou de calamidade pública, quando caracterizada urgência de atendimento de situação que possa ocasionar prejuízo ou comprometer a continuidade dos serviços públicos ou a segurança de pessoas, obras, serviços, equipamentos e outros bens, públicos ou particulares, e somente para aquisição dos bens necessários ao atendimento da situação emergencial ou calamitosa e para as parcelas de

---

[212] Lei nº 14.133/2021, art. 74, inciso III.
[213] Lei nº 13.303/2016, art. 30.
[214] Lei nº 14.133/2021, art. 75.
[215] Valor anualmente atualizado, ver Decreto correspondente.
[216] Valor anualmente atualizado, ver Decreto correspondente.

obras e serviços que possam ser concluídas no prazo máximo de 1 (um) ano, contado da data de ocorrência da emergência ou da calamidade, vedadas a prorrogação dos respectivos contratos e a recontratação de empresa já contratada com base no disposto neste inciso.

Com relação ao limite de R$100 mil para contratação direta de obras e serviços de engenharia por dispensa de licitação, a NLL determina que esse valor seja aferido, observando-se o:[217]

- somatório do que for despendido no exercício financeiro pela respectiva unidade gestora; e
- somatório da despesa realizada com objetos de mesma natureza, entendidos como tais aqueles relativos a contratações no mesmo ramo de atividade.

Diferentemente da antiga Lei nº 8.666/1993, na NLL, existem regras específicas que devem ser observadas para avaliação dos limites de dispensa de licitação.

Outra regra nova da NLL é que esses valores máximos para dispensa serão duplicados para compras, obras e serviços contratados por consórcio público ou por autarquia ou fundação qualificadas como agências executivas na forma da lei.[218]

Agência executiva: é uma autarquia ou fundação pública que recebe uma qualificação jurídica que confere a ela maior autonomia gerencial, orçamentária e financeira. Em contrapartida, a entidade qualificada se submete a um regime de controle sobre metas de desempenho e prazos.

Ainda, nesses casos de dispensa por valor, as contratações serão preferencialmente precedidas de divulgação de aviso em sítio eletrônico oficial, pelo prazo mínimo de 3 dias úteis, com a especificação do objeto pretendido e com a manifestação de interesse da Administração em

---

[217] Lei nº 14.133/2021, art. 75, §§1º.
[218] Lei nº 14.133/2021, art. 75, §§2º.

obter propostas adicionais de eventuais interessados, devendo ser selecionada a proposta mais vantajosa.[219]

O Governo Federal publicou a Instrução Normativa SEGES/MGI nº 8, de 23 de março de 2023, que altera a Instrução Normativa SEGES/ME nº 67, de 8 de julho de 2021, que dispõe sobre a dispensa de licitação, na forma eletrônica, de que trata a Lei nº 14.133, de 1º de abril de 2021, e institui o Sistema de Dispensa Eletrônica, no âmbito da Administração Pública federal direta, autárquica e fundacional.

Por sua vez, a Lei das Estatais prevê que é dispensável a realização de licitação em alguns casos,[220] sendo mais relevantes, para as contratações de obras e serviços de engenharia, os seguintes:

a) para obras e serviços de engenharia de valor até R$100 mil, desde que não se refiram a parcelas de uma mesma obra ou serviço, ou ainda a obras e serviços de mesma natureza e no mesmo local que possam ser realizadas conjunta e concomitantemente;

b) quando não acudirem interessados à licitação anterior e essa, justificadamente, não puder ser repetida sem prejuízo para a empresa pública ou a sociedade de economia mista, bem como para suas respectivas subsidiárias, desde que mantidas as condições preestabelecidas;

c) quando as propostas apresentadas consignarem preços manifestamente superiores aos praticados no mercado nacional ou incompatíveis com os fixados pelos órgãos oficiais competentes;

d) na contratação de remanescente de obra, de serviço ou de fornecimento, em consequência de rescisão contratual, desde que atendida a ordem de classificação da licitação anterior e aceitas as mesmas condições do contrato encerrado por rescisão ou distrato, inclusive quanto ao preço, devidamente corrigido; ou

e) em situações de emergência, quando caracterizada urgência de atendimento de situação que possa ocasionar prejuízo ou comprometer a segurança de pessoas, obras, serviços, equipamentos e outros bens, públicos ou particulares, e somente para os bens necessários ao atendimento da situação

---

[219] Lei nº 14.133/2021, art. 75, §§3º.
[220] Lei nº 13.303/2016, art. 29.

emergencial e para as parcelas de obras e serviços que possam ser concluídas no prazo máximo de 180 dias consecutivos e ininterruptos, contado da ocorrência da emergência, vedada a prorrogação dos respectivos contratos.

Um caso que, na Lei nº 8.666/1993[221] e na Lei das Estatais,[222] era citado como dispensa de licitação e que recebeu um tratamento diferente na NLL é a hipótese de contratação de remanescente de obra. Continua possível contratar o remanescente sem ter que licitar novamente, mas, uma vez que já houve a licitação inicial, não se considera mais caso de dispensa. Além disso, algumas regras mudaram.

Nas leis anteriores, deveriam ser convocados os demais licitantes na ordem de classificação, desde que aceitassem as mesmas condições oferecidas pelo licitante vencedor. Tanto na NLL como na Lei das Estatais também é prevista a convocação dos demais licitantes classificados,[223] mas há a possibilidade de o preço não ser o mesmo do licitante vencedor, no caso de nenhum dos demais licitantes aceitar executar o remanescente nesse preço. Nesse caso, a Administração deve:

a) convocar os licitantes remanescentes para negociação, na ordem de classificação, com vistas à obtenção de preço melhor, mesmo que acima do preço do adjudicatário; e

b) adjudicar e celebrar o contrato nas condições ofertadas pelos licitantes remanescentes, atendida a ordem classificatória, quando frustrada a negociação de melhor condição.

Por fim, uma última novidade da NLL é com relação à dispensa de licitação para contratação de um objeto que foi licitado e não teve sucesso em ser contratado. Como vimos, a Lei das Estatais prevê essa hipótese de dispensa, desde que a licitação justificadamente não possa ser repetida sem prejuízo para a empresa pública ou a sociedade de economia mista.

Já a NLL permite a dispensa nesse caso, desde que a Administração mantenha todas as condições definidas em edital e que a licitação tenha sido realizada há menos de 1 ano, sem necessidade de justificar que a licitação não poderia ser repetida. Ainda, caso tenha mais de 1 ano, nem mesmo com justificativas seria possível contratar por dispensa. A

---

[221] Lei nº 8.666/1993, art. 24, inciso XI.
[222] Lei nº 13.303/2016, art. 29, inciso VI.
[223] Lei nº 14.133/2021, art. 90, §7º.

Lei das Estatais não exige esse prazo máximo de 1 ano, mas cobra as justificativas, como vimos.

5.14 O Sistema de Registro de Preços (SRP) na NLL

O Sistema de Registro de Preços (SRP) da NLL possui alterações relevantes em relação ao que constava na Lei nº 8.666/1993[224] e na Lei das Estatais.[225]

Na Lei nº 8.666/1993, sua redação não trazia sua definição e tampouco deixou disposições claras para seu uso. Como regra, ele não era utilizado para obras de engenharia em decorrência do disposto na legislação, a qual só permitia que esse sistema fosse utilizado para o fornecimento de bens e para a prestação de serviços à Administração Pública.

Entretanto, alguns órgãos passaram a contratar obras de construção com projetos padrões e metodologias construtivas diferenciadas e padronizadas, a fim de caracterizar o objeto como aquisição de bens.

Em um caso concreto, o TCU admitiu a utilização do SRP pelo FNDE, para a construção de creches, utilizando metodologias de construção padronizadas.

Posteriormente, o art. 89 do Decreto nº 7.581/2011 (Decreto do RDC) foi alterado, de forma que incluíram a previsão de utilização de SRP para obras com características padronizadas.

Completando essa lacuna normativa, consta na NLL que o sistema de registro de preços é o conjunto de procedimentos para realização, mediante contratação direta ou licitação nas modalidades pregão ou concorrência, de registro formal de preços relativos a prestação de serviços, a obras, e a aquisição e locação de bens para contratações futuras.[226]

Como se observa, uma novidade do SRP da NLL é a possibilidade de registro de preços de obras e serviços de engenharia. Nesse caso, o SRP será processado mediante uma concorrência.

Nos termos da NLL, a Administração poderá contratar a execução de obras e serviços de engenharia pelo sistema de registro de preços, desde que atendidos os seguintes requisitos:[227]

---

[224] Lei nº 8.666/1993, art. 15, inciso V, §3º.
[225] Lei nº 13.303/2016, art. 66.
[226] Lei nº 14.133/2021, art. 6º, inciso XLV.
[227] Lei nº 14.133/2021, art. 85.

a) existência de projeto padronizado, sem complexidade técnica e operacional; e
b) necessidade permanente ou frequente de obra ou serviço a ser contratado.

O prazo de vigência da ata de registro de preços será de 1 ano e poderá ser prorrogado, por igual período, desde que comprovado o preço vantajoso.[228]

5.15 Microempresas (ME) e Empresas de Pequeno Porte (EPP)

De acordo com a Lei Complementar nº 123/2006, são consideradas microempresas aquelas que possuam faturamento bruto anual de no máximo R$360.000,00. Por sua vez, as empresas de pequeno porte devem ter seu faturamento bruto anual situado na faixa entre R$360.000,00 e R$4.800.000,00.

Essa lei também conferiu diversas vantagens competitivas às microempresas e empresas de pequeno porte quando de sua participação em licitações públicas.

As principais vantagens são:

- prazo de 5 dias úteis, prorrogável por igual período, a critério da Administração Pública, para regularização fiscal ou trabalhista da microempresa ou empresas de pequeno porte, contados da data em que forem declaradas vencedoras da licitação, no caso de terem sido detectadas restrições na regularidade fiscal ou trabalhista da empresa;[229] e
- preferência de contratação para microempresas ou empresas de pequeno porte no caso em que suas propostas sejam iguais ou até 10% superiores à proposta mais bem classificada da licitação. No caso da modalidade pregão, esse valor será de até 5%.[230]

Na prática, essa preferência de contratação se dá com a possibilidade ofertada à microempresa ou empresas de pequeno porte para que apresente proposta de preços inferior à vencedora do certame.

---

[228] Lei nº 14.133/2021, art. 84.
[229] Lei Complementar nº 123/2006, art. 43, §1º.
[230] Lei Complementar nº 123/2006, art. 44, §§1º e 2º.

Outras disposições da Lei Complementar nº 123/2006 compreendem:

- a exigência de realização de certames destinados exclusivamente à participação de microempresas e empresas de pequeno porte, desde que seu objeto seja inferior a R$80.000,00;
- a possibilidade de exigir dos licitantes a subcontratação de microempresa ou empresa de pequeno porte; e
- estabelecimento de cota de 25% do objeto para a contratação de microempresa ou empresa de pequeno porte, em licitações cujo objeto seja a aquisição de bens ou serviços divisíveis.

A obtenção desses benefícios fica limitada às microempresas e às empresas de pequeno porte que, no ano-calendário de realização da licitação, ainda não tenham celebrado contratos com a Administração Pública cujos valores somados extrapolem a receita bruta máxima admitida para fins de enquadramento como empresa de pequeno porte (R$3,6 milhões), considerando-se nesse cômputo, para as contratações com prazo de vigência superior a um ano, o valor anual previsto do(s) referido(s) contrato(s).

O atendimento a essas regras deve ser exigido no edital, por meio de declaração do licitante quanto à <u>observância desse limite.</u>[231]

Ainda de acordo com a Nova Lei de Licitações, essas mencionadas vantagens das micro e pequenas empresas **não devem ser aplicadas:**[232]

i. no caso de licitação para aquisição de bens ou contratação de serviços em geral, ao item cujo valor estimado for superior à receita bruta máxima admitida para fins de enquadramento como empresa de pequeno porte (R$3,6 milhões); e

ii. no caso de contratação de obras e serviços de engenharia, às licitações cujo valor estimado for superior à receita bruta máxima admitida para fins de enquadramento como empresa de pequeno porte (R$3,6 milhões).

Importante destacar que, nas contratações com prazo de vigência superior a 1 ano, será considerado o valor anual do contrato na aplicação dos limites acima indicados.

---

[231] Lei nº 14.133/2021, art. 4º, §§2º e 3º.
[232] Lei nº 14.133/2021, art. 4º, §1º.

Compreendidas todas essas novidades comentadas até aqui, como faremos na fase de habilitação dos licitantes?

5.16 Habilitação

A habilitação é a fase da licitação em que se verifica o conjunto de informações e documentos necessários e suficientes para demonstrar a capacidade do licitante de realizar o objeto da licitação, dividindo-se em:

a) jurídica;
b) técnica;
c) fiscal, social e trabalhista; e
d) econômico-financeira.

Das quatro espécies de habilitação, as que possuem características próprias na contratação de obras e serviços de engenharia, sendo, portanto, mais relevantes, são a habilitação técnica e a econômico-financeira.

Na fase preparatória do processo licitatório, deve ser produzida a motivação circunstanciada das condições do edital, tais como justificativa de exigências de qualificação técnica, mediante indicação das parcelas de maior relevância técnica ou valor significativo do objeto, e de qualificação econômico-financeira, justificativa dos critérios de pontuação e julgamento das propostas técnicas, nas licitações com julgamento por melhor técnica ou técnica e preço, e justificativa das regras pertinentes à participação de empresas em consórcio.[233]

A NLL, de forma similar ao procedimento da Lei do Pregão,[234] do RDC[235] e da Lei das Estatais,[236] admite a possibilidade de ser exigida a apresentação dos documentos de habilitação apenas do licitante vencedor, exceto quando a fase de habilitação anteceder a de julgamento.[237] Ou seja, na NLL, há uma inversão das fases da Lei nº 8.666/1993,[238] ocorrendo, como regra, primeiro o julgamento e, então, a habilitação.

---

[233] Lei nº 14.133/2021, art. 18, inciso IX.
[234] Lei nº 10.502/2002, art. 4º, inciso XII.
[235] Lei nº 12.262/2011, art. 14, inciso II.
[236] Lei nº 13.303/2016, art. 51.
[237] Lei nº 14.133/2021, art. 63, inciso II.
[238] Lei nº 8.666/1993, art. 43.

Mesmo no julgamento, a verificação da conformidade das propostas poderá ser feita exclusivamente em relação à proposta mais bem classificada.[239]

A NLL prevê mais detalhadamente os procedimentos de diligência,[240] estabelecendo que, após a entrega dos documentos para habilitação, não será permitida a substituição ou a apresentação de novos documentos, salvo em sede de diligência, para:

a) complementação de informações acerca dos documentos já apresentados pelos licitantes e desde que necessária para apurar fatos existentes à época da abertura do certame; e

b) atualização de documentos cuja validade tenha expirado após a data de recebimento das propostas.

Ainda, prevê que na análise dos documentos de habilitação, a Administração poderá sanar erros ou falhas que não alterem a substância dos documentos e sua validade jurídica, mediante despacho fundamentado registrado e acessível a todos, atribuindo-lhes eficácia para fins de habilitação e classificação.[241]

A jurisprudência e a doutrina de licitações e contratos anota que toda a análise efetuada pelos agentes responsáveis pela licitação deve se pautar pela razoabilidade e proporcionalidade. Dessa forma, observe que seria indevida a inabilitação de licitante com base em interpretação restritiva das regras do edital.[242]

Vamos, então, detalhar os dois tipos de habilitação mais relevantes para as contratações de obras e serviços de engenharia, que conforme comentamos são: a qualificação econômico-financeira e a qualificação técnica. Em seguida, falaremos um pouco sobre a visita técnica do licitante.

5.16.1 Qualificação econômico-financeira

A NLL traz as exigências de qualificação econômico-financeira,[243] que visa demonstrar a aptidão econômica do licitante para cumprir as obrigações decorrentes do futuro contrato, devendo ser comprovada

---
[239] Lei nº 14.133/2021, art. 59, §1º.
[240] Lei nº 14.133/2021, art. 64.
[241] Lei nº 14.133/2021, art. 64, §1º.
[242] Acórdãos 1.162/2006, 536/2007, 1.891/2006, 1.332/2006, 1.046/2008, 2.088/2004, 2.664/2012, 2.447/2011, 3.063/2011, todos do Plenário do TCU.
[243] Lei nº 14.133/2021, art. 69.

de forma objetiva, por coeficientes e índices econômicos previstos no edital, devidamente justificados no processo licitatório, e será restrita à apresentação da seguinte documentação:

a) balanço patrimonial e demonstrações contábeis dos dois últimos exercícios sociais (na Lei nº 8.666/1993, era exigido apenas do último exercício[244]), sendo proibido exigir valores mínimos de faturamento anterior e de índices de rentabilidade ou lucratividade[245] e vedada a exigência de índices e valores não usualmente adotados para a avaliação de situação econômico-financeira suficiente para o cumprimento das obrigações decorrentes da licitação;[246] e

b) certidão negativa de efeitos sobre falência expedida pelo distribuidor da sede do licitante.

É admitida a exigência da relação dos compromissos assumidos pelo licitante que importem em diminuição de sua capacidade econômico-financeira, excluídas parcelas já executadas de contratos firmados.[247]

A Administração, nas compras para entrega futura e na execução de obras e serviços, **poderá** estabelecer no edital a exigência de capital mínimo ou de patrimônio líquido mínimo equivalente a até 10% do valor estimado da contratação.[248]

A exemplo do que já era previsto na Lei nº 8.666/1993, mas diferente do que constava na lei do pregão (Lei nº 10.520/2002), agora **poderá ser exigida**, ainda, garantia de proposta, limitada a 1% do valor estimado do objeto da contratação,[249] cabendo ao contratado optar por uma das seguintes modalidades:[250]

a) caução em dinheiro ou em títulos da dívida pública emitidos sob a forma escritural, mediante registro em sistema centralizado de liquidação e de custódia autorizado pelo Banco Central do Brasil, e avaliados por seus valores econômicos, conforme definido pelo Ministério da Economia;

b) seguro-garantia; ou

---

[244] Lei nº 8.666/1993, art. 31, inciso I.
[245] Lei nº 14.133/2021, art. 69, inciso II, §2º.
[246] Lei nº 14.133/2021, art. 69, inciso II, §5º.
[247] Lei nº 14.133/2021, art. 69, inciso II, §3º.
[248] Lei nº 14.133/2021, art. 69, inciso II, §4º.
[249] Lei nº 14.133/2021, art. 58.
[250] Lei nº 14.133/2021, art. 96, §1º, inciso I.

c) fiança bancária emitida por banco ou instituição financeira devidamente autorizada a operar no país pelo Banco Central do Brasil.

 Observe que a exigência de garantias deixou de ser obrigatória na NLL e passou a ser opcional. O edital deve definir se a garantia será ou não exigida.

As irregularidades mais comuns que ocorrem sobre esse tema são:

a) exigência de índices contábeis mais restritivos que os usualmente adotados para correta avaliação da situação financeira da empresa. Os índices mais comuns de serem adotados são os de Liquidez Geral (LG), Liquidez Corrente (LC) e o de Solvência Geral (SG). De acordo com a Instrução Normativa n.º 5/1995, do antigo Ministério da Administração e Reforma do Estado (MARE), a exigência é que esses índices reflitam a saúde financeira necessária e suficiente para a adequada execução da obra, sem, por outro lado, criar condições restritivas. A jurisprudência do TCU aponta que esses índices devem ser exigidos considerando as peculiaridades do caso concreto, sem perder de vista a razoabilidade e a competitividade do certame;[251] e

b) exigência simultânea de requisitos de capital social mínimo e garantias para fins de qualificação econômico-financeira. Essas exigências podem ser feitas isoladamente. Porém, é uma irregularidade se forem feitas em conjunto no mesmo edital.

5.16.2 Qualificação técnica operacional e profissional

As qualificações técnico-profissional e técnico-operacional também devem constar dos editais de licitação de obras e serviços de engenharia.

A NLL traz as exigências que poderão ser feitas quanto às qualificações técnico-profissional e técnico-operacional, nos seguintes termos:[252]

---

[251] Acórdãos 184/2012-TCU-Plenário e 2.028/2006-TCU-1ª Câmara.
[252] Lei nº 14.133/2021, art. 67.

a) apresentação de profissional, devidamente registrado no conselho profissional competente, quando for o caso, detentor de atestado de responsabilidade técnica por execução de obra ou serviço de características semelhantes, para fins de contratação;

b) certidões ou atestados, regularmente emitidos pelo conselho profissional competente, quando for o caso, que demonstrem capacidade operacional na execução de serviços similares de complexidade tecnológica e operacional equivalente ou superior, bem como documentos comprobatórios quanto ao seu registro cadastral;[253]

c) indicação do pessoal técnico, das instalações e do aparelhamento adequados e disponíveis para a realização do objeto da licitação, bem como da qualificação de cada membro da equipe técnica que se responsabilizará pelos trabalhos;

d) prova do atendimento de requisitos previstos em lei especial, quando for o caso;

e) registro ou inscrição na entidade profissional competente, quando for o caso; e

f) declaração de que o licitante tomou conhecimento de todas as informações e das condições locais para o cumprimento das obrigações objeto da licitação.

No caso de obras e serviços de engenharia, as exigências relacionadas à necessidade de registro no Conselho Regional de Engenharia e Agronomia (CREA) ou Conselho de Arquitetura e Urbanismo (CAU) devem ser limitadas à localidade de origem da empresa. De acordo com a jurisprudência do TCU, o visto no conselho do local da realização da obra ou do serviço somente poderá ser exigido como requisito para a contratação, após concluída a licitação.[254]

São duas linhas básicas que delineiam a capacidade técnica a ser exigida do licitante:

a) <u>capacidade técnico-operacional</u>: refere-se a equipamentos, mão de obra e experiência que a empresa possui para executar a obra. A comprovação dessa capacidade se dá por meio de atestados de capacidade técnica que demonstrem a

---

[253] Lei nº 14.133/2021, art. 88, §3º.
[254] Decisões 279/98, 348/99 e Acórdão 979/2005-TCU-Plenário.

experiência da empresa na realização de contratos de obras similares, em termos de dimensão, qualidade e prazo; e

b) capacidade técnico-profissional: diz respeito à experiência dos profissionais, que participarão da realização do contrato, na execução anterior de empreendimentos similares em complexidade ao objeto licitado.

Saiba que uma grande novidade da NLL sobre o assunto é a exigência de a atuação do contratado ser avaliada pelo contratante, que emitirá documento comprobatório da avaliação realizada, com menção ao seu desempenho na execução contratual, baseado em indicadores objetivamente definidos e aferidos, e a eventuais penalidades aplicadas, o que constará do registro cadastral em que a inscrição for realizada.

Tal avaliação ainda carece de regulamentação. Porém, depois de implementada poderá ser exigida na qualificação técnica,[255] com o objetivo de incentivar e selecionar os licitantes com ótimo desempenho anotado em seu registro cadastral.

a) Capacidade técnico-operacional

Com relação à capacidade técnico-operacional, **sob a ótica da Lei nº 8.666/1993**, o TCU consolidou seu entendimento acerca do tema, por meio da Súmula TCU 263/2011, que possui a seguinte redação:

> Para a comprovação de capacidade técnico-operacional das licitantes, e desde que limitada, **simultaneamente**, às parcelas de maior relevância e valor significativo do objeto a ser contratado, é legal a exigência de comprovação da execução de quantitativos mínimos em obras ou serviços com características semelhantes, devendo essa exigência guardar proporção com a dimensão e a complexidade do objeto a ser executado.

Ou seja, antes era necessário que um serviço utilizado para comprovação de capacidade técnico-operacional fosse ao mesmo tempo relevante e de valor significativo.

A NLL inovou nesse tema, definindo que a exigência de atestados será restrita às parcelas de maior relevância **ou** valor significativo do objeto da licitação, assim consideradas as que tenham valor individual igual ou superior a 4% do valor total estimado da contratação.[256]

---

[255] Lei nº 14.133/2021, art. 88, §§3º e 4º.
[256] Lei nº 14.133/2021, art. 67, inciso VI, §1º.

Logo, agora pode ser exigida a comprovação de capacidade de um serviço que seja relevante tecnicamente, mas que não tenha um valor significativo.

Outra novidade trazida pela NLL é a possibilidade de um licitante apresentar atestado de um potencial subcontratado juntamente com seus próprios atestados,[257] limitado a 25% do objeto a ser licitado, hipótese em que mais de um licitante poderá apresentar atestado relativo ao mesmo potencial subcontratado.

Acerca de quantitativos, pergunta-se: quais os quantitativos adequados a serem exigidos de modo que não configurem nem insegurança na contratação, tampouco restrição à competitividade? O TCU vem afirmando que cada caso deverá ser analisado em suas peculiaridades, sobretudo embasado na razoabilidade e na proporcionalidade.

Dessa forma, existiam julgados[258] do TCU que indicavam que a comprovação de experiência em percentual superior a 50% dos quantitativos a executar seria excessiva.

Nessa mesma linha, a NLL determinou que é admitida a exigência de atestados com quantidades mínimas de até 50% das parcelas mais relevantes, vedadas limitações de tempo e de locais específicos relativas aos atestados.[259]

Outra prática condenada pela jurisprudência do TCU é a exigência de apresentação de número mínimo de certidões/atestados.[260] Nota-se que essa exigência é ilegal, uma vez que o texto da lei não diz nada a respeito da quantidade de documentos necessários para provar a capacidade técnico-operacional. Portanto, a fim de ampliar a competitividade do certame, esse tipo de exigência é descabido. Exemplo: exigir a apresentação de pelo menos 2 ou 3 atestados comprovando a experiência em obra ou serviços anteriores seria ilegal.

Também é criticada a fixação de número máximo de atestados, de modo que todas as exigências quantitativas do edital devessem ser atendidas em um único atestado, por exemplo. De fato, essa exigência restringe a competitividade da licitação nos termos de diversas decisões do TCU.[261]

---

[257] Lei nº 14.133/2021, art. 67, inciso VI, §9º.
[258] Acórdãos 1.284/2003, 2.088/2004, 2.656/2007 e 1.390/2010, todos do Plenário do TCU.
[259] Lei nº 14.133/2021, art. 67, inciso VI, §2º.
[260] Acórdãos 298/2002, 351/2002, 330/2005, 539/2007, 739/2007, 43/2008 e 1.593/2010, todos do Plenário do TCU.
[261] Acórdãos 1.678/2006, 597/2008, ambos do Plenário e Acórdão 2.616/2008-TCU-2ª Câmara.

Mais um problema identificado em editais de obras públicas consiste na exigência de experiência na execução de serviço atrelado a alguma tipologia de obra em particular, como solicitar experiência em realizar fundações de edificações hospitalares; ou que o concreto de alto desempenho tenha sido realizado em obras aeroportuárias. A regra geral, especialmente em obras de edificações, é a da impossibilidade dessas exigências,[262] já que a técnica construtiva é a mesma, independentemente da tipologia da obra.

Vale dizer que, quanto mais exigências são feitas na habilitação técnica, menos licitantes são capazes de atendê-las, ou seja, mais restritiva é a licitação. Por essa razão, é imprescindível também que todas as exigências feitas no edital sejam devidamente justificadas nos autos do processo de licitação, demonstrando as razões pelas quais os serviços são imprescindíveis de serem exigidos das empresas, especialmente no caso dos serviços pouco relevantes financeiramente.

Outro assunto controverso é a possibilidade de somatório de atestados de capacidade técnico-operacional, com vistas a atingir determinado quantitativo exigido em edital.

O TCU tem decidido que essa possibilidade deve ser analisada e averiguada caso a caso, não havendo uma regra geral que se aplique em qualquer situação.

Quem apresenta dez atestados referentes a edificações de 340m² cada não estaria necessariamente habilitado a construir uma de 3.400m², pois esta seria uma execução muito mais complexa. Da mesma forma, dez atestados de pontes de cinquenta metros de vão não garantem experiência na construção de uma ponte de quinhentos metros. É importante compreender, especialmente nesses casos, que uma expressão quantitativa pode expressar uma característica qualitativa, de forma que a soma de parcelas de menor porte pode não permitir concluir pela capacidade referente a um objeto de maior porte.

Por outro lado, existem casos em que o somatório é válido e possível, como, por exemplo, uma licitante que consiga escavar 400m³ de terra por hora poderá escavar quantitativo muito maior num tempo proporcional, ou quem constrói um edifício de 10 pavimentos em 12 meses, consegue realizar 3 edifícios de mesmo porte em 36 meses.

---

[262] Acórdãos 1.733/2010, 1.502/2009 e 311/2009, todos do Plenário do TCU.

Então, respeitada a proporção entre o prazo de execução e a quantidade, é possível o somatório de atestados, uma vez que o acréscimo de quantidade não resulta em maior necessidade quanto à capacidade operacional da empresa.

Caso o prazo de execução demandado pelo objeto da licitação seja inferior ao demonstrado nos atestados, há alteração na exigência de capacidade operacional da empresa. Por exemplo, a execução de três pontes em três meses seria menos complexa do que sua execução em um mês e meio.

A análise sobre a viabilidade de somatório de atestados deve concluir que a execução de quantidades superiores dos serviços não demande maior capacidade operacional das licitantes, seja porque não há aumento da complexidade técnica, seja pela proporcionalidade entre quantidade e prazo para concluir o objeto.

Um último ponto que costuma causar polêmica é a exigência de os atestados de capacidade técnica operacional serem registrados junto ao CREA. De acordo com o art. 55 da Resolução CONFEA 1.025/2009 é vedada a emissão de Certidão de Acervo Técnico em nome de pessoa jurídica. Por causa disso, o registro junto ao CREA somente pode ser exigido para fins de habilitação técnico-profissional, sendo irregular sua exigência para fins de habilitação técnico-operacional.[263]

b) Capacidade técnico-profissional

A capacidade técnico-profissional está relacionada ao conhecimento e à experiência que os profissionais indicados pela licitante possuem na execução de objetos semelhantes ao que será licitado.

Acerca desse tipo de comprovação intelectual dos profissionais da licitante, a NLL[264] determina que a documentação será restrita à apresentação de profissional, devidamente registrado no conselho profissional competente, quando for o caso, detentor de atestado de responsabilidade técnica por execução de obra ou serviço de características semelhantes. Além disso, deverá ser indicada a qualificação de cada membro da equipe técnica que se responsabilizará pelos trabalhos.[265]

Os profissionais indicados pelo licitante deverão participar da obra ou serviço objeto da licitação, e será admitida a sua substituição

---

[263] Acórdãos 1.542/2021; 1.849/2019 e 1.674/2018, todos os Plenário do TCU.
[264] Lei nº 14.133/2021, art. 67, inciso I.
[265] Lei nº 14.133/2021, art. 67, inciso III.

por profissionais de experiência equivalente ou superior, desde que aprovada pela Administração.[266]

Uma novidade da NLL é que não serão admitidos atestados de responsabilidade técnica de profissionais que, na forma de regulamento, tenham dado causa à aplicação de sanção de impedimento de licitar e contratar, ou de declaração de inidoneidade, em decorrência de orientação proposta, de prescrição técnica ou de qualquer ato profissional de sua responsabilidade.[267]

5.16.3 Exigência de visita técnica do licitante

A NLL determina que, quando a avaliação prévia do local de execução for imprescindível para o conhecimento pleno das condições e peculiaridades do objeto a ser contratado, o edital de licitação poderá prever, sob pena de inabilitação, a necessidade de o licitante atestar que conhece o local e as condições de realização da obra ou serviço, assegurado a ele o direito de realização de vistoria prévia.[268]

Contudo, o edital de licitação sempre deverá prever a possibilidade de substituição da vistoria por declaração formal assinada pelo responsável técnico do licitante acerca do conhecimento pleno das condições e peculiaridades da contratação.[269]

Ainda, se os licitantes optarem por realizar vistoria prévia, a Administração deverá disponibilizar data e horário diferentes para os eventuais interessados, de modo a reduzir o risco de conluio entre os licitantes.[270]

Para a qualificação técnica, a exigência do edital será restrita à declaração de que o licitante tomou conhecimento de todas as informações e das condições locais para o cumprimento das obrigações objeto da licitação.[271]

Compreendidos os principais quesitos relativos à habilitação dos licitantes, vamos conhecer o que deve constar do edital.

---

[266] Lei nº 14.133/2021, art. 67, inciso VI, §6º.
[267] Lei nº 14.133/2021, art. 67, inciso II, §12.
[268] Lei nº 14.133/2021, art. 63, §2º.
[269] Lei nº 14.133/2021, art. 63, §3º.
[270] Lei nº 14.133/2021, art. 63, §4º.
[271] Lei nº 14.133/2021, art. 67, inciso VI.

5.17 Edital

A NLL traz uma série de requisitos que devem ser respeitados na redação de um edital. Esses requisitos podem ser sintetizados em cinco diretrizes:

I. caracterização da obra;

II. regras para convocação, julgamento, habilitação, recursos e penalidades da licitação;

III. regras para a fiscalização e a gestão do contrato;

IV. condições de pagamento; e

V. critérios para a entrega do objeto.

Lembre que essas regras devem constar obrigatoriamente do edital.[272]

Uma novidade da NLL é que todos os elementos do edital, incluídos minuta de contrato, termos de referência, anteprojeto, projetos e outros anexos, deverão ser divulgados no Portal Nacional de Contratações Públicas (PNCP) e em sítio eletrônico oficial, na mesma data de divulgação do edital, **sem necessidade de registro ou de identificação para acesso.**[273]

Todos os elementos do edital, incluídos minuta de contrato, termos de referência, anteprojeto, projetos e outros anexos, deverão ser divulgados **sem necessidade de registro ou de identificação para acesso.**

Como já sabemos, a caracterização da obra se fundamenta no anteprojeto ou no projeto básico.

Outra questão importante tem a ver com a minuta do contrato, que, em regra, deve obrigatoriamente ser um anexo do edital.[274]

Os contratos regular-se-ão pelas suas cláusulas e pelos preceitos de direito público, e a eles serão aplicados, supletivamente, os princípios da teoria geral dos contratos e as disposições de direito privado.[275]

---

[272] Lei nº 14.133/2021, art. 25.
[273] Lei nº 14.133/2021, art. 25, §3º e art. 175.
[274] Lei nº 14.133/2021, art. 18, inciso VI.
[275] Lei nº 14.133/2021, art. 89.

Todo contrato deverá mencionar os nomes das partes e os de seus representantes, a finalidade, o ato que autorizou sua lavratura, o número do processo da licitação ou da contratação direta e a sujeição dos contratantes às normas da NLL e às cláusulas contratuais.

Além disso, os contratos deverão estabelecer com clareza e precisão as condições para sua execução, expressas em cláusulas que definam os direitos, as obrigações e as responsabilidades das partes, em conformidade com os termos do edital de licitação e os da proposta vencedora ou com os termos do ato que autorizou a contratação direta e os da respectiva proposta.

Explicadas essas questões iniciais, vamos então detalhar alguns aspectos importantes de se observar na elaboração do Edital.

5.17.1 Critérios objetivos de julgamento

Os critérios de julgamento de propostas são muito importantes para o sucesso da licitação. Dependendo da forma como forem definidos, poderão facilitar o andamento do certame e o trabalho da fiscalização da obra.

A NLL prevê que serão desclassificadas as propostas que:[276]

a) contiverem vícios insanáveis;
b) não obedecerem às especificações técnicas pormenorizadas no edital;
c) apresentarem preços inexequíveis ou permanecerem acima do orçamento estimado para a contratação;
d) não tiverem sua exequibilidade demonstrada, quando exigido pela Administração; ou
e) apresentarem desconformidade com quaisquer outras exigências do edital, desde que insanável.

Inexequível: algo que não pode ser executado, realizado ou cumprido; irrealizável.

Segundo a NLL, no caso de obras e serviços de engenharia, são consideradas inexequíveis as propostas que apresentam valores

---
[276] Lei nº 14.133/2021, art. 59.

inferiores a 75% do valor do valor orçado pela Administração.[277] A Lei das Estatais possui uma regra um pouco diferente, utilizando o limite de 70%[278] em relação ao valor orçado ou da média aritmética dos valores das propostas superiores a 50% do valor do orçamento estimado pela empresa pública ou sociedade de economia mista.

Nas contratações de obras e serviços de engenharia, será exigida garantia adicional do licitante vencedor cuja proposta for inferior a 85% do valor orçado pela Administração, equivalente à diferença entre este último e o valor da proposta, sem prejuízo das demais garantias exigíveis de acordo com a lei.[279]

Cabe mencionar que a Súmula TCU 262/2010 consolidou o entendimento de que a presunção de inexequibilidade das propostas é relativa. Por isso, nos casos em que forem encontradas propostas inexequíveis, a Administração deve dar ao licitante a oportunidade de demonstrar que seus preços são exequíveis.

A NLL[280] e a Lei das Estatais[281] preveem que a Administração poderá realizar diligências para aferir a exequibilidade das propostas ou exigir dos licitantes que ela seja demonstrada.

5.17.2 Critérios de aceitabilidade de preços

Um aspecto decisivo para o sucesso da licitação é que seja feita uma análise objetiva e clara dos preços propostos pelos licitantes. Para isso, é fundamental que o gestor responsável pela licitação tenha à sua disposição regras bem definidas no edital quanto aos critérios de aceitabilidade de preços.

A NLL determina, assim como a Lei das Estatais,[282] que no caso de obras e serviços de engenharia e arquitetura, para efeito de avaliação da exequibilidade e de sobrepreço, serão considerados o preço global, os quantitativos e os preços unitários **tidos como relevantes**, observado o critério de aceitabilidade de preços unitário e global a ser fixado no edital, conforme as especificidades do mercado correspondente.[283]

---

[277] Lei nº 14.133/2021, art. 59, §4º.
[278] Lei nº 13.303/2016, art. 56, §3º.
[279] Lei nº 14.133/2021, art. 59, §5º.
[280] Lei nº 14.133/2021, art. 59, §2º.
[281] Lei nº 13.303/2016, art. 56, §2º.
[282] Lei nº 13.303/2016, art. 56, §4º.
[283] Lei nº 14.133/2021, art. 59, §3º.

O critério de aceitabilidade de preços unitários tem como benefício a mitigação do risco de futuros desequilíbrios na execução da obra e uma maior facilidade quando for necessário alterar a planilha originalmente contratada pois, nesses dois casos, não haverá preocupação com os preços unitários licitados, uma vez que durante a licitação já houve sua avaliação.

Contudo, o TCU aponta que a desclassificação de um licitante com base no critério de aceitabilidade de preço unitário deve se pautar nos princípios da razoabilidade e proporcionalidade, conforme mostra o Acórdão 2.767/2011-TCU-Plenário.

Nesse julgado, o TCU analisou um caso de uma proposta de licitante que foi desclassificada com base em apenas um único item da planilha, que possuía preço unitário superior ao referencial da Administração, embora seu preço global fosse vantajoso.

Concluiu o TCU que, nos casos em que o critério de aceitabilidade de preço unitário for desrespeitado com pouco impacto e a proposta do licitante possua desconto vantajoso no preço global, é indevida a desclassificação da proposta com base apenas nesse critério.

Dessa forma, o gestor deve avaliar, no caso concreto, a extensão da inobservância aos limites estabelecidos de preços unitários por parte da proposta de menor preço global e adotar a decisão que leve à obtenção da proposta mais vantajosa para a Administração.

5.17.3 Critérios de medição e de pagamento

Uma definição fundamental para a boa execução contratual e que facilitará a fiscalização da obra é o estabelecimento dos critérios de medição e de pagamento do objeto.

Como vimos, a NLL estabelece que os regimes de execução de empreitada por preço global, empreitada integral, contratação por tarefa, contratação integrada e semi-integrada serão licitados por preço global e adotarão sistemática de medição e pagamento associada à execução de etapas do cronograma físico-financeiro, vinculadas ao cumprimento de metas de resultado, vedada a adoção de sistemática de remuneração orientada por preços unitários ou referenciada pela execução de quantidades de itens unitários.[284] A ressalva quanto a esta sistemática de remuneração é o critério de medição e pagamento da empreitada por preço unitário e do fornecimento e prestação de serviço associado.

---
[284] Lei nº 14.133/2021, art. 46, §9º.

Em ambos os casos, quanto mais claro for o edital a respeito de como cada serviço, etapa ou meta será medido e pago, melhor será a execução contratual e a relação entre o contratado e a Administração. É preciso que ambos tenham clareza, previsibilidade e segurança a respeito do que deve ser realizado para permitir a medição e o pagamento dos serviços.

Observe que os critérios para medições por etapas são significativamente diferentes daqueles das medições por preços unitários. Nesta (preços unitários), o critério deve definir a forma de quantificação de cada um dos serviços, regras para desconto de vãos etc. Naquela (preço global), o critério deve definir o que compõe cada etapa/meta que será objeto da medição.

Um importante fator a ser considerado na definição das regras de medição e pagamento é a periodicidade das medições. Como regra, a prática do mercado da construção civil, no Brasil, é que as medições sejam mensais. Assim, é recomendável que as etapas e metas sejam definidas de modo a possibilitar medições mensais, já que essa é a expectativa do universo de potenciais licitantes e, assim, uma condição para que a licitação atraia o máximo interesse possível do mercado.

No caso das empreitadas por preço unitário, essa preocupação não é tão relevante, pois cada item terá o quantitativo executado a cada mês medido e pago. Contudo, é fundamental que o edital estabeleça de forma clara os critérios para definição de quando cada um dos serviços será considerado executado, permitindo então sua medição e pagamento.

5.17.4 Possibilidade de medição/pagamento antecipada(o)

De acordo com a legislação, as contratadas só fazem jus ao pagamento após efetivamente executados os serviços. Ou seja, como regra, a medição/pagamento antecipada(o) não é permitida(o).[285]

Numa obra pública, isso significa que não podem ser realizadas medições ou pagamentos por serviços que ainda não foram executados. Em outras palavras, é necessária, para fins de medição e pagamento, a entrega do serviço completo com a respectiva conferência e aprovação por parte dos fiscais.

---

[285] Lei nº 14.133/2021, art. 145.

No entanto, a NLL previu expressamente a possibilidade excepcional de pagamento antecipado, parcial ou total, que não existia na Lei nº 8.666/1993 ou na Lei das Estatais.

São exemplos dessa excepcionalidade os casos em que a antecipação de pagamento propiciar sensível economia de recursos ou se representar condição indispensável para a obtenção do bem ou para a prestação do serviço (muito comum em aquisições de grandes equipamentos ou pré-fabricados, que as condições de mercado exigem o pagamento a título de sinal), o que deve ser previamente justificado no processo licitatório e expressamente previsto no edital de licitação ou instrumento formal de contratação direta.[286]

Um exemplo prático desse tipo de serviço é o de elevadores e ares-condicionados. O mercado desses equipamentos normalmente exige o pagamento de um sinal prévio antes mesmo do início da fabricação das cabines de elevadores.

Outro exemplo, muito comum em obras de saneamento, são as bombas hidráulicas de grande potência. Essas bombas necessitam ser encomendadas junto aos fabricantes com grande antecedência em relação ao momento em que serão efetivamente instaladas na obra.

Nesses casos, a contratada teria que arcar com um custo considerável pagando pela fabricação dos equipamentos sem receber nenhum pagamento por isso. A consequência disso é que, em obras nas quais tais equipamentos representem parcela significativa do objeto, a empresa irá aumentar seus preços para fazer face a esse fluxo de caixa desbalanceado.

Outro exemplo de um insumo que, a depender da quantidade encomendada, necessita ser encomendado junto aos fabricantes são os tubos de grande diâmetro.

Em todos esses casos, desde que devidamente justificado e previsto na licitação, é possível antecipar pagamentos à empresa contratada, ou seja, realizar medições parciais nesses itens antes da sua efetiva execução.

O valor dessas medições deve ser definido no edital. Geralmente correspondem ao valor do sinal pago pela empresa, mediante a comprovação da contratação do respectivo bem ou equipamento junto ao fornecedor.

Note que risco de antecipar pagamentos é muito grande, pois caso a empresa contratada abandone a obra, a Administração arcaria com o prejuízo de ter pagado por um equipamento não entregue.

---

[286] Lei nº 14.133/2021, art. 145, §1º.

Por isso, como medida de gerenciamento de risco, a Administração poderá exigir a prestação de garantia adicional como condição para o pagamento antecipado.[287]

> **EXEMPLO**
>
> O TCU já se deparou com casos em que o órgão contratante resolveu pagar por material posto-obra sob a justificativa de capitalizar a empresa para ela concluir a obra. Em quase todas as ocasiões, logo após o pagamento pelo material, a empresa abandonou a obra e deixou diversos materiais no canteiro, sobre os quais não havia grande controle. Não se sabia exatamente quais materiais foram pagos e quais não foram, se houve furtos ou se a empresa levou materiais da obra que já teriam sido pagos. Foi necessário um esforço significativo da fiscalização em realizar um inventário completo dos materiais já pagos. Além disso, ao contratar o remanescente de obra ficou constatado que boa parte dos materiais já pagos eram inservíveis para a conclusão da obra. Como se vê, os riscos envolvidos numa operação de pagar por material posto-obra são significativos. Ademais, uma empresa que está necessitando se capitalizar para concluir uma obra pode não possuir capacidade de conclui-la, aumentando ainda mais esse risco.

Observe que, caso não se encontre explícita essa previsão no edital, não será possível incluí-la posteriormente, sob risco de favorecimento à empresa contratada, ou seja, estaria havendo prejuízo ao princípio da **isonomia** entre as licitantes.

Isonomia: é o princípio de que todas as pessoas são regidas pelas mesmas regras, da condição de igualdade. Enquanto princípio jurídico das licitações, isonomia é a igualdade entre todos os licitantes, que devem ter o mesmo tratamento e as mesmas oportunidades no processamento da licitação.

Por fim, caso o objeto não seja executado no prazo contratual, o valor antecipado deverá ser devolvido,[288] o que reforça a importância de se exigir garantia adicional sobre o valor antecipado, como forma de proteção à Administração Pública.

5.17.5 Orçamento completo e seu sigilo [ou não]

Lembre que um dos itens que integra o projeto básico é o orçamento analítico, que possibilita a avaliação do custo da obra. Comentamos em capítulo específico que esse orçamento deve ser completo, acompanhado

---

[287] Lei nº 14.133/2021, art. 145, §2º.
[288] Lei nº 14.133/2021, art. 145, §3º.

das composições de custos unitários de todos os seus serviços, bem como devem ser evitados serviços orçados em "verba" ou em unidades genéricas. Ainda, conforme a NLL, o detalhamento do BDI e o da taxa de encargos sociais também deve integrar esse orçamento.[289]

O que vale reforçar aqui é que a NLL determina que todos os elementos do edital, incluídos minuta de contrato, termos de referência, anteprojeto, projetos e outros anexos, como o orçamento estimativo do objeto, deverão ser divulgados em sítio eletrônico oficial, na mesma data de divulgação do edital, sem necessidade de registro ou de identificação para acesso.[290]

Lembre que a exceção à regra é a contratação integrada,[291] pois nela o valor estimado da contratação poderá ser obtido, a partir de metodologia expedita ou paramétrica e de avaliação aproximada baseada em outras contratações similares, para os itens do orçamento que não forem detalhados o bastante no anteprojeto, de modo a permitirem a elaboração de composições de custos unitários ou levantamento preciso dos quantitativos.

Como vimos, a NLL determina que na contratação integrada, após a elaboração do projeto básico pelo contratado, o conjunto de desenhos, especificações, memoriais e cronograma físico-financeiro deverá ser submetido à aprovação da Administração, que avaliará sua adequação em relação aos parâmetros definidos no edital e sua conformidade com as normas técnicas, vedadas alterações que reduzam a qualidade ou a vida útil do empreendimento e mantida a responsabilidade integral do contratado pelos riscos associados ao projeto básico.[292]

Há na NLL a possibilidade de que, desde que justificado, o orçamento estimado da contratação tenha caráter sigiloso,[293] sem prejuízo da divulgação do detalhamento dos quantitativos e das demais informações necessárias para a elaboração das propostas. Note que, nesse caso, o sigilo não prevalecerá para os órgãos de controle interno e externo.

Na hipótese de licitação em que for adotado o critério de julgamento por maior desconto, o preço estimado ou o máximo aceitável deverá necessariamente constar do edital da licitação, uma vez que,

---

[289] Lei nº 14.133/2021, art. 23, §2º.
[290] Lei nº 14.133/2021, art. 25, §3º.
[291] Lei nº 14.133/2021, art. 46, §2º.
[292] Lei nº 14.133/2021, art. 46, §3º.
[293] Lei nº 14.133/2021, art. 24.

sem ele, não haveria como as empresas apresentarem suas propostas, já que o desconto é dado em relação ao preço de referência do edital.

Diferentemente, na Lei das Estatais a regra é o orçamento sigiloso, facultando-se à contratante, mediante justificativas, conferir publicidade ao valor estimado do objeto da licitação, sem prejuízo da divulgação do detalhamento dos quantitativos e das demais informações necessárias para a elaboração das propostas.

Na Lei nº 14.133/2021, a regra é que o orçamento seja divulgado, podendo ser sigiloso mediante justificativas. Ao contrário disso, na Lei nº 13.303/2016, a regra é que o orçamento seja sigiloso, podendo ser divulgado mediante justificativas.

Mesmo no caso de orçamento sigiloso, devem ser divulgados os quantitativos e as demais informações necessárias para a elaboração das propostas.

5.17.6 Responsabilidades de acordo com a matriz de riscos

Já vimos anteriormente os casos em que a matriz de riscos é obrigatória e os casos em que ela é fortemente recomendável. Mas, lembre que, sempre que existente, ela deve fazer parte do edital de licitação.

5.18 Subcontratação

A subcontratação ocorre quando a empresa contratada repassa a execução de alguns serviços da obra para outras empresas. Em princípio, não há problemas quanto a essa prática, desde que observadas algumas condições:[294]

- O edital de licitação deve conter autorização para sua ocorrência, seja mediante a estipulação do percentual admitido, seja mediante a definição dos serviços que poderão ou não ser subcontratados;
- Todos os serviços subcontratados devem ser previamente autorizados pela equipe de fiscalização;
- Os pagamentos sempre são realizados para a construtora contratada, nunca para a subcontratada.

---

[294] Lei nº 14.133/2021, art. 122, *caput*, §§1º e 2º, e Lei nº 13.303/2016, art. 78, *caput* e §1º.

Como visto, para que seja admitida a subcontratação, o edital deve prever sua possibilidade e, mesmo ocorrendo, permanecem válidas as responsabilidades legais e contratuais da empresa vencedora da licitação. Assim, qualquer problema com a execução de serviços subcontratados deve ser discutido com a construtora contratada, e não com a terceira subcontratada.

5.19 Sanções administrativas

Uma das principais prerrogativas de que a Administração Pública dispõe a seu favor chama-se sanção administrativa, que nada mais é do que a aplicação de penalidades ao contratado no caso de eventual descumprimento de cláusulas do edital de licitação ou do contrato.

A NLL disciplina que o contratado será responsabilizado administrativamente, por exemplo, por dar causa à inexecução parcial ou total do contrato; ensejar o retardamento da execução ou da entrega do objeto da licitação sem motivo justificado; entre outros motivos.[295]

Os tipos de sanções previstos na lei de licitações são os seguintes:

I - advertência, a ser aplicada quando não se justificar a imposição de penalidade mais grave;

II - multa, cujo valor não poderá ser inferior a 0,5% nem superior a 30% do valor do contrato;

III - impedimento de licitar e contratar no âmbito da Administração Pública direta e indireta do ente federativo que tiver aplicado a sanção, pelo prazo máximo de 3 anos;

IV - declaração de inidoneidade para licitar ou contratar no âmbito da Administração Pública direta e indireta de todos os entes federativos, pelo prazo mínimo de 3 anos e máximo de 6 anos.

Por sua vez, a Lei das Estatais disciplina que os contratos devem conter cláusulas com sanções administrativas a serem aplicadas em decorrência de atraso injustificado na execução do contrato, sujeitando o contratado a multa de mora, na forma prevista no instrumento convocatório ou no contrato.

---

[295] Lei nº 14.133/2021, art. 155.

Além disso, pela inexecução total ou parcial do contrato a empresa pública ou a sociedade de economia mista poderá, garantida a prévia defesa, aplicar ao contratado as seguintes sanções:

I - advertência;

II - multa, na forma prevista no instrumento convocatório ou no contrato;

III - suspensão temporária de participação em licitação e impedimento de contratar com a entidade sancionadora, por prazo não superior a 2 anos.

Vê-se que a Lei das Estatais (Lei nº 13.303/2016) não previu a declaração de inidoneidade como uma das sanções possíveis em licitações e contratos regidos por essa lei. Caso se verifique uma situação grave que requeira aplicação de declaração de inidoneidade, a empresa pública ou sociedade de economia mista poderá submeter a questão para o respectivo Ministério ou Secretaria estadual, distrital ou municipal que seja seu supervisor. De todo modo, empresas declaradas inidôneas não podem participar de licitações promovidas por empresas públicas ou sociedades de economia mista com base na Lei das Estatais.[296]

Conhecidos os tipos de sanção, podemos observar que a legislação é genérica ao tratar das situações fáticas que ensejam a aplicação das sanções. Sendo assim, para fins de elaboração do edital, é recomendável que o agente ou equipe que o esteja elaborando converse com outros agentes que possuem experiência em fiscalização de contratos, para colher informações sobre os principais aspectos que podem dar causa a descumprimento contratual, de modo a possibilitar uma descrição mais precisa no contrato sobre essas situações, definindo com precisão o valor da multa aplicável em cada situação.

São exemplos de situações a serem expressamente descritas nas cláusulas sancionatórias dos contratos, definindo seus respectivos valores das multas, entre outras:

- Descumprimento do prazo previsto nas ordens de serviço;
- Não atendimento injustificado de ordens expressas da fiscalização;
- Não adoção de providências solicitadas por escrito pela fiscalização;
- Descumprimento injustificado do cronograma da obra.

---

[296] Art. 38, inciso III, da Lei nº 13.303/2016.

A principal novidade da NLL sobre esse assunto diz respeito à forma de a Administração Pública receber o valor das multas. Na antiga Lei de Licitações a regra era reter das garantias contratuais. Na Lei das Estatais, essa regra foi mantida.[297]

Diferentemente, consta na NLL que se a multa aplicada e as indenizações cabíveis forem superiores ao valor de pagamento eventualmente devido pela Administração ao contratado, além da perda desse valor, a diferença será descontada da garantia prestada ou será cobrada judicialmente.[298]

Conforme podemos observar, nos contratos regidos pela NLL, a regra é descontar o valor das multas primeiramente do saldo dos pagamentos devidos ao contratado, descontando-se das garantias apenas quando esse saldo não for suficiente para cobrir os valores das penalidades aplicadas.

Por fim, vale ressaltar que a aplicação de sanções é uma medida que deve ser, preferencialmente, precedida de negociação junto à contratada para que sejam atendidas as exigências descumpridas. Por vezes, a aplicação inoportuna de sanções pode resultar num relacionamento conflituoso dentro do canteiro de obras entre a equipe de fiscalização e a contratada. Ou seja, a falha da contratada sempre deve ser avaliada pelos critérios de razoabilidade, conveniência e oportunidade, antes que seja iniciado um processo de aplicação de sanções. Caso o erro cometido tenha sido grave, a Administração deve estar atenta para iniciar o processo de aplicação das sanções cabíveis, sempre garantindo a ampla defesa e o contraditório para a empresa.

5.20 Recebimento provisório e definitivo

O edital deve prever as regras e as condições para os recebimentos provisório e definitivo.

Embora não seja dada tanta atenção para esses atos, destacamos que eles são de suma importância, pois são os instrumentos que indicam que as obras foram entregues de acordo com o esperado.

Diferentemente do que ocorria com a antiga Lei nº 8.666/1993, a Nova Lei de Licitações não mais prevê prazo para os recebimentos provisório e definitivo. Em vez disso, disciplina que os prazos e os

---
[297] Lei nº 13.303/2016, art. 82, §2º.
[298] Lei nº 14.133/2021, art. 156, §8º.

métodos para a realização dos recebimentos provisório e definitivo serão definidos em regulamento ou no próprio contrato.[299]

O recebimento provisório deve ser realizado, em regra, pelo fiscal do órgão público, mediante termo detalhado, quando verificado o cumprimento das exigências de caráter técnico. Havendo pendências, o fiscal deverá relacioná-las por escrito e, consequentemente, não emitir o termo de recebimento provisório até que a contratada providencie o saneamento de todas elas.

Já o recebimento definitivo deve ser feito por servidor (geralmente o gestor do contrato) ou comissão designada pela autoridade competente, mediante termo detalhado que comprove o atendimento de todas as exigências contratuais. Caso seja detectada qualquer falha, o contratado é obrigado a corrigi-la, com seus próprios recursos.

Portanto, os fiscais e servidores designados para realizar o recebimento do objeto deverão comprovar e exigir a adequação do objeto aos termos contratuais, devendo rejeitar, parcial ou totalmente, a parte/serviço da obra que não tenha sido executada devidamente.

A importância do recebimento definitivo está também no fato de a Administração liberar ou não a garantia contratual.

Por fim, é preciso registrar que, mesmo havendo o recebimento definitivo, o autor do projeto e o executor responderão pela solidez e segurança da obra, conforme a lei estabelece. Ou seja, o fato de os servidores receberem em definitivo a obra não prejudica a sua garantia, a qual, de acordo com o Código Civil, é válida por 5 anos.[300]

5.21 Da teoria para a prática

5.21.1 Caso nº 1

Uma prefeitura municipal obteve recursos para investir em educação e decidiu contratar a construção de um grande complexo escolar. Contudo, como a obra era complexa, constatou-se que não haveria tempo para realizar um projeto básico completo antes de licitar a obra, mas apenas para elaborar o seu desenho arquitetônico e um memorial descritivo. Assim, as autoridades da prefeitura optaram pelo regime de contratação integrada, argumentando que, nele, a

---

[299] Lei nº 14.133/2021, art. 140, §3º.
[300] Art. 618 da Lei nº 10.406/2002 (Código Civil).

Administração não precisaria elaborar o projeto básico, podendo contratá-lo juntamente com o projeto executivo e a realização da obra.

Considerando essa situação hipotética, responda as perguntas a seguir.

i) A opção descrita está de acordo com as Leis nºs 14.133/2021 e 13.303/2016? Por quê?
ii) É possível prever algum risco que possa prejudicar a execução dessa obra caso seja realizada a licitação como pretendido?
iii) Em caso de discordância em relação à opção descrita, qual seria a decisão adequada?

A situação descrita não está de acordo com a legislação, por diversas razões. Primeiro que a contratação integrada não permite a licitação de uma obra com base apenas em seu projeto arquitetônico e memorial descritivo. É preciso que seja elaborado o anteprojeto, que inclui o projeto arquitetônico e o memorial descritivo, mas possui outros elementos na medida em que é uma peça técnica com todos os subsídios necessários à elaboração do projeto básico e que deve conter, no mínimo, os seguintes elementos, de acordo com o art. 6º, inciso XXIV, da Lei nº 14.133/2021:

a) demonstração e justificativa do programa de necessidades, avaliação de demanda do público-alvo, motivação técnico-econômico-social do empreendimento, visão global dos investimentos e definições relacionadas ao nível de serviço desejado;
b) condições de solidez, de segurança e de durabilidade;
c) prazo de entrega;
d) estética do projeto arquitetônico, traçado geométrico e/ou projeto da área de influência, quando cabível;
e) parâmetros de adequação ao interesse público, de economia na utilização, de facilidade na execução, de impacto ambiental e de acessibilidade;
f) proposta de concepção da obra ou do serviço de engenharia;
g) projetos anteriores ou estudos preliminares que embasaram a concepção proposta;
h) levantamento topográfico e cadastral;
i) pareceres de sondagem; e

j) memorial descritivo dos elementos da edificação, dos componentes construtivos e dos materiais de construção, de forma a estabelecer padrões mínimos para a contratação.

Além disso, a ausência de projeto básico completo e suficiente não pode servir como justificativa para o uso da contratação integrada. Nesse caso, deveriam ser avaliadas e registradas, por escrito, quais possíveis vantagens a Administração Pública obteria ao transferir o maior risco ao particular mediante a adoção do regime de contratação integrada.

Sem a elaboração do anteprojeto adequado, não será possível identificar corretamente os riscos relacionados à execução da obra e, consequentemente, não haverá a definição das responsabilidades por esses riscos.

Desse modo, a matriz de riscos não será capaz de permitir a necessária gestão dos riscos durante a execução do contrato. Logo, a materialização de algum desses riscos resultará em controvérsias entre a Administração e o contratado quanto à definição das responsabilidades, com provável impacto negativo para a execução contratual.

Por fim, considerando-se que a licitação não poderia ser realizada com base na documentação disponível, não haveria outra solução que não a de adiar a realização da licitação até que houvesse a devida complementação do anteprojeto ou elaboração do projeto básico, nos termos da legislação.

5.21.2 Caso nº 2

Em uma licitação de obra sob regime de contratação integrada, foi apresentada, no edital, uma matriz de risco com o seguinte trecho:

Risco	Materialização	Responsável	Mitigação
Falhas no projeto básico não associadas ao anteprojeto.	Prorrogação de prazo; Retrabalho com alteração de projetos; Retrabalho com demolição de serviços executados.	Administração	1- Avaliação das diretrizes do anteprojeto e viabilidade de sua adequação; 2- Anuência do Poder Contratante para modificações ou soluções inovadoras.

Risco	Materialização	Responsável	Mitigação
Problemas no processo de desapropriação/ não haver frentes liberadas para realizar o empreendimento.	Prorrogação de prazos; Aumento dos custos.	Contratada	1- Plano prévio de desapropriações definido no próprio edital; 2- Acordos prévios com ocupantes e com órgãos relacionados.
Risco de ocorrerem eventos na construção que impeçam o cumprimento do prazo ou que aumentem os custos.	Atraso no cronograma; Aumento nos custos.	Contratada e Seguradora	1- Contratação integrada; 2- Seguro Risco de Engenharia; 3- Condições de habilitação.

Quais os possíveis erros ou acertos da matriz em relação à indicação dos responsáveis por cada risco elencado? A atribuição está correta? Foram respeitadas as diretrizes que a lei traz em relação ao tema?

Enfocamos aqui duas diretrizes essenciais da matriz de risco. A primeira é que a responsabilidade sobre falhas do projeto básico, especialmente sobre soluções inovadoras em relação ao que havia sido previsto no anteprojeto, deverão ser obrigatoriamente alocadas ao contratado, conforme indica o §4º do art. 22 da Lei nº 14.133/2021 e o §3º do art. 42 da Lei nº 13.303/2016. Afinal, é dele a responsabilidade pela elaboração do projeto básico.

O segundo ponto de enfoque da questão, que se relaciona também com o primeiro, diz respeito à alocação mais eficiente dos riscos, ou seja, cada risco deve ser alocado ao ator que tenha melhores condições de tratá-lo. Essa é a diretriz do §1º do art. 22 da Lei nº 14.133/2021. No caso das desapropriações, por exemplo, é o poder público, e não a construtora, que detém melhores condições de realizar e gerir o processo de desapropriações.

Por isso, esse risco não deveria ser alocado à contratada, sob pena de tornar ineficiente o processo, pelo aumento excessivo dos custos, uma vez que esse trabalho adicional deverá ser incluído no preço da obra. Além disso, em casos extremos, esse tipo de alocação de risco pode até inviabilizar o empreendimento, dadas as possíveis limitações de ordem prática como a necessidade de interagir com diversos órgãos e de adotar medidas que extrapolam o alcance e a competência da construtora.

Em resumo, o primeiro risco apresentado na matriz deveria ficar sob responsabilidade da contratada, o segundo sob responsabilidade da contratante, e o terceiro está com a alocação adequada.

Por fim, é interessante notar como as medidas mitigadoras ilustram situações práticas que, de fato, ajudam a prevenir a ocorrência daqueles riscos.

5.22 Teste seu conhecimento

I. Acerca das novidades trazidas pela Lei nº 14.133/2021, assinale a alternativa INCORRETA.

A) A Lei nº 14.133, de 1º de abril de 2021, substituirá a Lei de Licitações e Contratos (nº 8.666/1993), a Lei do Pregão (nº 10.520/2002) e a Lei do Regime Diferenciado de Contratações – RDC (nº 12.462/2011).

B) As contratações nas empresas estatais adotarão a Lei nº 14.133/2021 em substituição à Lei nº 13.303/2016, conhecida como Lei das Estatais.

C) As licitações serão realizadas preferencialmente sob a forma eletrônica, admitida a utilização da forma presencial, desde que motivada, devendo a sessão pública ser registrada em ata e gravada em áudio e vídeo.

D) Na nova legislação, a regra para definição dos prazos mínimos para apresentação das propostas é definida em função das características do objeto a ser contratado e não mais pela modalidade a ser adotada.

II. Acerca do planejamento de uma contratação, julgue Verdadeiro ou Falso cada item a seguir.

A) Uma obra somente pode ser contratada após o gestor garantir que o empreendimento conta com previsão orçamentária suficiente na Lei Orçamentária Anual.

B) Caso o prazo para conclusão da obra a ser licitada ultrapasse mais de um ano, não é necessário que a obra esteja prevista no Plano Plurianual (PPA).

C) A Lei de Diretrizes Orçamentárias (LDO) federal não traz nenhuma regra a ser seguida em licitações e contratos de obras públicas financiadas com recursos federais.

D) A Lei de Responsabilidade Fiscal (LRF) exige que as prefeituras priorizem recursos para a conclusão de obras em andamento e a conservação do patrimônio público, sendo que somente após garantidos esses recursos é que podem ser iniciados novos empreendimentos.

III. Sobre as fases da licitação tratadas na Lei nº 14.133/2021, julgue Verdadeiro ou Falso cada item a seguir.

A) A Lei nº 14.133/2021 estabelece uma sequência de fases que deve ser obedecida no processo de licitação.
B) Assim como na Lei nº 8.666/1993, na Lei nº 14.133/2021 há duas fases principais, a interna e a externa.
C) A Lei nº 14.133/2021, assim como a Lei nº 13.303/2016, detalha cada uma das diversas fases de um procedimento licitatório.
D) A fase preparatória do processo licitatório é caracterizada pelo planejamento e deve compatibilizar-se com o plano de contratações anual, sempre que elaborado, e com as leis orçamentárias, bem como abordar todas as considerações técnicas, mercadológicas e de gestão que possam interferir na contratação.

IV. Acerca dos aspectos relacionados aos agentes públicos que desempenham funções relacionadas às licitações, julgue Verdadeiro ou Falso cada item a seguir.

A) A Lei nº 14.133/2021 não traz nenhuma regra quanto à escolha dos agentes públicos designados para atuar nas licitações.
B) O agente de contratação não precisa ser servidor efetivo ou empregado público dos quadros permanentes da Administração Pública.
C) Nas licitações que envolvam bens ou serviços especiais, o agente de contratação poderá ser substituído por comissão de contratação formada por no mínimo três membros.
D) O agente de contratação será auxiliado por equipe de apoio e responderá individualmente pelos atos que praticar, salvo quando induzido a erro pela atuação da equipe.

V. Sobre as modalidades de licitação previstas na Lei nº 14.133/2021, assinale a alternativa INCORRETA.

A) A Lei nº 14.133/2021 prevê cinco modalidades de licitação: Concorrência, Concurso, Leilão, Pregão e Diálogo Competitivo.
B) É permitido combinar as regras de diferentes modalidades quando for licitado um objeto especial.

C) A Concorrência é a modalidade de licitação indicada para a contratação de bens e serviços especiais e de obras e serviços comuns e especiais de engenharia.
D) Na Lei nº 14.133/2021, o valor da contratação deixou de ser um critério utilizado para definir a modalidade de licitação.

VI. Sobre o uso do Pregão, julgue Verdadeiro ou Falso cada item a seguir.

A) O Pregão é a modalidade de licitação obrigatória para aquisição de bens e serviços comuns cujo critério de julgamento poderá ser o de menor preço ou o de maior desconto.
B) Serviços técnicos especializados, como os serviços comuns de engenharia, não podem ser contratados por Pregão.
C) No Pregão, há um prazo reduzido para apresentação de propostas, o que permite uma licitação mais célere.
D) O Pregão deve seguir a regra geral da Lei nº 14.133/2021, que prevê que os atos serão preferencialmente digitais, de forma a permitir que sejam produzidos, comunicados, armazenados e validados por meio eletrônico.

VII. Sobre o Diálogo Competitivo, assinale a assertiva INCORRETA.

A) O Diálogo Competitivo é uma modalidade de licitação para contratação de obras, serviços e compras em que a Administração Pública realiza diálogos com licitantes, com o intuito de desenvolver uma ou mais alternativas capazes de atender às suas necessidades, devendo os licitantes apresentar proposta final após o encerramento dos diálogos.
B) O uso do Diálogo Competitivo permite que a Administração obtenha propostas para a contratação de uma solução pré-definida e não depende de uma situação que exija inovação tecnológica ou técnica.
C) A opção pelo Diálogo Competitivo começa nos estudos técnicos preliminares, quando não é possível identificar a solução que melhor atende à necessidade da Administração Pública, tampouco é possível descrever essa solução como um todo e as respectivas exigências de manutenção e assistência técnica.
D) No caso do diálogo competitivo, a licitação deve ser conduzida por comissão de contratação composta de pelo menos três servidores efetivos ou empregados públicos pertencentes aos quadros

permanentes da Administração, admitida a contratação de profissionais para assessoramento técnico da comissão.

VIII. A respeito dos modos de disputa que podem ser utilizados numa licitação, julgue Verdadeira ou Falsa cada assertiva a seguir.

A) A Lei nº 14.133/2021 prevê os modos de disputa aberto, fechado e a combinação entre os dois.
B) O modo de disputa fechado pode ser utilizado de forma isolada quando adotados os critérios de julgamento de menor preço ou de maior desconto.
C) O modo de disputa aberto ocorre quando os licitantes ofertam lances públicos e sucessivos.
D) A combinação entre os modos de disputa aberto e fechado não pode acontecer por não haver previsão legal.

IX. Acerca dos critérios de julgamento, assinale a assertiva INCORRETA.

A) Na Lei nº 14.133/2021, os critérios de julgamento são o que era conhecido como Tipo de Licitação na Lei nº 8.666/1993 e, em boa medida, incorporam os critérios de julgamento da Lei do RDC e se assemelham aos critérios de julgamento da Lei das Estatais.
B) No julgamento por maior desconto, é possível que sejam ofertados descontos diferenciados entre os serviços da planilha orçamentária.
C) Os critérios de julgamento são os seguintes: menor preço; melhor técnica ou conteúdo artístico; técnica e preço; maior retorno econômico; maior desconto; e maior lance.
D) O julgamento por maior retorno econômico, utilizado exclusivamente para a celebração de contrato de eficiência, considerará a maior economia para a Administração, e a remuneração deverá ser fixada em percentual que incidirá de forma proporcional à economia efetivamente obtida na execução do contrato.

X. Sobre os regimes de execução, julgue Verdadeira ou Falsa cada assertiva a seguir.

A) Os regimes de como se dão a contratação e a execução de obras e serviços de engenharia são chamados de regimes de execução.
B) A empreitada por preço unitário ocorre quando a execução da obra é contratada por um preço certo e total, ocasião em que, devido a

características próprias da obra, não se espera haver variação dos quantitativos contratados e a medição será feita por etapas.
C) A escolha do regime de execução não impacta na forma de fiscalizar e medir os serviços da obra.
D) No regime de fornecimento e prestação de serviço associado, além da construção do objeto, o contratado é responsável por sua operação ou manutenção por tempo determinado.

XI. Sobre os critérios de julgamento que avaliam o aspecto técnico, julgue Verdadeira ou Falsa cada assertiva a seguir.

A) O julgamento por melhor técnica ou conteúdo artístico considerará exclusivamente as propostas técnicas ou artísticas apresentadas pelos licitantes, e o edital deverá definir o prêmio ou a remuneração que será atribuída aos vencedores.
B) Na Lei nº 14.133/2021, foi definido que é possível a ponderação de até 80% para a proposta técnica (ou seja, no mínimo 20% para preço).
C) O julgamento por técnica e preço considerará a maior pontuação obtida a partir da ponderação, segundo fatores objetivos previstos no edital, das notas atribuídas aos aspectos de técnica e de preço da proposta.
D) O julgamento por técnica e preço pode ser utilizado quando o estudo técnico preliminar não demonstrar que a avaliação e a ponderação da qualidade técnica das propostas que superarem os requisitos mínimos estabelecidos no edital forem relevantes aos fins pretendidos pela Administração.

XII. Sobre o regime de execução de empreitada por preço unitário, assinale a alternativa INCORRETA.

A) A empreitada por preço unitário consiste na execução da obra ou do serviço por preço certo de unidades determinadas e essa sistemática não pode ser adotada em nenhum outro regime, com exceção do fornecimento e da prestação de serviço associado.
B) A empreitada por preço unitário não é o regime mais indicado para obras cujos serviços e quantitativos não puderem ser definidos com a precisão necessária à medição por etapas.
C) Sempre que for constatada a falta de serviços ou quantitativos na planilha orçamentária de uma empreitada por preço unitário, deve

ser celebrado aditivo para permitir a medição e o pagamento ao contratado.
D) Nos regimes de empreitada integral, tarefa, contratação integrada e contratação semi-integrada, a lógica de medição deve ser a mesma da empreitada por preço global.

XIII. Sobre o regime de execução de empreitada por preço global, julgue Verdadeira ou Falsa cada assertiva a seguir.

A) O regime de empreitada por preço global exige um detalhamento completo de todos os componentes da obra, a fim de que haja incerteza mínima na estimativa dos serviços necessários e nos seus quantitativos.
B) Nas empreitadas por preço global, deve ser adotada sistemática de remuneração orientada por preços unitários ou referenciada pela execução de quantidades de itens unitários.
C) A celebração de aditivos para acréscimos à planilha orçamentária segue as mesmas considerações tanto na empreitada por preço unitário quanto na empreitada por preço global.
D) Nos regimes de empreitada integral, tarefa, contratação integrada e contratação semi-integrada, a lógica de medição deve ser a mesma da empreitada por preço global.

XIV. Sobre o regime de execução da contratação integrada, julgue Verdadeira ou Falsa cada assertiva a seguir.

A) Num contrato firmado sob o regime de contratação integrada, a empresa contratada fica responsável pela elaboração dos projetos básicos e executivos, pela execução da obra e pela realização de testes; em suma, quase todas as etapas necessárias e suficientes para a entrega final do objeto ficam sob a responsabilidade da contratada.
B) No caso de uma licitação realizada no regime de contratação integrada, o edital não precisa conter nenhuma caracterização da obra ou do serviço.
C) O anteprojeto de uma licitação realizada no regime de contratação integrada pode ser constituído por simples croquis e esboços arquitetônicos, sem necessidade de demonstrar a qual demanda se destina a obra a ser executada.
D) A legislação prevê que os orçamentos das obras licitadas pelo regime de contratação integrada poderão se valer de metodologia expedita ou paramétrica e de avaliação aproximada baseada em outras

contratações similares apenas nas parcelas do empreendimento não suficientemente detalhadas no anteprojeto.

XV. Sobre o regime de execução da contratação semi-integrada, julgue Verdadeira ou Falsa cada assertiva a seguir.

A) Num contrato firmado sob o regime de contratação semi-integrada, a empresa contratada é responsável por elaborar e desenvolver o projeto executivo, executar obras e serviços de engenharia, fornecer bens ou prestar serviços especiais e realizar montagem, teste, pré-operação e as demais operações necessárias e suficientes para a entrega final do objeto.
B) Não há limitação para a celebração de aditivos que alterem o valor contratual de uma contratação semi-integrada.
C) Na licitação de uma contratação semi-integrada, é dispensada a elaboração do projeto básico e permitido o uso de anteprojeto.
D) As empresas estatais devem utilizar a contratação semi-integrada como regra; qualquer outro regime somente deve ser adotado mediante as devidas justificativas.

XVI. Sobre as possibilidades de alteração do valor contratual nas contratações integradas e semi-integradas, julgue Verdadeira ou Falsa cada assertiva a seguir.

A) É permitido alterar o valor contratual para restabelecimento do equilíbrio econômico-financeiro decorrente de caso fortuito ou força maior tanto nas contratações integradas quanto nas semi-integradas.
B) Erros ou omissões por parte do contratado podem, desde que devidamente justificados, dar causa a alterações do valor contratual.
C) Se um evento não estiver alocado na matriz de risco, suas consequências devem ser suportadas pela Administração.
D) O valor contratual pode ser modificado por necessidade de alteração do projeto básico nas contratações semi-integradas.

XVII. Uma prefeitura municipal deseja licitar a obra de uma escola por meio do regime de execução de empreitada por preço global, em virtude de esse regime facilitar o trabalho de fiscalização do contrato. Contudo, o setor técnico de engenharia da prefeitura tem dúvidas quanto à qualidade do projeto, pois foram encontradas diversas inconsistências quando feitas comparações entre os desenhos, os memoriais descritivos, as especificações técnicas e a planilha orçamentária. Considerando essa situação, assinale a alternativa correta.

A) A prefeitura deve lançar a licitação com o projeto no estado em que se encontra, pois, como o regime adotado é por "preço certo e total", a má qualidade do projeto não afetará a obra.
B) A prefeitura deve ter cautela e não lançar a licitação com o projeto no estado em que se encontra; antes disso, o projeto deve ser inteiramente reanalisado até que ele esteja consistente e contenha tudo o que a legislação exige.
C) A prefeitura deve lançar a licitação e esperar que os licitantes façam impugnações quanto ao projeto falho.
D) A prefeitura deve trocar o regime de execução para empreitada por preço unitário e lançar a licitação com o projeto no estado em que se encontra.

XVIII. Uma prefeitura municipal deseja lançar uma licitação com o regime de contratação integrada para contratar a obra de um hospital público. Considerando essa situação, assinale a alternativa correta.

A) A prefeitura poderá lançar o edital sem que a obra conte pelo menos com um anteprojeto.
B) O anteprojeto da obra, a ser incluído no edital, deverá demonstrar, de forma clara, quais as principais diretrizes que nortearão a elaboração do projeto básico.
C) A licitação desse hospital, caso seja lançada no regime de contratação integrada, precisará contar com orçamento sintético para todo o conjunto da obra.
D) O orçamento base da licitação deverá ser tornado público juntamente com o edital para todos os licitantes.

XIX. Seu superior hierárquico informou que pretende contratar uma obra de reforma estimada em R$70 mil. Sobre as possibilidades de contratação dessa obra por dispensa de licitação, marque a única assertiva INCORRETA:

A) Caso a contratante seja uma empresa estatal, será possível fazer a contratação direta, pois, nesse caso, a regra para dispensa de licitação refere-se apenas ao valor do contrato.
B) Para que o órgão público possa contratar uma obra por dispensa de licitação, deverá ser avaliado o valor estimado em relação ao

somatório do que foi contratado por dispensa, no mesmo exercício financeiro, pela respectiva unidade gestora.
C) Para que o órgão público possa contratar uma obra por dispensa de licitação, deverá ser avaliado o valor estimado em relação ao somatório da despesa realizada com objetos de mesma natureza, entendidos como tais aqueles relativos a contratações no mesmo ramo de atividade.
D) O fato de o valor previsto estar abaixo do limite legal para obras, que é de R$100 mil, é suficiente para que a obra possa ser contratada por meio de dispensa de licitação, tanto por órgãos da Administração direta como pelas empresas estatais.

XX. A Secretaria Municipal de Obras Públicas de um determinado município pretende lançar um edital de licitação, com base na Lei nº 14.133/2021, para contratar a execução de uma rede de saneamento. O edital foi apontado como restritivo pela Assessoria Jurídica da prefeitura, em virtude de exigir o que segue:

a) atestados de capacidade técnico-operacional com quantitativos acima de 50% do estimado para a obra;
b) que todos os serviços nos quais se requer experiência da empresa estejam incluídos em um único atestado; e
c) atestados de capacidade técnico-operacional referentes a serviços sem relevância financeira na obra, embora sejam tecnicamente relevantes.

Considerando essa situação, assinale a alternativa INCORRETA:
A) A Secretaria Municipal de Obras Públicas deve corrigir as cláusulas apontadas como restritivas pela Assessoria Jurídica, com exceção da terceira, que não é considerada uma irregularidade à luz da Lei nº 14.133/2021. Somente feito isso, a prefeitura poderá publicar o edital de forma regular.
B) Apenas reduzir o quantitativo exigido para um percentual inferior a 50% do previsto na obra a ser contratada não é suficiente para tornar regular a exigência. É necessário que o edital justifique por que os serviços devem ser exigidos, ou seja, indique por quais motivos foram caracterizados como parcelas de maior relevância.
C) Se quiser ajustar o edital em relação ao item "b", sem comprometer excessivamente o critério de seleção, a prefeitura pode retirar a exigência de comprovação por meio de um único atestado e incluir a exigência de que os atestados apresentados se refiram a serviços

executados em um período igual ao previsto para a execução da obra a ser contratada.
D) A Secretaria Municipal de Obras Públicas pode exigir atestados referentes a serviços sem relevância financeira na obra, desde que eles sejam tecnicamente relevantes.

XXI. A Secretaria Municipal de Educação está planejando lançar a licitação da obra de uma creche municipal. O principal problema é que o terreno destinado para a construção da obra localiza-se numa encosta bastante inclinada, que necessitará de muito trabalho de terraplenagem. Por isso, a Secretaria de Educação entendeu que seria pertinente incluir cláusula de obrigatoriedade de realização de visita técnica ao local, por parte dos licitantes, e indicou data e horário específicos para essa visita.
Nessa situação, assinale a alternativa correta:
A) O edital está restritivo, já que não previu a possibilidade de substituição da vistoria por declaração formal assinada pelo responsável técnico do licitante acerca do conhecimento pleno das condições e peculiaridades da contratação.
B) O edital não está restritivo, uma vez que não foi marcada visita técnica com todos os licitantes simultaneamente.
C) O edital não está restritivo, já que as condições do terreno justificam a exigência de realizar visita técnica.
D) É mais seguro exigir visita técnica na licitação, evitando que o futuro contratado venha solicitar aditivos contratuais sob a alegação de que desconhecia o terreno. Por isso, não deve ser prevista a opção de que o licitante substitua o termo de vistoria por declaração de que conhece plenamente as condições e peculiaridades da contratação.

XXII. O pagamento à construtora por materiais estocados na obra, antes de sua utilização em serviços, é o chamado pagamento por material posto na obra. Sobre esse tema, indique a alternativa correta.
A) O pagamento por material posto na obra não é recomendado, pois submete a Administração Pública a riscos e prejuízos, como no caso de a contratada abandonar a obra sem concluir os serviços referentes à aplicação daqueles materiais já pagos.
B) A Nova Lei de Licitações não proíbe expressamente o pagamento por material posto na obra. Por essa razão, o pagamento por material posto na obra pode ser feito indiscriminadamente.

C) O pagamento por material posto na obra é uma modalidade recomendável de critério de medição e pagamento.

D) Esse tipo de pagamento é cabível quando a empresa contratada precisa ser capitalizada para executar a obra.

XXIII. Sabemos que a matriz de riscos é um importante instrumento, pois propicia maior segurança jurídica ao contrato, contribui para a melhor elaboração das propostas pelas licitantes e ainda reduz conflitos entre as partes durante a execução dos contratos.
Em relação à matriz de riscos, julgue Verdadeira ou Falsa as alternativas a seguir.

A) Uma das formas de se representar uma matriz de riscos é por meio de uma tabela, na qual deverão constar situações que podem acontecer ao longo da obra (eventos de risco) e quem será o responsável pela solução, caso a situação ocorra.

B) Na Lei das Estatais apenas contratações integradas e semi-integradas são obrigadas a adotar a matriz de riscos em seus editais.

C) Obras no regime de contratação semi-integrada são obrigadas a prever, em seus editais, a matriz de alocação de riscos entre contratante e contratado.

D) A matriz de riscos somente deve ser incluída nos editais de obras de grande vulto ou contratadas em regime de contratação integrada ou semi-integrada, nos demais casos os editais não precisam trazer essa matriz.

XXIV. Em relação às obras de grande vulto, é INCORRETO afirmar:

A) O valor de referência atualizado para obra de grande vulto é de R$200 milhões.

B) A implantação de programa de integridade é obrigatória para obras de grande vulto e deve ser realizada no prazo de seis meses.

C) Poderá ser exigido seguro-garantia para obras de grande vulto em valor equivalente a até 30% do valor inicial do contrato.

D) O edital poderá prever a obrigação de a seguradora, no caso de seguro-garantia, assumir a execução do contrato e concluir a obra, caso a contratada não consiga fazê-lo.

XXV. Em relação aos prazos previstos na Lei nº 14.133/2021, indique se a afirmação é Verdadeira ou Falsa.

A) Assim como ocorria na Lei nº 8.666/1993, na Lei nº 14.133/2021, os prazos da licitação são contados em dias corridos.
B) O prazo mínimo entre a data de divulgação do edital e a de apresentação das propostas varia de acordo com algumas características como, por exemplo, o critério de julgamento ou o tipo de objeto a ser contratado (fornecimento, obra, serviço especial ou comum). No caso de obras, pode variar entre 10 e 60 dias úteis.
C) O edital de contratação de uma obra de pequena complexidade pode prever um prazo de 30 dias entre a publicação do edital e a apresentação das propostas.
D) O edital de contratação de uma obra de baixíssima complexidade pode prever um prazo de 5 dias entre a publicação do edital e a apresentação das propostas.

XXVI. Em relação ao Sistema de Registro de Preços para obras e serviços de engenharia, indique a alternativa INCORRETA:

A) A NLL prevê, expressamente, a possibilidade de registro de preços para obras e serviços de engenharia.
B) Qualquer obra pode ser licitada com uso de sistema de registro de preços.
C) Para que seja possível contratar obra por meio de sistema de registro de preços, é necessário que exista projeto padronizado.
D) Para que seja possível contratar obra por meio de sistema de registro de preços, deve ser demonstrada necessidade permanente ou frequente da obra ou serviço a ser contratado.

XXVII. Em relação à habilitação das licitantes, julgue Verdadeira ou Falsa cada assertiva a seguir:

A) Os critérios de habilitação devem ser objetivos e observar os princípios da razoabilidade e da proporcionalidade.
B) Não é adequado exigir, para fins de habilitação, comprovações de execução de serviços que não estejam previstos na obra a ser contratada.
C) A regra geral da Lei nº 14.133/2021 e da Lei nº 13.303/2016 é que a habilitação ocorra após a fase de julgamento das propostas, mas existe a possibilidade de que essas fases ocorram em ordem inversa.

D) A verificação dos documentos de habilitação deve ser feita em relação a todos os licitantes. Não há permissão para apresentação desses documentos apenas pelo licitante com a proposta mais bem classificada.

XXVIII. Sobre a matriz de riscos, é correto afirmar:

A) A matriz de riscos é mais importante para o contratado do que para o contratante, porque permite calcular melhor os riscos e os custos do contrato.
B) A matriz é mais relevante para o contratante do que para o contratado, porque deixa mais claras as situações em que a Administração Pública deve assumir os custos para solução de situações indesejadas que ocorrem durante a obra. Com isso, fica mais fácil decidir, por exemplo, sobre eventuais pedidos de aditivo da construtora contratada.
C) A Administração deve colocar o máximo de riscos possível sob responsabilidade do contratado, pois, assim, terá menos dificuldades em gerenciar o contrato e ainda evitará aditivos contratuais.
D) A matriz deve promover uma alocação equilibrada dos riscos, atribuindo, a cada uma das partes envolvidas, a responsabilidade por eventos que possam ser mais facilmente ou melhor resolvidos dentro de suas competências e de sua especialidade.

XXIX. Podem ser exigidos(as) para fins de comprovação de qualificação econômico-financeira da licitante, EXCETO:

A) Balanço patrimonial e demonstrações contábeis dos dois últimos exercícios sociais.
B) Certidão negativa de efeitos sobre falência expedida pelo distribuidor da sede do licitante.
C) Valores mínimos de faturamento anterior.
D) Relação de compromissos assumidos pelo licitante que importem em diminuição de sua capacidade econômico-financeira, excluídas parcelas já executadas de contratos firmados.

XXX. Imagine que você faz parte da equipe de apoio de uma licitação em que o agente de contratação, sabendo dos seus conhecimentos em obras, pediu seu auxílio para avaliar os preços da proposta vencedora. Sobre esse assunto, julgue os itens a seguir.

A) Para avaliação da exequibilidade e de sobrepreço, serão considerados o preço global, os quantitativos e todos os preços unitários da proposta.
B) É indevida a desclassificação de proposta de preços por violação do critério de aceitabilidade de um único preço unitário, com baixa representatividade no valor global da proposta, e quando esse valor global é mais vantajoso do que o das demais propostas.
C) A definição de critérios de aceitabilidade de preços unitários traz maior segurança para a Administração durante a execução do contrato, diminuindo o risco de desequilíbrio em caso de acréscimos de quantitativos.
D) O critério de aceitabilidade de preços unitários é um critério absoluto e deve causar a desclassificação da proposta sempre que for desrespeitado.

XXXI. Em uma licitação de obra regida pela Lei nº 14.133/2021, o valor referencial orçado pela Administração foi de R$2 milhões. As três melhores propostas apresentadas foram as seguintes: A - R$1.490.000; B - R$1.600.000; C - R$1.710.000. Sobre esse assunto, assinale a alternativa correta.

A) As propostas A e B devem ser consideradas inexequíveis, porque são inferiores a 85% do valor orçado pela Administração, sendo vencedora a proposta C.
B) Apenas a proposta A deve ser automaticamente considerada inexequível, porque é inferior a 75% do valor orçado pela Administração, sendo vencedora a proposta B.
C) A proposta B deve ser considerada vencedora de imediato, porém deverá ser exigida garantia adicional no valor de R$100 mil.
D) Antes de atestar a inexequibilidade da proposta A, a Administração deve dar oportunidade à respectiva licitante para que ela demonstre a exequibilidade de sua proposta. Somente se não houver essa demonstração, devem ser seguidos outros procedimentos.

XXXII. Julgue Verdadeira ou Falsa as alternativas a seguir, sobre a publicidade dos editais e anexos.

A) Tanto a NLL quanto a Lei das Estatais trazem, como regra, a previsão de que o orçamento da obra deve ser sigiloso, podendo ser divulgado mediante justificativas.
B) O sigilo do orçamento da obra elaborado pela Administração diz respeito ao valor global, às composições, aos preços unitários e também aos quantitativos, que somente serão conhecidos após a apresentação e o julgamento das propostas.
C) Na NLL o orçamento sigiloso é uma exceção, que deve ser justificada. Porém, mesmo nesses casos, deve ser divulgado o detalhamento dos quantitativos e das demais informações necessárias para a elaboração das propostas.
D) Quando da publicação do edital, devem ser disponibilizados todos os seus elementos, inclusive projetos e outros anexos, em sítio eletrônico oficial, podendo ser exigido registro ou identificação para acesso a essas informações.

RESPOSTAS	
Questão I:	Alternativa B
Questão II:	a) Verdadeira
	b) Falsa
	c) Falsa
	d) Verdadeira
Questão III:	a) Verdadeira
	b) Falsa
	c) Verdadeira
	d) Verdadeira
Questão IV:	a) Falsa
	b) Falsa
	c) Verdadeira
	d) Verdadeira
Questão V:	Alternativa B
Questão VI:	a) Verdadeira
	b) Falsa
	c) Falsa
	d) Verdadeira
Questão VII:	Alternativa B

RESPOSTAS	
Questão VIII:	a) Verdadeira
	b) Falsa
	c) Verdadeira
	d) Falsa
Questão IX:	Alternativa C
Questão X:	a) Verdadeira
	b) Falsa
	c) Falsa
	d) Verdadeira
Questão XI:	a) Verdadeira
	b) Falsa
	c) Verdadeira
	d) Falsa
Questão XII:	a) Verdadeira
	b) Falsa
	c) Verdadeira
	d) Verdadeira
Questão XIII:	a) Verdadeira
	b) Falsa
	c) Falsa
	d) Verdadeira
Questão XIV:	a) Verdadeira
	b) Falsa
	c) Falsa
	d) Verdadeira
Questão XV:	a) Verdadeira
	b) Falsa
	c) Falsa
	d) Verdadeira
Questão XVI:	a) Verdadeira
	b) Falsa
	c) Falsa
	d) Verdadeira
Questão XVII:	Alternativa B
Questão XVIII:	Alternativa B
Questão XIX:	Alternativa D
Questão XX:	Alternativa C

RESPOSTAS	
Questão XXI:	Alternativa A
Questão XXII:	Alternativa A
Questão XXIII:	a) Verdadeira b) Falsa c) Verdadeira d) Falsa
Questão XXIV:	Alternativa A
Questão XXV:	a) Falsa b) Verdadeira c) Verdadeira d) Falsa
Questão XXVI:	Alternativa B
Questão XXVII:	a) Verdadeira b) Verdadeira c) Verdadeira d) Falsa
Questão XXVIII:	Alternativa D
Questão XXIX:	Alternativa C
Questão XXX:	a) Falsa b) Verdadeira c) Verdadeira d) Falsa
Questão XXXI:	Alternativa D
Questão XXXII:	a) Falsa b) Falsa c) Verdadeira d) Falsa

REFERÊNCIAS

ALTOUNIAN, Cláudio Sarian. *Obras públicas, licitação, contratação, fiscalização e utilização*. 3. ed. Belo Horizonte: Fórum, 2012.

ASSOCIAÇÃO BRASILEIRA DE NORMAS TÉCNICAS. NBR 5.674/2012: Manutenção de edificações – Requisitos para o sistema de gestão de manutenção.

ASSOCIAÇÃO BRASILEIRA DE NORMAS TÉCNICAS. NBR 9.050/2015: Acessibilidade A Edificações, Mobiliário, Espaços e Equipamentos Urbanos.

ASSOCIAÇÃO BRASILEIRA DE NORMAS TÉCNICAS. NBR 12.721/2006: Critérios para avaliação de custos de construção para incorporação imobiliária e outras disposições para condomínios edilícios – procedimento.

ASSOCIAÇÃO BRASILEIRA DE NORMAS TÉCNICAS. NBR 13.531/1995: Elaboração de Projetos de Edificações – Atividades Técnicas.

ASSOCIAÇÃO BRASILEIRA DE NORMAS TÉCNICAS. NBR 13.532/1995: Elaboração de Projetos de Edificações – Arquitetura.

ASSOCIAÇÃO BRASILEIRA DE NORMAS TÉCNICAS. NBR 14.037/2011: Diretrizes para elaboração de manuais de uso, operação e manutenção das edificações – Requisitos para elaboração e apresentação dos conteúdos.

ASSOCIAÇÃO BRASILEIRA DE NORMAS TÉCNICAS. NBR 15.575/2013: Edificações Habitacionais – Desempenho.

BAETA, André Pachioni. *Curso de auditoria de obras públicas*. Tribunal de Contas da União; Brasília: TCU, Instituto Serzedello Corrêa, 2011. Módulo 1: Orçamento de obras; e Módulo 2: Auditoria do orçamento de obras.

BAETA, André Pachioni. *Orçamento e controle de preços de obras públicas*. São Paulo: Pini, 2012.

BRASIL. *Fundo Nacional de Desenvolvimento da Educação. Programa Proinfância – Perguntas frequentes*. Disponível em: http://www.fnde.gov.br/programas/proinfancia/perguntas-frequentes. Acesso em: 21 dez. 2022.

BRASIL. Decreto-Lei nº 4.657, de 4 de setembro de 1942. Lei de Introdução às normas do Direito Brasileiro. *Diário Oficial [da República Federativa do Brasil]*, Brasília, DF, 9 set. 1942, retificado em 8 out. 1942 e retificado em 17 jun. 1943. Disponível em: https://www.planalto.gov.br/ccivil_03/decreto-lei/del4657.htm. Acesso em: 21 dez. 2022.

BRASIL. Decreto nº 5.296, de 2 de dezembro de 2004. Regulamenta as Leis nºs 10.048, de 8 de novembro de 2000, que dá prioridade de atendimento às pessoas que especifica, e 10.098, de 19 de dezembro de 2000, que estabelece normas gerais e critérios básicos para a promoção da acessibilidade das pessoas portadoras de deficiência ou com mobilidade reduzida, e dá outras providências. *Diário Oficial [da República Federativa do Brasil]*, Brasília, DF, 3 dez. 2004. Disponível em: http://www.planalto.gov.br/ccivil_03/_Ato2004-2006/2004/Decreto/D5296.htm. Acesso em: 21 dez. 2022.

BRASIL. Decreto nº 6.170, de 25 de julho de 2007. Dispõe sobre as normas relativas às transferências de recursos da União mediante convênios e contratos de repasse, e dá outras providências. *Diário Oficial [da República Federativa do Brasil]*, Brasília, DF, 26 jul. 2007, retificado em 14 set. 2007. Disponível em: https://www.planalto.gov.br/ccivil_03/_ato2007-2010/2007/decreto/d6170.htm. Acesso em: 21 dez. 2022.

BRASIL. Decreto nº 7.983, de 8 de abril de 2013. Estabelece regras e critérios para elaboração do orçamento de referência de obras e serviços de engenharia, contratados e executados com recursos dos orçamentos da União, e dá outras providências. *Diário Oficial [da República Federativa do Brasil]*, Brasília, DF, 9 abr. 2013. Disponível em: http://www.planalto.gov.br/ccivil_03/_Ato2011-2014/2013/Decreto/D7983.htm. Acesso em: 21 dez. 2022.

BRASIL. *Instrução Normativa nº 1 da Secretaria do Tesouro Nacional*, de 15 de janeiro de 1997. Disciplina a celebração de convênios de natureza financeira que tenham por objeto a execução de projetos ou realização de eventos e dá outras providências. Disponível em: https://www.gov.br/sudene/pt-br/centrais-de-conteudo/in0011997-pdf. Acesso em: 9 set. 2022.

BRASIL. *Instrução Normativa nº 1 da Secretaria de Logística e Tecnologia da Informação – SLTI*, de 19 de janeiro de 2010. Dispõe sobre os critérios de sustentabilidade ambiental na aquisição de bens, contratação de serviços ou obras pela Administração Pública Federal direta, autárquica e fundacional. Disponível em: file:///C:/Users/Mariana/Downloads/INSTRUCAO%20NORMATIVA%20N.%2001%20de%202010%20-%20Compras%20Sustentav%20(1).pdf. Acesso em: 21 dez. 2022.

BRASIL. *Instrução Normativa nº 2 do Ministério do Planejamento*, de 24 de janeiro de 2018. Estabelece regras e diretrizes para a execução de contrato de prestação de serviço a ser celebrado entre órgãos e entidades da administração pública federal e instituições financeiras oficiais federais, para atuação como Mandatárias da União, na gestão operacional de contratos de repasse, nos termos do Decreto 6.170, de 25 de julho de 2007. Disponível em: https://www.gov.br/plataformamaisbrasil/pt-br/legislacao-geral/instrucoes-normativas/instrucao-normativa-mp-no-2-de-24-de-janeiro-de-2018. Acesso em: 9 set. 2022

BRASIL. *Instrução Normativa nº 58 da Secretaria Especial de Desburocratização, Gestão e Governo Digital/Secretaria de Gestão*, de 8 de agosto de 2022. Dispõe sobre a elaboração dos Estudos Técnicos Preliminares – ETP, para a aquisição de bens e a contratação de serviços e obras, no âmbito da Administração Pública federal direta, autárquica e fundacional, e sobre o Sistema ETP digital. Disponível em: https://www.gov.br/compras/pt-br/acesso-a-informacao/legislacao/instrucoes-normativas/instrucao-normativa-seges-no-58-de-8-de-agosto-de-2022#:~:text=AGOSTO%20DE%202022-,INSTRU%C3%87%C3%83O%20NORMATIVA%20SEGES%20N%C2%BA%2058%2C%20DE%208%20DE%20AGOSTO%20DE,sobre%20o%20Sistema%20ETP%20digital. Acesso em: 9 set. 2022.

BRASIL. *Instrução Normativa nº 73 da Secretaria Especial de Desburocratização, Gestão e Governo Digital/Secretaria de Gestão*, de 5 de agosto de 2020. Dispõe sobre o procedimento administrativo para a realização de pesquisa de preços para a aquisição de bens e contratação de serviços em geral, no âmbito da Administração Pública federal direta, autárquica e fundacional. Disponível em: https://www.in.gov.br/en/web/dou/-/instrucao-normativa-n-73-de-5-de-agosto-de-2020-270711836. Acesso em: 12 set. 2020.

BRASIL. Lei nº 4.150, de 21 de novembro de 1962. Institui o regime obrigatório de preparo e observância das normas técnicas nos contratos de obras e compras do serviço público de execução direta, concedida, autárquica ou de economia mista, através da Associação

Brasileira de Normas Técnicas e dá outras providências. *Diário Oficial [da República Federativa do Brasil]*, Brasília, DF, 11 jan. 1963. Disponível em: http://www.planalto.gov.br/ccivil_03/LEIS/1950-1969/L4150.htm. Acesso em: 18 mar. 2019.

BRASIL. Lei nº 4.591, de 16 de dezembro de 1964. Dispõe sobre o condomínio em edificações e as incorporações imobiliárias. *Diário Oficial [da República Federativa do Brasil]*, Brasília, DF, 21 dez. 1964; retificado em 1 fev. 1965. Disponível em: https://www.planalto.gov.br/ccivil_03/LEIS/L4591.htm. Acesso em: 11 ago. 2022.

BRASIL. Lei nº 5.914, de 24 de dezembro de 1966. Regula o exercício das profissões de Engenheiro, Arquiteto e Engenheiro-Agrônomo, e dá outras providências. *Diário Oficial [da República Federativa do Brasil]*, Brasília, DF, 24 abr. 1967. Disponível em: http://www.planalto.gov.br/ccivil_03/leis/L5194.htm. Acesso em: 21 dez. 2022.

BRASIL. Lei nº 6.496, de 7 de dezembro de 1977. Institui a "Anotação de Responsabilidade Técnica" na prestação de serviços de engenharia, de arquitetura e agronomia; autoriza a criação, pelo Conselho Federal de Engenharia, Arquitetura e Agronomia – CONFEA, de uma Mútua de Assistência Profissional; e dá outras providências. *Diário Oficial [da República Federativa do Brasil]*, Brasília, DF, 9 dez. 1977. Disponível em: http://www.planalto.gov.br/ccivil_03/leis/L6496.htm. Acesso em: 18 mar. 2019.

BRASIL. Lei nº 6.938, de 31 de agosto de 1981. Dispõe sobre a Política Nacional do Meio Ambiente, seus fins e mecanismos de formulação e aplicação, e dá outras providências. *Diário Oficial [da República Federativa do Brasil]*, Brasília, DF, 2 set. 1981. Disponível em: http://www.iap.pr.gov.br/arquivos/File/Legislacao_ambiental/Legislacao_federal/LEIS/LEI_FEDERAL_6938%20.pdf. Acesso em: 22 dez. 2022.

BRASIL. Lei nº 8.666, de 21 de junho de 1993. Regulamenta o art. 37, inciso XXI, da Constituição Federal, institui normas para licitações e contratos da Administração Pública e dá outras providências. *Diário Oficial [da República Federativa do Brasil]*, Brasília, DF, 22 jun. 1993; republicado em 6 jul. 1994 e retificado em 6 jul. 1994. Disponível em: http://www.planalto.gov.br/ccivil_03/leis/L8666cons.htm. Acesso em: 21 dez. 2022.

BRASIL. Lei nº 9.605, de 12 de fevereiro de 1998. Dispõe sobre as sanções penais e administrativas derivadas de condutas e atividades lesivas ao meio ambiente, e dá outras providências. *Diário Oficial [da República Federativa do Brasil]*, Brasília, DF, 13 fev. 1998; retificado em 17 fev. 1998. Disponível em: http://www.planalto.gov.br/ccivil_03/leis/L9605.htm. Acesso em: 22 dez. 2022.

BRASIL. Lei nº 10.048, de 8 de novembro de 2000. Dá prioridade de atendimento às pessoas que especifica, e dá outras providências. *Diário Oficial [da República Federativa do Brasil]*, Brasília, DF, 9 nov. 2000. Disponível em: http://www.planalto.gov.br/ccivil_03/leis/L10048.htm. Acesso em: 22 dez. 2022.

BRASIL. Lei nº 10.098, de 19 de dezembro de 2000. Estabelece normas gerais e critérios básicos para a promoção da acessibilidade das pessoas portadoras de deficiência ou com mobilidade reduzida, e dá outras providências. *Diário Oficial [da República Federativa do Brasil]*, Brasília, DF, 20 dez. 2000. Disponível em: http://www.planalto.gov.br/ccivil_03/leis/L10098.htm. Acesso em: 22 dez. 2022.

BRASIL. Lei nº 10.520, de 17 de julho de 2002. Institui, no âmbito da União, Estados, Distrito Federal e Municípios, nos termos do art. 37, inciso XXI, da Constituição Federal, modalidade de licitação denominada pregão, para aquisição de bens e serviços comuns, e dá outras providências. *Diário Oficial [da República Federativa do Brasil]*, Brasília, DF, 18 jul. 2002; retificado em 30 jul. 2002. Disponível em: http://www.planalto.gov.br/ccivil_03/leis/2002/L10520.htm. Acesso em: 21 dez. 2022.

BRASIL. Lei nº 11.578, de 26 de novembro de 2007. Dispõe sobre a transferência obrigatória de recursos financeiros para a execução pelos Estados, Distrito Federal e Municípios de ações do Programa de Aceleração do Crescimento – PAC, e sobre a forma de operacionalização do Programa de Subsídio à Habitação de Interesse Social – PSH nos exercícios de 2007 e 2008. *Diário Oficial [da República Federativa do Brasil]*, Brasília, DF, 27 nov. 2007. Disponível em: http://www.planalto.gov.br/ccivil_03/_ato2007-2010/2007/lei/l11578.htm. Acesso em: 9 set. 2022.

BRASIL. Lei nº 11.768, de 14 de agosto de 2008. Dispõe sobre as diretrizes para a elaboração e execução da Lei Orçamentária de 2009 e dá outras providências. *Diário Oficial [da República Federativa do Brasil]*, Brasília, DF, 15 ago. 2008. Disponível em: http://www.planalto.gov.br/ccivil_03/_Ato2007-2010/2008/Lei/L11768.htm. Acesso em: 22 dez. 2022.

BRASIL. Lei nº 12.349, de 15 de dezembro de 2010. Altera as Leis nºs 8.666, de 21 de junho de 1993, 8.958, de 20 de dezembro de 1994, e 10.973, de 2 de dezembro de 2004; e revoga o §1º do art. 2º da Lei nº 11.273, de 6 de fevereiro de 2006. *Diário Oficial [da República Federativa do Brasil]*, Brasília, DF, 16 dez. 2010. Disponível em: http://www.planalto.gov.br/ccivil_03/_Ato2007-2010/2010/Lei/L12349.htm. Acesso em: 22 dez. 2022.

BRASIL. Lei nº 12.462, de 5 de agosto de 2011. Institui o Regime Diferenciado de Contratações Públicas – RDC; altera a Lei nº 10.683, de 28 de maio de 2003, que dispõe sobre a organização da Presidência da República e dos Ministérios, a legislação da Agência Nacional de Aviação Civil (Anac) e a legislação da Empresa Brasileira de Infraestrutura Aeroportuária (Infraero); cria a Secretaria de Aviação Civil, cargos de Ministro de Estado, cargos em comissão e cargos de Controlador de Tráfego Aéreo; autoriza a contratação de controladores de tráfego aéreo temporários; altera as Leis nºs 11.182, de 27 de setembro de 2005, 5.862, de 12 de dezembro de 1972, 8.399, de 7 de janeiro de 1992, 11.526, de 4 de outubro de 2007, 11.458, de 19 de março de 2007, e 12.350, de 20 de dezembro de 2010, e a Medida Provisória nº 2.185-35, de 24 de agosto de 2001; e revoga dispositivos da Lei nº 9.649, de 27 de maio de 1998. *Diário Oficial [da República Federativa do Brasil]*, Brasília, DF, 5 ago. 2011; edição extra e retificada em 10 ago. 2011. Disponível em: http://www.planalto.gov.br/ccivil_03/_Ato2011-2014/2011/Lei/L12462.htm. Acesso em: 21 dez. 2022.

BRASIL. Lei nº 12.651, de 25 de maio de 2012. Dispõe sobre a proteção da vegetação nativa; altera as Leis nºs 6.938, de 31 de agosto de 1981, 9.393, de 19 de dezembro de 1996, e 11.428, de 22 de dezembro de 2006; revoga as Leis nºs 4.771, de 15 de setembro de 1965, e 7.754, de 14 de abril de 1989, e a Medida Provisória nº 2.166-67, de 24 de agosto de 2001; e dá outras providências. *Diário Oficial [da República Federativa do Brasil]*, Brasília, DF, 28 mai. 2012. Disponível em: https://www.planalto.gov.br/ccivil_03/_Ato2011-2014/2012/Lei/L12651.htm#art83. Acesso em: 21 dez. 2022.

BRASIL. Lei nº 13.303, de 30 de junho de 2016. Dispõe sobre o estatuto jurídico da empresa pública, da sociedade de economia mista e de suas subsidiárias, no âmbito da União, dos Estados, do Distrito Federal e dos Municípios. *Diário Oficial [da República Federativa do Brasil]*, Brasília, DF, 1º jul. 2016. Disponível em: http://www.planalto.gov.br/ccivil_03/_ato2015-2018/2016/lei/l13303.htm#:~:text=LEI%20N%C2%BA%2013.303%2C%20DE%2030%20DE%20JUNHO%20DE%202016.&text=Disp%C3%B5e%20sobre%20o%20estatuto%20jur%C3%ADdico,Distrito%20Federal%20e%20dos%20Munic%C3%ADpios.&text=Art. Acesso em: 21 dez. 2022.

BRASIL. Lei nº 13.655, de 25 de abril de 2018. Inclui no Decreto-Lei nº 4.657, de 4 de setembro de 1942 (Lei de Introdução às Normas do Direito Brasileiro), disposições sobre segurança jurídica e eficiência na criação e na aplicação do direito público. *Diário Oficial [da República Federativa do Brasil]*, Brasília, DF, 26 abr. 2018. Disponível em: http://www.planalto.gov.br/ccivil_03/_ato2015-2018/2018/lei/l13655.htm. Acesso em: 9 set. 2022.

BRASIL. Lei nº 14.133, de 1º de abril de 2021. Lei de Licitações e Contratos Administrativos. Diário Oficial da União, Brasília, DF, 1 abr. 2021. Disponível em: http://www.planalto.gov.br/ccivil_03/_ato2019-2022/2021/lei/L14133.htm. Acesso em: 21 dez. 2022.

BRASIL. Lei Complementar nº 101, de 4 de maio de 2000. Estabelece normas de finanças públicas voltadas para a responsabilidade na gestão fiscal e dá outras providências. *Diário Oficial [da República Federativa do Brasil]*, Brasília, DF, 5 maio 2000. Disponível em: https://www.planalto.gov.br/ccivil_03/leis/lcp/lcp101.htm. Acesso em: 21 dez. 2022.

BRASIL. Lei Complementar nº 123, de 14 de dezembro de 2006. Institui o Estatuto Nacional da Microempresa e da Empresa de Pequeno Porte; altera dispositivos das Leis nº 8.212 e 8.213, ambas de 24 de julho de 1991, da Consolidação das Leis do Trabalho - CLT, aprovada pelo Decreto-Lei nº 5.452, de 1 de maio de 1943, da Lei nº 10.189, de 14 de fevereiro de 2001, da Lei Complementar nº 63, de 11 de janeiro de 1990; e revoga as Leis nº 9.317, de 5 de dezembro de 1996, e 9.841, de 5 de outubro de 1999. *Diário Oficial [da República Federativa do Brasil]*, Brasília, DF, 15 dez. 2006; republicado em 31 jan. 2009; republicado em 31 jan. 2012; republicado em 6 mar. 2012. Disponível em: http://www.planalto.gov.br/ccivil_03/leis/LCP/Lcp123.htm. Acesso em: 21 dez. 2022.

BRASIL. Portaria Interministerial MPOG/MF/CGU nº 507, de 24 de novembro de 2011. Regula os convênios, os contratos de repasse e os termos de cooperação celebrados pelos órgãos e entidades da Administração Pública federal com órgãos ou entidades públicas ou privadas sem fins lucrativos. Disponível em: https://www.gov.br/plataformamaisbrasil/pt-br/legislacao-geral/portarias/portaria-interministerial-no-507-de-24-de-novembro-de-2011. Acesso em: 21 dez. 2022.

BRASIL. Portaria Interministerial CGU/MF/MP nº 424, de 30 de dezembro de 2016. Estabelece normas para execução do estabelecido no Decreto nº 6.170, de 25 de julho de 2007, que dispõe sobre as normas relativas às transferências de recursos da União mediante convênios e contratos de repasse, revoga a Portaria Interministerial nº 507/MP/MF/CGU, de 24 de novembro de 2011 e dá outras providências. Disponível em: https://www.gov.br/plataformamaisbrasil/pt-br/legislacao-geral/portarias/portaria-interministerial-no-424-de-30-de-dezembro-de-2016. Acesso em: 21 dez. 2022.

BRASIL. Caixa Econômica Federal. *SINAPI: Metodologias e Conceitos*. 8. ed. Brasília, Caixa, 2020. Disponível em: https://www.caixa.gov.br/Downloads/sinapi-manual-de-metodologias-e-conceitos/Livro1_SINAPI_Metodologias_e_Conceitos_8_Edicao.pdf. Acesso em: 11 ago. 2022.

BRASIL. Conselho Federal de Engenharia e Agronomia. *Resolução 1.025*, de 30 de outubro de 2009. Disponível em: https://normativos.confea.org.br/Ementas/Visualizar?id=43481. Acesso em: 21 dez. 2022.

BRASIL. Conselho Nacional do Meio Ambiente. *Resolução 001*, de 23 de janeiro de 1986. Disponível em: https://www.ibama.gov.br/sophia/cnia/legislacao/MMA/RE0001-230186.PDF. Acesso em: 20 dez. 2022.

BRASIL. Conselho Nacional do Meio Ambiente. *Resolução 237*, de 19 de dezembro de 1997. Disponível em: http://www2.mma.gov.br/port/conama/res/res97/res23797.html. Acesso em: 20 dez. 2022.

BRASIL. Controladoria Geral da União. *Gestão de recursos federais:* manual para os agentes municipais. Secretaria de Controle Interno. Brasília, 2005.

BRASIL. Controladoria Geral da União. *Transferências de recursos da* união: perguntas e respostas. Brasília: Secretaria de Controle Interno, 2013.

BRASIL. Departamento Nacional de Infraestrutura de Transportes – DNIT. *Guia de Gerenciamento de Riscos de Obras Rodoviárias*. 1. ed., Brasília, DNIT, 2013.

BRASIL. Departamento Nacional de Infraestrutura de Transportes – DNIT. *Manual de Custos de Infraestrutura de Transportes*. 1. ed. Brasília, DNIT, 2017. v. 1: Metodologias e conceitos. Disponível em: https://www.gov.br/dnit/pt-br/assuntos/planejamento-e-pesquisa/custos-e-pagamentos/custos-e-pagamentos-dnit/sistemas-de-custos/sicro/manuais-de-custos-de-infraestrutura-de-transportes/volume01metodologiaeconceitos.rar. Acesso em: 11 ago. 2022.

BRASIL. Ministério das Cidades. *Nota Técnica da Secretaria Nacional de Saneamento Ambiental – NT SNSA nº 492/2010*: indicadores de Custos de Referência e de Eficiência Técnica para análise técnica de engenharia de infraestrutura de saneamento nas modalidades abastecimento de água e esgotamento sanitário.

BRASIL. Ministério das Cidades. Secretaria Nacional de Saneamento Ambiental. *Elaboração de Projetos de Engenharia, Estudos e Planos de Saneamento Básico*. 2011.

BRASIL. Ministério do Planejamento Orçamento e Gestão. Secretaria de Estado da Administração e do Patrimônio. *Manual de Obras Públicas – Edificações – Práticas da Seap*: projeto. Disponível em: www.comprasnet.gov.br. Acesso em: 21 dez. 2022.

BRASIL. Ministério do Planejamento Orçamento e Gestão. Secretaria de Estado da Administração e do Patrimônio. *Manual de Obras Públicas – Edificações – Práticas da Seap*: construção. Disponível em: www.comprasnet.gov.br. Acesso em: 21 dez. 2022.

BRASIL. Ministério do Planejamento Orçamento e Gestão. Secretaria de Estado da Administração e do Patrimônio. *Manual de Obras Públicas – Edificações – Práticas da Seap*: manutenção. Disponível em: www.comprasnet.gov.br. Acesso em: 21 dez. 2022.

BRASIL. Tribunal de Contas da União. *Acórdão nº 141/2014*. Plenário. Relator: Ministro RAIMUNDO CARREIRO. Processo TC 022.434/2008-2. Ata 2/2014. Brasília, DF, Sessão 29/01/2014.

BRASIL. Tribunal de Contas da União. *Acórdão nº 204/2022*. Plenário. Relator: Ministro AUGUSTO NARDES. Processo TC 031.310/2020-6. Ata 3/2022. Brasília, DF, Sessão 02/02/2022.

BRASIL. Tribunal de Contas da União. *Acórdão nº 368/2018*. Plenário. Relator: Ministro WALTON ALENCAR RODRIGUES. Processo TC 024.246/2016-6. Ata 6/2018. Brasília, DF, Sessão 28/02/2018.

BRASIL. Tribunal de Contas da União. *Acórdão nº 491/2017*. Plenário. Relator: Ministro AUGUSTO NARDES. Processo TC 008.629/2015-3. Ata 9/2017. Brasília, DF, Sessão 22/03/2017.

BRASIL. Tribunal de Contas da União. *Acórdão nº 625/2010*. Plenário. Relator: Ministro AUGUSTO NARDES. Processo TC 008.458/2009-2. Ata 10/2010. Brasília, DF, Sessão 31/03/2010.

BRASIL. Tribunal de Contas da União. *Acórdão nº 625/2010*. Segunda Câmara. Relator: Ministro ANDRÉ DE CARVALHO. Processo TC 004.667/2002-7. Ata 4/2010. Brasília, DF, Sessão 23/02/2010.

BRASIL. Tribunal de Contas da União. *Acórdão nº 632/2012*. Plenário. Relator: Ministro JOSÉ JORGE. Processo TC 002.089/2012-2. Ata 9/2012. Brasília, DF, Sessão 21/03/2012.

BRASIL. Tribunal de Contas da União. *Acórdão nº 644/2007*. Plenário. Relator: Ministro RAIMUNDO CARREIRO. Processo TC 012.577/2006-5. Ata 15/2007. Brasília, DF, Sessão 18/04/2007.

BRASIL. Tribunal de Contas da União. *Acórdão nº 1.007/2014*. Plenário. Relator: Ministro WEDER DE OLIVEIRA. Processo TC 008.313/2009-5. Ata 7/2014. Brasília, DF, Sessão 18/03/2014.

BRASIL. Tribunal de Contas da União. *Acórdão nº 1.079/2010*. Plenário. Relator: Ministro MARCOS BEMQUERER. Processo TC 012.976/2009-4. Ata 16/2010. Brasília, DF, Sessão 19/05/2010.

BRASIL. Tribunal de Contas da União. *Acórdão nº 1.292/2003*. Plenário. Relator: Ministro AUGUSTO SHERMAN. Processo TC 009.356/2003-8. Ata 34/2003. Brasília, DF, Sessão 03/09/2003.

BRASIL. Tribunal de Contas da União. *Acórdão nº 1.441/2015*. Plenário. Relator: Ministro VITAL DO RÊGO. Processo TC 007.315/2011-2. Ata 21/2015. Brasília, DF, Sessão 10/06/2015.

BRASIL. Tribunal de Contas da União. *Acórdão nº 1.465/2013*. Plenário. Relator: Ministro JOSÉ MUCIO MONTEIRO. Processo TC 045.461/2012-0. Ata 21/2013. Brasília, DF, Sessão 12/06/2013.

BRASIL. Tribunal de Contas da União. *Acórdão nº 1.510/2013*. Plenário. Relator: Ministro VALMIR CAMPELO. Processo TC 043.815/2012-0. Ata 22/2013. Brasília, DF, Sessão 19/06/2013.

BRASIL. Tribunal de Contas da União. *Acórdão nº 1.643/2022*. Segunda Câmara. Relator: Ministro BRUNO DANTAS. Processo TC 036.811/2019-0. Ata 10/2022. Brasília, DF, Sessão 12/04/2022.

BRASIL. Tribunal de Contas da União. *Acórdão nº 1.710/2015*. Primeira Câmara. Relator: Ministro BENJAMIN ZYMLER. Processo TC 006.230/2013-0. Ata 8/2015. Brasília, DF, Sessão 24/03/2015.

BRASIL. Tribunal de Contas da União. *Acórdão nº 1.798/2016*. Primeira Câmara. Relator: Ministro MARCOS BEMQUERER. Processo TC 019.336/2013-6. Ata 6/2016. Brasília, DF, Sessão 08/03/2016.

BRASIL. Tribunal de Contas da União. *Acórdão nº 1.841/2008*. Plenário. Relator: Ministro MARCOS VINICIOS VILAÇA. Processo TC 009.679/2003-9. Ata 34/2008. Brasília, DF, Sessão 27/08/2008.

BRASIL. Tribunal de Contas da União. *Acórdão nº 1.874/2007*. Plenário. Relator: Ministro AUGUSTO NARDES. Processo TC 012.849/2005-9. Ata 38/2007. Brasília, DF, Sessão 12/09/2007.

BRASIL. Tribunal de Contas da União. *Acórdão nº 1.947/2022*. Plenário. Primeira Câmara: Ministro BENJAMIN ZYMLER. Processo TC 025.853/2020-1. Ata 9/2022. Brasília, DF, Sessão 05/04/2022.

BRASIL. Tribunal de Contas da União. *Acórdão nº 1.977/2013*. Plenário. Relator: Ministro VALMIR CAMPELO. Processo TC 044.312/2012-1. Ata 28/2013. Brasília, DF, Sessão 31/07/2013.

BRASIL. Tribunal de Contas da União. *Acórdão nº 2.099/2011*. Plenário. Relator: Ministro MARCOS BEMQUERER. Processo TC 030.336/2010-4. Ata 33/2011. Brasília, DF, Sessão 10/08/2011.

BRASIL. Tribunal de Contas da União. *Acórdão nº 2.170/2012*. Plenário. Relator: Ministro ANA ARRAES. Processo TC 033.481/2011-3. Ata 31/2012. Brasília, DF, Sessão 15/08/2012.

BRASIL. Tribunal de Contas da União. *Acórdão nº 2.172/2013*. Plenário. Relator: Ministro ANDRÉ DE CARVALHO. Processo TC 008.949/2013-1. Ata 31/2013. Brasília, DF, Sessão 14/08/2013.

BRASIL. Tribunal de Contas da União. *Acórdão nº 2.307/2017*. Segunda Câmara. Relator: Ministro JOSÉ MUCIO MONTEIRO. Processo TC 016.896/2013-0. Ata 6/2017. Brasília, DF, Sessão 07/03/2017.

BRASIL. Tribunal de Contas da União. *Acórdão nº 2.534/2016*. Primeira Câmara. Relator: Ministro JOSÉ MUCIO MONTEIRO. Processo TC 005.830/2015-0. Ata 13/2016. Brasília, DF, Sessão 26/04/2016.

BRASIL. Tribunal de Contas da União. *Acórdão nº 2.588/2017*. Plenário. Relator: Ministro VITAL DO RÊGO. Processo TC 031.087/2015-9. Ata 48/2017. Brasília, DF, Sessão 22/11/2017.

BRASIL. Tribunal de Contas da União. *Acórdão nº 2.616/2020*. Plenário. Relator: Ministro VITAL DO RÊGO. Processo TC 007.986/2019-0. Ata 37/2020. Brasília, DF, Sessão 30/09/2020.

BRASIL. Tribunal de Contas da União. *Acórdão nº 2.622/2013*. Plenário. Relator: Ministro MARCOS BEMQUERER. Processo TC 036.076/2011-2. Ata 37/2013. Brasília, DF, Sessão 25/09/2013.

BRASIL. Tribunal de Contas da União. *Acórdão nº 2.726/2012*. Segunda Câmara. Relator: Ministro MARCOS BEMQUERER. Processo TC 010.878/2007-8. Ata 13/2012. Brasília, DF, Sessão 24/04/2012.

BRASIL. Tribunal de Contas da União. *Acórdão nº 2.767/2011*. Plenário. Relator: Ministro MARCOS BEMQUERER. Processo TC 025.560/2011-5. Ata 43/2011. Brasília, DF, Sessão 19/10/2011.

BRASIL. Tribunal de Contas da União. *Acórdão nº 3.272/2011*. Plenário. Relator: Ministro VALMIR CAMPELO. Processo TC 032.199/2011-2. Ata 54/2011. Brasília, DF, Sessão 07/12/2011.

BRASIL. Tribunal de Contas da União. *Acórdão nº 3.314/2010*. Plenário. Relator: Ministro JOSÉ JORGE. Processo TC 425.110/1995-8. Ata 45/2010. Brasília, DF, Sessão 08/12/2010.

BRASIL. Tribunal de Contas da União. *Acórdão nº 3.429/2014*. Primeira Câmara. Relator: Ministro WEDER DE OLIVEIRA. Processo TC 033.536/2010-4. Ata 21/2014. Brasília, DF, Sessão 24/06/2014.

BRASIL. Tribunal de Contas da União. *Acórdão nº 3.588/2017*. Segunda Câmara. Relator: Ministro AROLDO CEDRAZ. Processo TC 023.816/2015-5. Ata 14/2017. Brasília, DF, Sessão 02/05/2017.

BRASIL. Tribunal de Contas da União. *Acórdão nº 4.382/2020*. Segunda Câmara. Relator: Ministro MARCOS BEMQUERER. Processo TC 004.982/2017-7. Ata 11/2020. Brasília, DF, Sessão 23/04/2020.

BRASIL. Tribunal de Contas da União. *Acórdão nº 4.437/2020*. Segunda Câmara. Relator: Ministro AUGUSTO NARDES. Processo TC 026.709/2012-0. Ata 12/2020. Brasília, DF, Sessão 30/04/2020.

BRASIL. Tribunal de Contas da União. *Acórdão nº 4.551/2020*. Plenário. Relator: Ministro ANDRÉ DE CARVALHO. Processo TC 000.688/2020-7. Ata 48/2020. Brasília, DF, Sessão 09/12/2020.

BRASIL. Tribunal de Contas da União. *Acórdão nº 4.828/2018*. Segunda Câmara. Relator: Ministro AROLDO CEDRAZ. Processo TC 013.910/2013-2. Ata 21/2018. Brasília, DF, Sessão 19/06/2018.

BRASIL. Tribunal de Contas da União. *Acórdão nº 5.088/2018*. Segunda Câmara. Relator: Ministro AUGUSTO NARDES. Processo TC 010.913/2013-0. Ata 22/2018. Brasília, DF, Sessão 26/06/2018.

BRASIL. Tribunal de Contas da União. *Acórdão nº 5.142/2019*. Primeira Câmara. Relator: Ministro WALTON ALENCAR RODRIGUES. Processo TC 003.049/2016-7. Ata 22/2019. Brasília, DF, Sessão 02/07/2019.

BRASIL. Tribunal de Contas da União. *Acórdão nº 5.304/2013*. Primeira Câmara. Relator: Ministro VALMIR CAMPELO. Processo TC 002.597/2012-8. Ata 27/2013. Brasília, DF, Sessão 06/08/2013.

BRASIL. Tribunal de Contas da União. *Acórdão nº 5.867/2021*. Segunda Câmara. Relator: Ministro AROLDO CEDRAZ. Processo TC 021.118/2017-5. Ata 10/2021. Brasília, DF, Sessão 06/04/2021.

BRASIL. Tribunal de Contas da União. *Acórdão nº 6.107/2017*. Primeira Câmara. Relator: Ministro BRUNO DANTAS. Processo TC 004.236/2015-7. Ata 26/2017. Brasília, DF, Sessão 25/07/2017.

BRASIL. Tribunal de Contas da União. *Acórdão nº 6.274/2014*. Primeira Câmara. Relator: Ministro JOSÉ MUCIO MONTEIRO. Processo TC 002.675/2008-9. Ata 37/2014. Brasília, DF, Sessão 14/10/2014.

BRASIL. Tribunal de Contas da União. *Acórdão nº 6.486/2020*. Primeira Câmara. Relator: Ministro VITAL DO RÊGO. Processo TC 020.825/2016-1. Ata 18/2020. Brasília, DF, Sessão 09/06/2020.

BRASIL. Tribunal de Contas da União. *Acórdão nº 6.886/2020*. Segunda Câmara. Relator: Ministro MARCOS BEMQUERER. Processo TC 019.216/2016-5. Ata 21/2020. Brasília, DF, Sessão 30/06/2020.

BRASIL. Tribunal de Contas da União. *Acórdão nº 7.125/2019*. Segunda Câmara. Relator: Ministro RAIMUNDO CARREIRO. Processo TC 028.694/2013-9. Ata 28/2019. Brasília, DF, Sessão 13/08/2019.

BRASIL. Tribunal de Contas da União. *Acórdão nº 7.402/2012*. Segunda Câmara. Relator: Ministro JOSÉ JORGE. Processo TC 014.893/2010-0. Ata 36/2012. Brasília, DF, Sessão 09/10/2012.

BRASIL. Tribunal de Contas da União. *Acórdão nº 8.300/2020*. Segunda Câmara. Relator: Ministro ANA ARRAES. Processo TC 030.289/2015-7. Ata 26/2020. Brasília, DF, Sessão 04/08/2020.

BRASIL. Tribunal de Contas da União. *Acórdão nº 8.386/2021*. Segunda Câmara. Relator: Ministro RAIMUNDO CARREIRO. Processo TC 004.706/2019-6. Ata 21/2021. Brasília, DF, Sessão 22/06/2021.

BRASIL. Tribunal de Contas da União. *Acórdão nº 8.879/2021*. Primeira Câmara. Relator: Ministro BENJAMIN ZYMLER. Processo TC 017.900/2020-4. Ata 22/2021. Brasília, DF, Sessão 29/06/2021.

BRASIL. Tribunal de Contas da União. *Acórdão nº 12.961/2020*. Segunda Câmara. Relator: Ministro RAIMUNDO CARREIRO. Processo TC 036.028/2018-5. Ata 41/2020. Brasília, DF, Sessão 17/11/2020.

BRASIL. Tribunal de Contas da União. *Obras públicas, recomendações básicas para a contratação fiscalização de obras de edificações públicas*. 3. ed. Brasília, 2013.

BRASIL. Tribunal de Contas da União. *Obras públicas, recomendações básicas para a contratação fiscalização de obras de edificações públicas*. 4. ed. Brasília, 2014.

BRASIL. Tribunal de Contas da União. *Orientações para elaboração de planilhas orçamentárias de obras públicas*. 1. ed. TCU, Brasília, 2014.

BRASIL. Tribunal de Contas da União. *Recomendações Básicas para Contratação e Fiscalização de Obras de Edificações Públicas*. 4. ed. TCU, Brasília, 2014.

BRASIL. Tribunal de Contas da União. *Súmula nº 177*. Plenário. Relator: Ministro Octávio Gallotti. Brasília, DF, Sessão 26/10/1982.

BRASIL. Tribunal de Contas da União. *Súmula nº 185*. Plenário. Relator: Ministro Octávio Gallotti. Brasília, DF, Sessão 26/10/1982.

BRASIL. Tribunal de Contas da União. *Súmula nº 230*. Plenário. Relator: Ministro Raimundo Carreiro. Brasília, DF, Sessão 05/02/2020.

BRASIL. Tribunal de Contas da União. *Súmula nº 253*. Plenário. Relator: Ministro Augusto Nardes. Brasília, DF, Sessão 31/03/2010.

BRASIL. Tribunal de Contas da União. *Súmula nº 254*. Plenário. Relator: Ministro Augusto Nardes. Brasília, DF, Sessão 31/03/2010.

BRASIL. Tribunal de Contas da União. *Súmula nº 257*. Plenário. Relator: Ministro José Mucio Monteiro. Brasília, DF, Sessão 28/04/2010.

BRASIL. Tribunal de Contas da União. *Súmula nº 258*. Plenário. Relator: Ministro Benjamin Zymler. Brasília, DF, Sessão 09/06/2010.

BRASIL. Tribunal de Contas da União. *Súmula nº 260*. Plenário. Relator: Ministro Augusto Nardes. Brasília, DF, Sessão 30/06/2010.

BRASIL. Tribunal de Contas da União. *Súmula nº 261*. Plenário. Relator: Ministro José Mucio Monteiro. Brasília, DF, Sessão 30/06/2010.

BRASIL. Tribunal de Contas da União. *Súmula nº 263*. Plenário. Relator: Ministro Ubiratan Aguiar. Brasília, DF, Sessão 19/01/2011.

BRASIL. Tribunal de Contas da União. Secretaria-Geral da Presidência. *Licitações e Contratos*: orientações e jurisprudência do TCU. 4. ed. Brasília: TCU e Senado Federal, 2010.

CAMPELO, Valmir; CAVALCANTE, Rafael Jardim. *Obras públicas*: comentários à jurisprudência do TCU. 2. ed. Belo Horizonte: Fórum, 2013.

INSTITUTO BRASILEIRO DE AUDITORIA DE OBRAS PÚBLICAS. *Orientação Técnica 1/2006* (OT – IBR 001/2006).

LIMMER, Carl V. *Planejamento, orçamentação e controle de preços de projetos e obras*. Rio de Janeiro: LTC – Livros Técnicos e Científicos, 2013.

MILARÉ, Édis; BENJAMIN, Antonio Herman V. *Estudo prévio de impacto ambiental*: teoria, prática e legislação. São Paulo: Revista dos Tribunais, 1993.

PACHECO, R. P. *et al*. Estimativa de Custos visando orientar a tomada de decisão na implantação de redes, coletores e elevatórias de esgoto. *Revista Brasileira de Recursos Hídricos*, Porto Alegre, v. 20, n. 1, p. 73-81, 2015. Disponível em: https://abrh.s3.sa-east-1.amazonaws.com/Sumarios/176/a023f074993348f50df78ce94ab13663_987f735a1178b4b718b7490b657ab4f9.pdf. Acesso em: 2 set. 2022.

PESSOA, Lucas M. *Análise de custos de implantação e operação de sistemas de esgotamento sanitário, considerando a modicidade tarifária*. 2019. 141 p. Dissertação de (Mestrado em Saneamento, Meio Ambiente e Recursos Hídricos) – Escola de Engenharia, UFMG, Belo Horizonte, 2019. Disponível em: https://www.smarh.eng.ufmg.br/defesas/1344M.PDF. Acesso em: 2 set. 2022.

SOBRE AUTORES

Gustavo Ferreira Olkowski
Auditor federal de controle externo do TCU desde 2009, tendo exercido as funções de Diretor na Secretaria de Fiscalização de Obras de Infraestrutura (Secob/Seinfra) e Assessor na Secretaria de Fiscalização de Infraestrutura Urbana (SeinfraUrbana). Atualmente exerce a função de Assessor de Ministro. Professor-instrutor de cursos nas áreas de licitação, fiscalização, gestão, auditoria e orçamento de obras públicas, já tendo ministrado cursos para diversos órgãos públicos no Brasil e no exterior. Graduado em Engenharia Civil pela Universidade Mackenzie, Pós-Graduado em Auditoria e Controle Governamental pelo Instituto Serzedello Correa (ISC) e MBA em Gestão de Projetos pela Universidade Anhanguera. Anteriormente ao ingresso no TCU, trabalhou como Engenheiro Civil em empresas da construção civil de médio e grande porte, na execução de obras públicas e privadas, e como Auditor no Tribunal de Contas do Município de São Paulo.

Marcelo Ribeiro
Auditor federal de controle externo do TCU desde 2009, tendo atuado tanto na área de controle externo, notadamente com políticas de infraestrutura e fiscalização de obras públicas, em funções de assessoramento e direção, quanto na Secretaria de Engenharia do TCU. Engenheiro Civil pela Universidade Estadual de Campinas e Especialista em gestão pública e em avaliação de políticas públicas. É instrutor e conteudista de cursos para órgãos e entidades públicas na temática de obras públicas e possui experiência na iniciativa privada e no setor público, tendo atuado no segmento da construção civil e na Controladoria-Geral da União.

Rommel Dias Marques Ribas Brandão
Auditor federal de controle externo do TCU desde 2012, tendo exercido o cargo de Assessor e Diretor na Secretaria de Fiscalização de Obras de Edificação e na Secretaria de Fiscalização de Infraestrutura Urbana (SeinfraUrbana). Atualmente, exerce a função de Auditor-Chefe Adjunto na Unidade de Auditoria Especializada em Infraestrutura Urbana e Hídrica. É Graduado em Arquitetura e Urbanismo pela Universidade de Brasília (UnB), Pós-Graduado em Planejamento, Orçamento e Gestão Pública pela Fundação Getúlio Vargas (FGV) e em Avaliação de Políticas Públicas pelo Instituto Serzedêllo Corrêa (ISC). Anteriormente ao seu ingresso no TCU, trabalhou no Departamento de Polícia Rodoviária Federal, tendo atuado na área de planejamento e execução orçamentária, licitações, fiscalização de contratos de projetos e obras e também na área de treinamento.

Victor Hugo Moreira Ribeiro
Auditor federal de controle externo do TCU desde 2012, tendo atuado desde então com fiscalização de obras públicas e de empreendimentos de infraestrutura. Exerceu as funções de Diretor na Secretaria de Fiscalização de Infraestrutura Urbana (SeinfraUrbana) e na Secretaria Extraordinária de Operações Especiais em Infraestrutura (SeinfraOperações). Também atuou como assessor na SeinfraOperações. Foi instrutor e conteudista de cursos para diversos órgãos públicos no Brasil e no exterior na temática de licitação, contratação, fiscalização, auditoria e execução de obras públicas. É engenheiro civil pela Universidade de Brasília e especialista em governança e controle da regulação em infraestrutura pela Escola Nacional de Administração Pública (Enap). Anteriormente ao ingresso no TCU, trabalhou como Engenheiro Civil projetista de estruturas de concreto armado e protendido, e como Analista de infraestrutura do Ministério do Planejamento, Orçamento e Gestão.

Esta obra foi composta em fonte Palatino Linotype, corpo 10
e impressa em papel Pólen Bold 70g (miolo) e Supremo 250g (capa)
pela Gráfica Star7.